本书为国家社科基金项目"环境风险项目的社会信任机制研究"（16BFX142）的最终成果，由湘潭大学优秀学术专著出版资金资助

法|学|研|究|文|丛
——环境法学——

环境风险项目的社会信任机制研究

吴 勇 著

知识产权出版社
全国百佳图书出版单位
—北京—

图书在版编目（CIP）数据

环境风险项目的社会信任机制研究／吴勇著．
北京：知识产权出版社，2025.9．--（法学研究文丛）．
ISBN 978-7-5245-0100-8

Ⅰ．D912.604

中国国家版本馆 CIP 数据核字第 2025G2Y392 号

责任编辑：彭小华　　　　　　　　责任校对：谷　洋
封面设计：智兴设计室　　　　　　责任印制：孙婷婷

环境风险项目的社会信任机制研究

吴　勇　著

出版发行	知识产权出版社有限责任公司	网　　址	http：//www.ipph.cn
社　　址	北京市海淀区气象路 50 号院	邮　　编	100081
责编电话	010-82000860 转 8115	责编邮箱	huapxh@sina.com
发行电话	010-82000860 转 8101/8102	发行传真	010-82000893/82005070/82000270
印　　刷	北京中献拓方科技发展有限公司	经　　销	新华书店、各大网上书店及相关专业书店
开　　本	880mm×1230mm　1/32	印　　张	10.125
版　　次	2025 年 9 月第 1 版	印　　次	2025 年 9 月第 1 次印刷
字　　数	245 千字	定　　价	78.00 元
ISBN 978-7-5245-0100-8			

出版权专有　侵权必究
如有印装质量问题，本社负责调换。

前　言

　　历次工业革命都对人类社会造成了影响，给传统社会生活带来种种不确定性，而这种不确定性对人类来说具有挑战性。20世纪后半叶以来，工业进一步发展，在使经济得到发展的同时，也出现了个别人为灾难，使人们切实感受到环境风险的存在，如发生了一些影响比较广泛的环境危害事故，环境风险成为社会科学领域的研究热门问题。进入21世纪，随着全球化的深入，环境风险的影响范围进一步扩大，公众对风险的恐慌加大，"不要建在我家后花园"之观念逐渐超越时空限制，成为一些人对环境风险项目的态度，邻避冲突、社会稳定危机等过激的风险反应时有发生，从而引发对环境风险项目的信任危机。而监管层面的一些不足又放大了信任危机，导致某些环境风险项目开展相当艰难。然而，风险并不必然意味着灾难，往往也伴随着挑战和机遇。我国已进入高质量发展阶段，环境风险项目需要更加科学地开展。这需要我们正视风险、正确处理风险，构建和完善相应的制度，建立起环境风险项目的社会信任机制，形成系统信任。

基于此，本书以环境风险项目的社会信任机制为要旨，首先以信任论、风险社会理论等为理论基础提出问题，明确当前环境风险项目社会信任危机的表现、原因及后果。其次，明确了环境风险项目社会信任机制的主体定位，提出要合理配置政府、企业、公众、媒体、非政府组织和专家等主体的权利（力）和义务（责任）。再次，明确了环境风险项目社会信任机制的程序保障机制和实体保障机制。希望通过法律机制的完善，不断地修复人际信任和系统信任，使之形成社会资本，不仅可服务于环境风险项目的实施，更能助力我国经济社会的高质量、可持续发展。最后，对环境风险项目社会信任机制的适用场域进行科学划定，即决策期、建设期、运行期和终止期，并结合相关场域选取了相对应的典型案例进行分析与论证。全文内容共分为六章。

第一章是环境风险项目社会信任机制的理论基础。选取风险社会理论和社会信任理论作为本书的理论视角，并系统阐述了相关理论的渊源、概念、分类等内容，界定了环境风险项目信任机制的基本要义。环境风险防控的实际效果与社会信任程度密切相关，信任能够补偿负面的风险感知，不信任则导致风险防控和危机治理效能低下，社会信任机制已经成为环境风险防控的简化机制，因此环境风险项目的社会信任机制对项目建设及系统信任具有重要意义。

第二章是对我国环境风险项目信任危机的观察。主要论述了环境风险项目信任危机的表现及发展趋势、环境风险项目信任危机的后果及造成环境风险项目信任危机的原因。环境风险项目兼具高风险、高技术、高利润、高热度的属性，常常涉及多方主体。而当前某些环境风险项目的建设领域处于"低度信任"的状态，部分公众对地方政府、企业等主体不信任。环境风险项目信任危机的产生会带来多方面的后果。其一，影响项目落地；其二，增加社会隐形成本；其三，造成环境邻避冲突；其四，造成企业成本增加和地方财政损失。环境风险项目信任危机的产生具有多方面的原因，大体可以划分为三个领域。其一，信任领域。在陌生人社会中，传统人际信任不足，而某些地方尚未建立起完整的系统信任，易出现信任关系的断裂，这个地方就会因为缺乏信任保障而产生危机。其二，风险领域。社会普遍存在的风险认知偏差以及相互间欠缺良性的风险沟通，导致环境风险项目各参与主体间出现大相径庭的风险感知和价值对立。其三，制度领域原因。由于价值取向、利益取向的差异，制度安排的不合理以及法律规则执行的落差，环境风险项目各参与主体之间出现信任差距。三者共同作用，使环境风险项目信任危机逐渐形成。

第三章是环境风险项目社会信任机制的主体定位。多重主体的协作防控离不开信任的连接，推进环境风险项目治理需要构建人人有责、人人尽责、人人享有的社会治理理念，充分发挥政府、企业、公众、媒体、专家、社会组织的协同作用。本章分别分析了政府、企业、公众、媒体、专家、社会组织六大主体在某些环境风险项目中的信任问题及原因，并对信任问题的解决提出了具体的应对措施。基于信任困境中信任的错位情形，分别重塑了各个主体在环境风险项目中扮演的角色。各个主体积极履行好自己在环境风险项目治理中的义务，建立起强大的系统信任，共同应对环境风险项目所带来的挑战。

第四章是环境风险项目社会信任的实体保障机制。环境风险本身的不确定性、系统性、危害性使得环境风险项目在决策、建设、运行、终止阶段难以顺利进行，同时环境风险项目涉及多元主体间的利益博弈问题。为从源头上缓解和治理社会信任危机，提高公众对环境风险项目的信任，需加强环境影响评价制度与社会稳定风险评估制度的衔接。通过完善环境风险项目的补偿机制、保险机制、责任机制、征信机制，建立起环境风险项目社会信任的保障机制，为环境风险项目的建设和公众信任搭起保障桥梁。

第五章是环境风险项目社会信任的程序保障机制。环境风险项目社会信任的维系既需要构建实体保障机制，又需要建立程序保障机制。环境风险项目社会信任的程序保障机制应建立充分的信息公开和风险沟通机制，明确信息公开和风险沟通的责任主体，通过明确信息公开标准、完善信息公开程序推动信息公开，通过树立政府和企业的沟通理念、搭建多向交流平台、明晰环境风险项目沟通交流的方式和程序来建立风险沟通机制。这需要贯彻公众参与原则，提升公众参与的组织化程度、丰富公众参与的形式和完善公众参与的回应制度；需要对实施的环境风险项目进行周密的科学决策，在决策过程中推动严谨的评估程序、平等的沟通程序和民主的决定程序；需要在环境风险项目中形成系统的监督约束机制，推动环境风险项目的内部监督和外部监督并举；需要构建多元化的纠纷解决方式，建立和完善环境风险项目的磋商、调解、仲裁和诉讼等纠纷解决机制。

第六章是环境风险项目社会信任机制的适用场域。依据项目运作的周期不同可以分为决策期、建设期、运行期和终止期，在不同的场域影响信任的因素也存在区别。本章选取环境风险项目决策、建设、运行和终止各个阶段的典型案例，从社会信任机制的视角分析环境风险项目全生命周期各个阶段的典型案例中出现风险或者成功防控风险的成因，总结出每一个阶段社会信任机制关注的重心：环境风险项目社会信任机制对社会信任的建立起着关键作用，其是项目成功的关键因素。同时，在环境风险项目不同阶段，环境风险项目社会信任机制关注的重心不同。在决策阶段，关注的重心是立项和选址的科学性、民主性；在建设阶段，关注的重心是相应的规划和合同要求是否落实；在运行阶段，关注的重心是相关法律和环评要求是否会严格执行；在终止阶段，关注的重心是对遗留的环境问题是否承担相应责任。

目录
CONTENTS

第一章　环境风险项目社会信任机制的理论基础 ‖ 001
第一节　风险防控理论演进 ／ 002
第二节　社会信任及其原理 ／ 033
第三节　环境风险项目的社会信任理论视角 ／ 054

第二章　环境风险项目信任危机的审视 ／ 065
第一节　环境风险项目信任危机的表现及发展趋势 ／ 065
第二节　环境风险项目信任危机的后果 ／ 073
第三节　造成环境风险项目信任危机的原因 ／ 080

第三章　环境风险项目社会信任机制的主体定位 ／ 104
第一节　环境风险项目中的政府 ／ 104
第二节　环境风险项目中的企业 ／ 115
第三节　环境风险项目中的公众 ／ 123

第四节　环境风险项目中的媒体 / 131
第五节　环境风险项目中的专家 / 136
第六节　环境风险项目中的社会组织 / 142

第四章　环境风险项目社会信任的实体保障机制 / 148
第一节　环境影响评价与社会稳定风险评估的衔接 / 148
第二节　环境风险项目的补偿机制 / 159
第三节　环境风险项目的保险机制 / 168
第四节　环境风险项目的责任机制 / 179
第五节　环境风险项目的征信机制 / 191

第五章　环境风险项目社会信任的程序保障机制 / 199
第一节　环境风险项目的信息公开和风险沟通 / 199
第二节　全面的公众参与程序 / 207
第三节　周密的科学决策程序 / 213
第四节　系统的监督机制 / 217
第五节　完善的环境风险项目纠纷多元化解决机制 / 229

第六章　环境风险项目社会信任机制的适用场域 / 241
第一节　环境风险项目的决策阶段 / 242
第二节　环境风险项目的建设阶段 / 253
第三节　环境风险项目的运行阶段 / 261
第四节　环境风险项目的终止阶段 / 274
第五节　小结 / 284

参考文献 ‖ 286

后　记 ‖ 311

第一章
环境风险项目社会信任机制的理论基础

在全球化、工业化和城镇化的影响下，人类进入风险社会，风险成为现代社会和过去社会的分界，人们普遍意识到人可以通过发挥主观能动性改造自然环境。但同时，生态环境的恶化、自然灾害频发、技术负面影响显现，使人类社会的不确定性增加，风险防控成为个人、群体、社会需要共同面对的难题。面对日益严重的环境问题，自20世纪80年代以来，社会科学领域开始对风险理论进行研究，在乌尔里希·贝克首创风险社会理论后，英国社会学家安东尼·吉登斯等学者进一步发展了风险理论，逐渐形成了风险社会理论体系。21世纪以来，随着风险和危机的影响范围不断扩大，风险也逐渐成为社会学、法学、政治学、心理学及经济学等多个学科的研究对象。本书所关注的环境风险是风险的重要形式之一，因此需从风险防控理论的演进中厘清风险研究的脉络和重点，为环境风险项目的社会信任机制的构建奠定理论基础。

第一节 风险防控理论演进

一、风险概念的界定

(一) 风险的理论渊源

20世纪后半叶以来,随着工业社会的进一步发展和全球化逐步实现,一系列人为灾难的出现使人们能够切实感受到风险的存在。风险与人类社会共存,但在全球化的今天,社会突发事件和危机增多,人类社会的不确定性进一步加剧,现代社会的风险与之前已有质的不同,因而现代意义上的风险概念也与之前存在区别。在中国传统语境中,并没有风险一词,中文风险一词对应英文单词"Risk",根据艾瓦尔德(Ewald)考证,风险源于意大利语,最初应用于近代海上贸易和保险的语境中,❶ 在意大利语中,风险(Risco)的意思是撕破(Rips),与暗礁(Reef)或礁石(Rock)同源,因此风险最初是指客观存在的危险,比如航海船只触礁、风暴等自然灾害。❷ 法语中的风险"Risque"源于意大利语,意思是"航行在危险环境中",而英语中的风险"Risk"源于法语的"Risque"。❸ 风险已经成为管理学、经济学、政治学、法学

---

❶ F Ewald. Insurance and Risk. In G Burchell, C Gordon, P Miller eds. The Foucault Effect: Studies in Governmentality [M]. London: Harvester Wheatsheaf, 1991: 197 – 199.

❷ 薛晓源,周战超. 全球化与风险社会 [M]. 北京:社会科学文献出版社,2005:7.

❸ 宋明哲. 现代风险管理 [M]. 北京:中国纺织出版社,2002:3 – 4.

等多个学科的关注重点,而不同学科的学者立足于其学科视角对风险存在不同的理解,其中贝克与吉登斯的风险理论影响最为深远。

1. 乌尔里希·贝克的"风险"概念

德国社会学家乌尔里希·贝克长期从事现代性问题研究,从20世纪80年代中后期开始,贝克开始反思全球化带来的负面影响,对传统工业社会的现代化提出了质疑和批判,首创"风险社会"理论。

风险的语境只存在于自然和传统失去其无限效力并依赖人的决定之处,风险概念表明人们创造了一种文明,即人类的决定将具备可预见性,能够控制在传统社会难以控制的事情,通过有意采取预防性行动、制度化措施等,应对传统工业社会发展带来的负面效应。[1] 在贝克看来,当人类社会实现工业化以后,作为个体的人具备了一定的理性思考能力,能够以人为的方式介入自然界与社会生活,才有了现代风险的概念。[2] 然而,尽管科学技术的发展使人们能够通过技术手段解决各种困境,但科学技术具有"自反性",在解决问题的时候,存在产生新的未知问题的可能,即"风险"。贝克对此进行了总结[3]。

第一,风险是一种特有的中间状态。这意味着风险的存在并

---

[1] [德] 乌尔里希·贝克,[德] 约翰内斯·威尔姆斯. 自由与资本主义——与著名社会学家乌尔里希·贝克对话 [M]. 路国林,译. 杭州:浙江人民出版社,2001:118-119.

[2] 刘莹. 贝克"风险社会"理论及其对当代中国的启示 [J]. 国外理论动态,2008 (1):83-86.

[3] 参见 [德] 乌尔里希·贝克. 世界风险社会 [M]. 吴英姿,孙淑敏,译. 南京:南京大学出版社,2004:175-189;薛晓源,周战超. 全球化与风险社会 [M]. 北京:社会科学文献出版社,2005:8-9,137-144;林丹. 乌尔里希·贝克风险社会理论及其对中国的影响 [M]. 北京:人民出版社,2013:46-47.

不代表着破坏性的危机后果已然发生，同时也不意味着现有状态是安全的，风险是指现在或将来可能存在的一种状态。

第二，风险一词的产生使过去、现在与未来的关系发生逆转。人类关注的并非真实发生的事件，而是一种发生的可能性。因此，与已经发生的事实状态相比，风险更强调充满危险和不确定性的未来，这种对未来的预期也是影响当前人们行为的重要指标。

第三，风险是事实判断和价值判断在"数字化道德"（Mathematicized morality）范围内的结合。

第四，风险一般被认为是一种人为的不确定因素。由于现代社会对风险的控制不足，风险成为现代性控制逻辑中难以预测的结果。

第五，风险是知识与无知的特殊综合。一方面，为成功预警风险，需要以掌握的信息、证据及经验知识为基础，通过测量、调研等方式进行风险评估；另一方面，风险具有不确定性，使决策具有存在风险的必然性，因此，在风险不确定性下，风险决策与行动被合并了。

第六，风险具有全球性。自21世纪以来，现代性风险逐步具象化，能够在全球与本土范围内同时重组，其传播速度更快、影响范围更广、破坏性更强。

第七，风险概念中强调"科学知识""潜在的危害性""危机"等概念之间的差异。现代性风险较为隐蔽，一般而言难以通过明确的证据被及时发现。

第八，风险是现代社会中由人为因素引发的不确定状态，其主要诱因来自特定的人类活动。这种不确定性将伴随着人类社会不同阶段的生产生活等活动的始终，因此，风险概念体现了对人类自身行为与决策未来可能性结果的一种反思。

综上所述，贝克提出的风险概念是现代化的威胁力量和全球化的负面影响所引发的后果，是指以系统的方式应对由于现代化自身引发的危险和不安。❶

2. 安东尼·吉登斯的"风险"概念

贝克的风险社会理论对吉登斯产生了重要影响，吉登斯继承并进一步发展了贝克的风险概念和风险社会理论，并从现代性的视角对风险问题进行了深入的探讨和阐述，具有较大的影响力。吉登斯对风险概念进行了系统的界定：

第一，"风险"是一个现代概念。随着全球工业的发展，飓风、台风和风暴等恶劣天气不断增多，人类频繁地活动改变了世界气候，破坏了地球的生存环境。因此，风险是伴随着现代性的发展而出现的。❷

第二，风险意味着可能性和不确定性。相对于危害、危险、威胁、灾难、可能性等概念，风险与不确定性之间的界限较为模糊，甚至存在混同，没有严格的差别。❸

第三，风险的概念不能等同于冒险或者危险，风险强调未来发生某种危险的可能性。吉登斯认为风险体现了对传统社会的反思和批判，在将来的社会中会被广泛使用，风险暗示着一个企图主动与它的过去即现代工业文明的主要特征决裂的社会。❹

---

❶ [德] 乌克里希·贝克. 风险社会：新的现代性之路 [M]. 张文杰，何博闻，译. 南京：译林出版社，2018：7.
❷ [英] 安东尼·吉登斯. 失控的世界 [M]. 周红云，译. 南昌：江西人民出版社，2001：17.
❸ [英] 安东尼·吉登斯，[英] 克里斯多弗·皮尔森. 现代性——吉登斯访谈录 [M]. 尹宏毅，译. 北京：新华出版社，2001：80. [英] 安东尼·吉登斯. 失控的世界 [M]. 周红云，译. 南昌：江西人民出版社，2001：18.
❹ [英] 安东尼·吉登斯. 失控的世界 [M]. 周红云，译. 南昌：江西人民出版社，2001：18.

第四，风险虽然存在不确定性，但并非不可知。吉登斯认为需要对未来的风险积极开展风险评估，如果风险概念得以普及，则能够达到积极塑造未来之目的。❶ 因此，风险是社会变化的推动力，只有当风险的概念得到社会的普遍关注，其未来才不至于走向宗教、传统或自然界的反复无常。❷

吉登斯认为，风险的诞生是由于人们意识到未预见的后果是由自身行动和决定造成的，并非神意或上帝的意图等。他还区分了信心和信任的概念，信任是意识到风险存在之后的心理行为，而信心往往没有意识到可能存在的不确定性。值得注意的是，吉登斯较早地注意到了风险与社会信任之间的关系，并进行了系统的阐述❸。

第一，信任的首要要素是时间和空间的完整性。在信息完全透明的情形下，不存在信任问题，而时间和空间的缺失会导致不信任。换言之，信任度取决于信息的完整程度。

第二，界定信任与风险的关系，信任达成与不确定的风险并无关联，而是与突发性相关联。换言之，信任关系一旦达成，当面对非常规的突发状况时，信任能够表现出信赖的作用。

第三，在人际信任和系统信任的可靠性方面，信任与信赖并不相同，信赖建立在对环境的了解基础之上，信任成为连接信赖和信心的纽带，可以说所有的信任都是"盲目的"。

第四，系统信任依赖于两种脱域机制，一种是作为交流媒介

---

❶ [英] 安东尼·吉登斯，[英] 克里斯多弗·皮尔森. 现代性——吉登斯访谈录 [M]. 尹宏毅，译. 北京：新华出版社，2001：75-76.
❷ [英] 安东尼·吉登斯. 失控的世界 [M]. 周红云，译. 南昌：江西人民出版社，2001：20.
❸ 参见 [英] 安东尼·吉登斯. 现代性的后果 [M]. 田禾，译. 南京：译林出版社，2011：27-32.

的象征标志，另一种是由专业技术和专业队伍组成的专家系统，系统信任建立在信赖原则正确性的基础上，人们信任的是系统的有效运转而不是系统本身。

第五，信任是对一个人或一个系统可依赖性所持有的信心。在一系列给定的后果或事件中，这种信心表达了对诚实或对他人之爱，或对抽象原则（技术性知识）正确性的信念。

第六，现代意义上的机会观念与风险观念几乎同时出现。在现代性条件下，信任存在两种特殊情境：其一，人类活动的一般意识由社会性创造，而非受事物自然本性或神明影响；其二，由于现代社会制度的推动，人类活动的变革范围急剧扩大。在这两种特殊情境的影响下，风险的概念代替了传统的运气概念，体现了人类应急思维的变化，宗教宇宙决定论逐渐淡出历史舞台，客观、能动、积极及科学的应急认知逐渐形成。

第七，危险与风险密切相关但又不同。风险意味着危险的存在，特定主体不一定意识到危险，当某人为了特定目的而自愿承担风险时，危险则是对预期结果的一种威胁。

第八，风险和信任交织，信任的达成能够避免某些危险或降低危险的影响程度。在特殊情况下，风险能够通过制度化途径加以防范，如经过周密估算、风险沟通及风险评估等方法来降低风险。而信任和经过周密估算的风险之间存在一种平衡，不同条件下能够承担的风险的最低限度不同，但是在维持信任方面至关重要。

第九，风险不仅影响个体的行动，"风险环境"还会影响多个个体，如生态环境污染、突发公共事件及核战争等。因此，"安全"是指达到风险消解的状态，即危险、危机等被解除或控制在合理范围。基于此，安全通常建立在信任与风险的动态平衡之上。

第十，信任的对立面并非简单的不信任。吉登斯在现代性的宏观背景之下考察风险社会，现代性影响下，社会关系呈现"脱域状态"，即从彼此互动的地域性关联中，从通过对不确定时间的无限穿越而重构的关联中"脱离"❶，个体、群体与社会之间的关系发生变化，习俗、制度、文化及社会结构也随之改变。风险社会立足于"现代组织与制度"所关联的"现代秩序"，因此系统信任成为风险社会需要重点关注的对象，吉登斯指出的两大脱域机制（象征标志和专家系统）为后来系统信任的研究奠定了基础。

贝克和吉登斯对风险社会理论的研究具有代表性，对风险概念的定义较为全面详细，对后来的风险社会学研究者产生了较大影响，之后玛丽·道格拉斯、斯科特·拉什、尼克拉斯·卢曼等学者也加入了这一领域的研究，形成了以贝克、吉登斯等为代表的客观主义风险社会理论和以道格拉斯、拉什等为代表的主观主义风险社会理论。❷ 无论是从主观主义还是客观主义的视角看，现代意义上的风险主要是不确定性对目标的影响。其中不确定性是指因风险事件等原因而导致境况、条件或事件等的不确定性，是风险的基本属性；目标是特定的人或组织从事有理性的活动所期望达到或取得的结果、成效或收获；影响是"不确定性"与"目标"之间发生的关系。值得注意的是，尽管在中文的一般语境中，人们多强调风险的负面影响，但风险影响的后果也可能是正面的。❸

---

❶ [英] 安东尼·吉登斯. 现代性的后果 [M]. 田禾，译. 南京：译林出版社，2011：18.

❷ 张广利. 主客观风险社会理论的分歧与融合 [J]. 广东社会科学，2008 (4)：172-177.

❸ 李存建. 风险评估——理论与实践 [M]. 北京：中国商务出版社，2012：3-5.

如图 1.1 所示，一个完整的风险事件由风险因素、风险事故和风险后果三个要素构成，且三者之间存在相互影响的因果关系。❶ 风险因素是指引发风险事故、增加风险事故发生概率、扩大风险损失幅度的原因和条件，是风险事故发生的潜在原因。风险因素有两种："外部风险因素"主要强调由外而内的意外伤害；"人造风险因素"主要是由科学与技术发展而新形成的风险，❷ 对人类社会的生存、安全、健康、心理、组织、制度、意识形态等经济层面、物质层面、精神层面、制度层面和文化层面等产生难以预测的损害。❸ 风险事故是风险因素的作用而引发或者加重的一种状态，是导致风险后果的媒介。风险事故可能是单一的，也可能是系列的。风险后果是指风险事故最终导致的结果，这种结果可以是正面的，也可以是负面的。

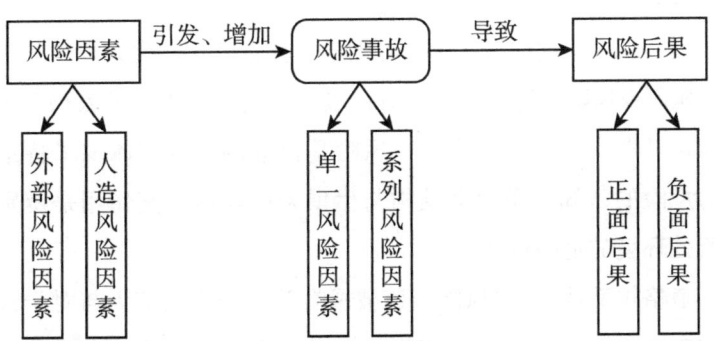

图 1.1　风险事件流程

---

❶ 董彦良. 保险学 [M]. 沈阳：沈阳出版社，2014：3-5.
❷ [英] 安东尼·吉登斯，[英] 克里斯多弗·皮尔森. 现代性——吉登斯访谈录 [M]. 尹宏毅，译. 北京：新华出版社，2001：194-195.
❸ 刘高峰. 现代性话语体系下的风险与风险控制 [J]. 河南社会科学，2005（2）：99-101.

(二)"主观建构派"和"客观实体派"的区分

风险的概念随着经济社会的不断发展而变化,自风险社会理论诞生以来,风险概念的界定因研究人员的视角、方法、学科等方面的差异而存在区别。

对早期的风险研究成果进行检索,可以发现不同学科对风险的理解存在差异,主要有以下七种:保险精算的方法(主要适用统计学进行预测)、毒物学以及流行病学的方法(包括生态毒物学)、工程学方法(如概率风险评估)、经济学的方法(包括风险与收益的比较)、心理学的方法(包括心理测量分析)、风险的社会理论、风险的文化理论(使用网格/群体分析模式)。❶总体而言,这七种风险理论可以分为主观建构派和客观实体派❷。

其一,主观建构派主要从心理学、社会学、文化人类学与哲学等视角研究风险理论,其中具有代表性的是英国人类学家玛丽·道格拉斯。在人文社会学看来,风险是社会的产物,体现了特定群体对危险的认知,是社会结构与生俱来的功能,其作用是辨别群体所处环境的危险性。❸

道格拉斯认为:"风险应该被视为关于未来的知识与对于最期望的未来所持共识的共同产物,知识是不断变化的社会活动的产

---

❶ [英] 谢尔顿·克里姆斯基,[英] 多米尼克·戈尔丁. 风险的社会理论学说 [M]. 徐元玲,孟毓焕,徐玲,译. 北京:北京出版社,2005:62.
❷ 张广利,等. 当代西方风险社会理论研究 [M]. 上海:华东理工大学出版社有限公司,2019:11-13.
❸ Michael Thompson, Aaron Wildavsky. A Proposal to Create a Cultural Theory of Risk. In: Kunreuther H C, Ley E V. eds The Risk Analysis Controversy: An Institutional Perspective [M]. New York: Springer-Verlag, 1982:148.

物,并总是处于建构中。"❶ 因此,尽管风险在本质上有其客观依据,但必然是通过社会过程形成的。在社会化过程中,风险是一种"集体建构物"。因环境存在差异,不同的社会生活形态会引发不同的社会风险。

另一个主观实体派学者拉什也认为,风险是一种心理认知的结果,在不同文化背景中有不同的解释话语,风险时代体现的是一种文化形态,而不是一种制度化的社会。风险文化并不追求达成一个确定、稳定的完美秩序,而是预设一个无序状态,因此需要通过自然调节非确定性以实现秩序。风险的传播不是依靠程序性的规则和规范,而是依靠其实质意义上的价值。在风险文化时代,对社会成员的治理方式不是依靠法规条例,而是依靠一些带有象征意义的理念和信念,因为风险文化中的社会成员宁可要平等意义上的混乱和无序状态,也不要等级森严的定式和秩序。❷

其二,客观实体派从科学、工程学、管理学、医学、流行病学等学科视角研究风险理论,坚持从风险的现实视角出发对风险进行实证分析,认为风险是客观存在的,不依赖于认知的改变。强调风险是可知的、可测量的及可控制的,通过科学的测量,风险发生的可能性或概率能够得到精确计算。

客观实体派的研究者强调风险的客观性和科学技术的能动性,主张不确定性能够通过客观概率及其他科学技术手段来规范与测度,以科学和技术的方式呈现风险。❸ 两个学派之间相互影响,由

---

❶ Mary Douglas, Aaron Wildavsky. Risk and Culture: An Essay on the Selection of Technological and Environmental Dangers [M]. Berkeley: University of California Press, 1982: 5.
❷ [英]斯科特·拉什,王武龙. 风险社会与风险文化 [J]. 马克思主义与现实, 2002 (4): 52 – 63.
❸ 刘婧. 现代社会风险解析 [J]. 浙江社会科学, 2005 (1): 99 – 103.

道格拉斯首创的风险的运算公式"风险（R）= 伤害的程度（H）× 发生的可能性（P）"❶ 为客观实体派所吸收，从经济学角度，运用"成本—收益"的计算逻辑使风险实现精确化，可以计算风险的概率、风险造成损失的程度和发生的可能性，并在此基础上采取相应的措施进行预防和应对。

客观实体派的风险研究主要集中在风险认知和风险防控两个方面：风险认知主要包括风险识别、风险因素及风险关系等；风险防控主要研究各种类型风险的预防性模型，限制风险影响的计划方案等。客观实体派主要认为风险是可以精确计算的，主张通过专家系统进行精确、科学的计算和测量，从而实现风险的防控。❷

两个学派对风险有不同的理解，20 世纪后半叶以来，科学技术的自反性进一步显现，发生了世界范围内的重大科技灾难，风险理论研究的两个学派相互影响，主观建构派也开始注重风险的防控与预警，而客观实体派也开始关注风险理论的研究。

（三）风险的分类

对目标产生不确定性影响的因素较多，其不确定性主要体现在：现实中风险因素的来源不确定，可能是自然原因，也可能是人类活动的结果；受风险影响的个体之间的关系是不确定的，可能是相关的也可能是不相关的；风险的频率与风险影响不确定，比如相对罕见的风险可能引发较为严重的后果，而日常生活中常见的风险造成的危害可能较低。

因此，风险的分类存在多种标准，例如：依据风险分布领域

---

❶ Mary Douglass. Risk Acceptability According to the Social Science [M]. London: Routledge Kegan&Paul, 2002: 20.
❷ 张广利, 等. 当代西方风险社会理论研究 [M]. 上海：华东理工大学出版社, 2019: 13.

的不同，风险可以分为政治风险、法律风险、社会风险等；依据事件主体可接受程度，风险可分为可接受风险、可忍受风险和不可接受风险；依据风险对象不同，风险可分为财产风险、人身风险和责任风险等；依据风险后果的不同，风险可分为生命健康风险、财产安全风险和生态环境风险等。❶

依据风险来源对风险进行分类是目前通用的分类方式。如表1.1所示，❷按照这种标准，风险可以分为自然风险、社会风险、经济风险、技术风险及环境风险等。❸

自然风险（Natural risk），指自然力的非规则运动所引发的自然现象或物理现象导致的风险，如风暴、火灾、洪水等所导致的物质损毁、人员伤亡的风险。

社会风险（Society risk），指由于反常的个人行为或不可预料的团体行为所造成的风险，如抢劫、罢工、战争、盗窃、玩忽职守等，以及制度、政策或决定造成的风险。它包括一种重要的风险形式——社会稳定风险（Social stability risk），是指社会风险导致的损失或灾难影响社会稳定，导致社会不安定、引发社会群体性事件及邻避冲突等后果。❹

经济风险（Economic risk），指在商品的生产和购销过程中，由于经营管理不善、市场预测失误、价格波动或消费需求变化等

---

❶ 刘希林，尚志海. 中国自然灾害风险综合分类体系构建 [J]. 自然灾害学报，2013（6）：1-7.

❷ Robert Holzmann, Steen Jorgensen. Social risk management: A new conceptual framework for social protection and beyond [J]. International Tax & Public Finance, 2001（4）：10-12.

❸ 刘燕华，葛全胜，吴文祥. 风险管理——新世纪的挑战 [M]. 北京：气象出版社，2005：10-11.

❹ 楚才元. 深化社会稳定风险评估工作研究 [M]. 兰州：甘肃文化出版社，2015：7.

因素造成经济损失的风险,以及外汇汇率变动和通货膨胀引起的风险。

技术风险(Technological risk),指由科学技术发展所带来的某些不利因素而导致的风险,如核物质泄漏所致损失的风险。

环境风险(Environmental risk),由人类活动引发的环境污染等后果的风险。

表1.1 风险类别

风险类别	风险示例		
	个体视角	社区视角	国家视角
自然风险	暴雨、滑坡、火山、地震、洪水、干旱、台风等	暴雨、滑坡、火山等	地震、洪水、干旱、台风等
社会风险	犯罪、家庭暴力等	宗教活动、帮派等	战争、暴动、内乱、恐怖袭击等
经济风险	失业、下岗、投资失败等	失业安置等	社会动荡、粮食石油黄金等价格变动、恶性通货膨胀、贸易冲击等
技术风险		核技术、转基因等	
环境风险	核电站、PX项目等	环境污染、植被破坏等	气候变化、全球变暖等

二、环境风险的界定

(一)环境风险的概念

广义上的环境风险是指由人类活动引起或由人类活动与自然界运动共同作用造成的,通过环境介质传播的,可能对人类社会及其生存、发展的基础——环境产生破坏、损失乃至毁灭性作用等不利后果的事件发生的概率。❶ 环境风险强调通过自然环境的媒介作用，对人类、财产、环境构成威胁的潜在危险状态，包括这种危险状态爆发的可能性与不确定性，以及危险可能导致的危害性后果两方面的内容。❷ 狭义上的环境风险指突发环境事件的可能性及突发环境事件造成的损害程度。❸

环境风险项目是指存在环境风险的建设项目，如 PX 等化工项目、核电站项目、垃圾焚烧项目、转基因食品项目、药品的开发和利用项目等。环境风险项目强调在人类生产生活过程中存在的环境风险，可能威胁公众生命健康安全、可持续发展、环境权益、社会秩序稳定及国家安全。❹

（二）环境风险的特征

环境风险具有不确定性、系统性及危害性的特征。贝克认为，风险的不确定性体现在需要预测和控制人类活动的未来结果，即因现代化所带来的各种各样难以预测的后果。❺ 不确定性是环境风险的核心，是指环境事件是否发生或发生的具体时间、地点、强度等情况均不确定。贝克所论及的风险社会，阐明了现代化过程中所产生的危险和不确定后果，其理论的出发点和侧重点是科学技术的自反性。如图 1.2 所示，环境问题与科学技术呈"技术悖

---

❶ 易秀，乔晓英，姜凌. 环境评价学 [M]. 北京：地质出版社，2017：247.
❷ 卢静，孙宁，夏建新，等. 中国环境风险现状及发展趋势分析 [J]. 环境科学与管理，2012（1）：11.
❸ 薛丽洋，梁佳. 环境风险防控与应急管理 [M]. 北京：中国环境科学出版社，2018：1.
❹ 秦天宝. 风险社会背景下环境风险项目决策机制研究 [J]. 中国高校社会科学，2015（5）：132 – 135.
❺ [德] 乌尔里希·贝克. 世界风险社会 [M]. 吴英姿，孙淑敏，译. 南京：南京大学出版社，2004：4.

论"关系发展。工业社会的发展使得人类社会开始广泛利用科学技术以提高生产力,同时引发了一系列环境问题,如大气污染、水污染、土壤污染、酸雨、全球变暖等;为了解决环境问题,又依赖于科学技术的创新,但科学技术的进步又带来了新型的环境问题,进一步增加了环境风险的不确定性。

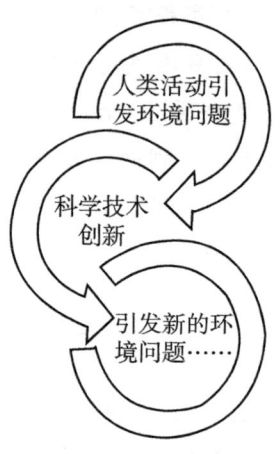

图1.2　环境问题与科学技术的关系

因此,在风险社会中,尽管科学技术逐渐为人类社会所掌握并不断提升,在享受科学技术带来的便利的同时,人类社会承受其副作用,这成为工业革命以来科学技术发展的正当性基础。但随着一系列全球性生态灾难和风险的发生,风险的"可控制性、可计算性、可评估性"科学典范正在被打破,❶科学技术自身也存在巨大风险和认识上的不确定性。在贝克看来,"科学成果的工业化应用成为引发环境问题的原因,但科学提供了把问题识别为问题并加以定义的手段和工具,最终科学提供了克服其自身导致的

---

❶ 郭红欣. 环境风险法律规制研究 [M]. 北京大学出版社, 2016:17.

风险的手段。"❶ 因此，环境风险的不确定性成为环境风险的首要特征。

环境风险具有系统性。环境风险可能导致生态系统结构和功能的改变，对环境风险本身的认识需要科学。正是环境风险的这种科技依赖性使得其表现出复杂的系统性特征。❷ 现代风险种类复杂多样，作为个体的人难以详尽认知风险，而专业知识的不断细分形成了相对垄断和隔绝的专家体系。❸ 系统思维下高度分化的劳动分工导致风险后果不具备可责性，风险诱因的多元化造成了普遍的不负责任。❹ 环境风险的引发同样具有多个诱因，如全球变暖、水污染及大气污染等并非单一原因引起，往往涉及多个因素，而相对隔绝的专家系统就其单一专业领域对复杂环境风险所进行的评判，会引发风险认知的片面性。此外，环境风险项目（如核电站工程、PX项目等）的开展对科学技术的要求较高，表现为一个个复杂的系统，且远离社会公众的认知范围，因此环境风险还易于引发相关邻避冲突、社会稳定风险等。❺

环境风险具有危害性。它包括对人体健康、经济财产、生态系统等的危害。其一，环境风险造成的危害具有长期潜伏性，危机发生与危害后果之间的间隔可能较长，风险原因作用点、风

---

❶ [德] 乌克里希·贝克. 风险社会：新的现代性之路 [M]. 张文杰, 何博闻, 译. 南京：译林出版社, 2018：203.
❷ 郭红欣. 环境风险法律规制研究 [M]. 北京大学出版社, 2016：18.
❸ [英] 安东尼·吉登斯. 现代性的后果 [M]. 田禾, 译. 南京：译林出版社, 2011：24.
❹ [德] 乌克里希·贝克. 风险社会：新的现代性之路 [M]. 张文杰, 何博闻, 译. 南京：译林出版社, 2018：23.
❺ 王刚, 张霞飞. 空间的嵌入与互构：环境邻避冲突生成的新解释框架——基于核电站选址争议的个案分析 [J]. 华东理工大学学报（社会科学版）, 2022, 37 (4)：104-117.

转变成危机的冲突点与风险危害后果引爆点三者之间可能并无明显的联系，这不仅对环境风险的可责性提出了挑战，也不利于开展有效的风险沟通。其二，环境风险难以控制，因科学技术的发展而引发的环境风险具有复杂性，现有的认知很难将其后果和影响具体化，而借助新的科学技术实现环境风险的有效预防又存在引发新的环境风险的可能。其三，环境风险造成的危害后果突破地域限制，影响范围较广，如核电站、PX项目等环境风险项目发生事故，即使远离危险源头也会受到影响。

（三）环境风险全生命周期

环境风险形成于污染等发生之时，但由于生态系统具有自净能力，在一般情况下，生态系统能够自动将污染物转化为无害物质，这种自我调控机制能够维持生态系统平衡，此时环境风险虽然存在，但不一定会爆发危机。然而，如果污染程度不断累积增加，能量流和物质循环的途径减少，超过生态阈值，生态系统无法实现自净，则环境风险增加。当风险累积到一定程度后，会引发环境危机，对污染区域内的人身及财产造成严重损害。这一转变过程与污染程度、防控措施、循环途径、生态阈值及风险意识等密切相关。环境风险产生期、风险成长期、危机引爆期和危机衰退期存在周期性波动规律，类似于"火山爆发模型"，可称为环境风险的"火山型"结构。若环境风险被成功管控，则不会引发环境危机（"死火山"）；而如果管控失效，则环境风险将转化为危机（"活火山"）。

（1）风险产生期。"火山型"结构的源头是一个个单独的环境风险源，不同范畴的风险源能通过生成、聚合、分散及消解等作用相互影响和转化。环境风险通过特定的环境路径和一系列转化过程，存在危害人体健康的可能性。此时，环境风险和健康风险发生聚合性作用，对人体健康系统产生影响，从而产生环境健康风险。

（2）风险成长期。由于污染、破坏等活动对环境的影响具有不确定性，环境风险往往有一个成长过程。如污染物通过土壤—植物系统、空气—呼吸系统、水体—吸收系统的循环，借助消化、呼吸、血液循环等途径进入人体，因此毒理发作需经过人体新陈代谢及转化作用后方能展现。❶ 但由于污染物质浓度的高低、个体代谢能力的差异等原因，环境风险并不一定会转化为环境危机，其转化的过程也可短可长。

（3）危机引爆期。风险并不等同于危机，环境危机是风险量变引发质变的过程。受环境介质的影响，环境危机的潜伏期是动态变化的，有的潜伏期较长，如工业废水等污染物通过"土壤—作物—人体"等途径影响人体健康，形成环境危机的时间较长；而有的潜伏期较短，如切尔诺贝利核电站爆炸事故发生后，迅速形成环境危机，对救援人员、附近居民等群体的身体健康产生严重影响。一旦引发环境危机，风险潜伏期的症状便通过人体新陈代谢显现，且危机持续时间长、影响范围广，不仅难以有效救治和恢复，还可能对人体健康造成永久性或半永久性损伤，甚至可能通过"母婴传递"等途径影响遗传基因，造成代际环境危机。

（4）危机衰退期。环境危机爆发会使社会公众陷入强烈的危险感知，形成危机的社会放大效应。在有效的管控措施下，尽管危机得到控制，仍需要对受影响群体进行持续救治、安抚及赔偿，对相关责任群体进行追责。环境风险具有生命周期性，危机衰退

---

❶ 任颖. 环境健康风险治理研究：法理基础、类型分析与制度建设 [M]. 北京：人民出版社. 2019：36.

期也是新的风险产生期，因此需要总结经验教训，完善风险预警机制。

在全球化时代，环境风险广泛存在于人类社会中，其表现形式纷繁复杂，产生原因难以探寻，危害后果影响深远。环境风险具有社会属性，人类社会改造自然环境引发了环境风险，同时环境风险也限制了人类社会的进一步发展。因此，如何通过有效的规制手段防范环境风险，成为21世纪人类社会共同面临的难题。

三、环境风险的传播

从1986年苏联切尔诺贝利核电站爆炸事故引发世界性灾难，到反对PX项目的邻避冲突，再到2020年新冠疫情席卷全球，环境风险已成为人类社会共同面临的重大议题。科学技术发展带来的不确定性已然成为环境风险事件发生的重要诱因，而科技专业门槛的存在，导致社会公众对环境风险事件的风险感知存在差异，因而风险传播的重要性凸显。

环境风险传播是指社会公众建立环境风险信息接受与认知的过程，涉及环境风险信息的封装、传递、接收与反馈。风险的传播强调借助特定的叙述、话语和修辞等表达方式，进一步表征或者建构环境问题背后所涉及的政治命题、文化命题和哲学命题。环境风险传播包含了自然环境维护、社会共同意识建构及环境危机应对三个部分。❶

环境风险传播的研究旨在观察环境风险信息在专家风险管理部门、利益团体和民众之间的传递情况，并重点强调风险沟通的过程，如风险管理机构如何及时将风险信息告知民众，从而引导

---

❶ Cox R. Environmental communication and the public sphere [M]. London: Sage, 2006: 12-14.

政府、企业以及社会公众作出正确的风险预防措施。在环境风险建构与沟通的过程中，受限于不同的社会文化背景和公众价值偏好，环境风险传播往往会产生不同的效果。❶

（一）环境风险的传播媒介

丹尼斯·麦奎尔认为："传播的研究是建立在媒介具有重大效果这一前提之上的，我们每天的经历都提供了无数（即使有的很微小）媒介影响的事例，以至于我们的头脑中充满了从媒介中所得到的信息和观念。"❷ 21 世纪以来，环境风险引发了各种各样的全球性环境危机，成为人类所普遍关注的问题。媒介作为社会公众获取风险信息的渠道，在环境风险的传播过程中处于核心地位。而媒介对环境风险的界定能够影响社会公众感知风险，社会公众通过媒介所获取的风险信息，成为其对环境风险作出判断及反应的主要依据。此外，通过媒介传递风险信息的过程，还能够实现监管者、专家及社会公众的风险沟通。

环境风险的传播媒介是指承载并传递环境风险信息的载体，是风险信息传播者与风险信息接收者之间进行交流、传递、延伸的通道，往往作为一种中介因素存在于环境风险的生命周期过程之中。传统的环境风险传播媒介主要是物理形式，如报纸、印刷品、电视、广播等。随着互联网的发展，新媒体已经成为环境风险信息传播的重要媒介。

在新媒体的影响下，环境风险信息可以依托大数据技术、网络化信息处理技术和移动通信技术，通过互联网等渠道向社会公

---

❶ 曾繁旭，戴佳. 风险传播：通往社会信任之路 [M]. 北京：清华大学出版社，2015：5.
❷ [英] 丹尼斯·麦奎尔. 麦奎尔大众传播理论 [M]. 崔保国，李琨，译. 北京：清华大学出版社，2006：353.

众传递风险信息，进行风险沟通。随着移动互联网与移动智能终端的普及，新媒体在环境风险传播过程中的作用也越发明显，以近年来兴起的短视频为例，新媒体在社会公众获取信息方面优势明显。

第一，"人人都是记者"。新媒体具有制作自主性和广泛参与性，每个人都可以通过拍摄、剪辑等方式制作短视频，因而可以提高环境风险信息传播过程中的公众参与度。第二，"事事可为新闻"。新媒体信息具有即时性与海量性，任何一件事都可能被记录下来，并通过新媒体进行传播，这与传统媒体对"新闻"的界定有显著区别，为风险信息及时更新提供了条件。第三，"实时可以交流"。以短视频为主的新媒体使信源传播者和信息接收者能够进行及时广泛的沟通和交流，新媒体可作为环境风险沟通的工具，实现风险信息的双向传递。第四，"价值观念传递"。新媒体能够通过算法与推送机制实现根据用户需求、偏好、兴趣的定向推送信息，特定内容以视频的形式重复出现，在潜移默化的熏陶中实现了价值观的传递。这对于培育社会公众的环境风险意识、强化风险认知具有重要意义。❶

但新媒体也具备"双刃剑"特质，一方面它可以使公众及时获取各种风险信息，另一方面也为虚假信息、谣言的传播提供了便利。因此，我们还需要关注对新媒体的法律规制，使其更好地服务于环境风险项目的实施。时至今日，传统媒体与新媒体的融合发展，为环境风险传播提供了更为便利的渠道，既可以服务于政府等监管部门进行环境风险决策、开展环境风险评估、进行风险沟通和环境危机治理，又可以保障社会公众广泛参与环境治理，

---

❶ 黎梦兵，吴勇. 新媒体的社会信任问题研究——基于"深度伪造"短视频视角[J]. 理论月刊，2020（12）：81-89.

获取大量环境风险信息,及时规避风险,减少危机损害。

(二) 环境风险的感知

风险感知是一个心理学概念,环境风险感知是指社会公众对环境风险的主观感受与认知,是社会公众通过感官接受、处理与传递环境风险信息的心理过程,这些主观感知受社会公众生活经验、心理、社会文化等多方面因素的影响。

环境风险感知的影响因素可以从个体和社会两个层面展开:第一,就个体层面而言,社会公众性别、年龄、受教育程度、性格等个体差异会导致他们对环境风险的认知存在差异,因此,不同的社会公众对风险的感知存在区别。而且,由于社会化媒体的普及,社会公众的风险感知能够通过互联网公开表达,并借助社会媒体广泛传播,这使得风险感知容易受到他人的影响。这个表达、传播、影响的过程对环境风险的客观感知提出了挑战,需确保环境风险信息的客观性、科学性及可获取性,让社会公众形成正确的环境风险感知,能够助益环境风险管理。相反,如果大量虚假环境风险信息或谣言为社会公众所感知,则会导致风险的社会放大,干扰环境风险管理。

第二,就社会层面而言,由于个体对风险的认知过程发生在具体的社会环境之中,与所处的宏观社会制度和文化相关,所以风险感知不可能独立于社会之外。社会中文化、民族、组织、生活方式等是社会层面风险感知分析的起点。此外,个体信任程度是社会层面风险感知的重要部分。由于风险的复杂性、系统性和不确定性特征,社会公众一般不具备专业、科学的风险知识,自身难以对风险进行评估,往往只能间接地根据风险管理者和风险专家的评估来判断风险。在这种情况下,信任成为社会公众应对风险最为重要的资源和手段。❶但在现代风险社会，各种新生环境风险的不确定性进一步加深，监管者、权威机构及专家系统在短时间内也难以获得全面、科学的风险信息，需要依据对风险认知的强化不断更新；有时甚至出现反转信息。这些都影响人们对风险的感知。

此外，社会层面的风险感知存在不同的传播源，尤其是在环境风险传播媒介的社会化影响下，新媒体、自媒体等已经成为环境风险信息传递的重要渠道。新媒体媒介可实现个体层面风险感知向社会层面的过渡，换言之，作为个体的社会公众可以通过新媒体等社会化媒介进行风险信息传递，使人们自发地进行大量环境风险信息的传递和接收，实现了风险的社会感知。但由于新媒体传播便利且传递者与接收者数量都十分庞大，这个过程的监管难度较大，可能会造成谣言、虚假信息的大量传播，进一步破坏社会信任水平，引发信任危机。

基于此，环境风险感知方式有两种——以权威机构及专家为代表的官方渠道和以新媒体等社会化媒介为代表的非官方渠道，两种渠道相互独立却互相影响，共同构成环境风险认知结构，而社会信任是其中一个重要的概念。

（三）环境风险的社会放大

环境风险感知本质上是一种主观的情绪表现，环境风险信息的传递受个体和社会两个层面的影响而使不同群体呈现不同的风险感知特征。申言之，在环境风险信息传递过程中，环境风险事件及环境危机的特征会通过各种风险信号（形象、符号）被刻画

---

❶ 王庆. 环境风险的媒介建构与受众风险感知 [M]. 北京：中国传媒大学出版社，2017：60 - 61.

出来。这些风险信号以强化或弱化的方式引发风险的社会放大，即社会公众对风险信息及其可控性的认知。在此过程中，会经历一系列心理、社会、制度、文化等方面的相互作用，❶ 进而影响社会公众对环境风险事件的感知，使社会公众对较小风险产生强烈的风险感知，引发社会大规模的关注或形成社会恐慌。值得注意的是，风险的社会放大不仅限于风险"放大"，也包括对较大风险关注不够而加大危机破坏性的情况等。

可见，社会公众的风险感知以风险信号为基础，但具有主观性。环境风险信号在传递的过程中，会通过社会或个人渠道出现风险感知偏离风险信息实际的情况，此时，社会和个人渠道则成为风险的"放大站"或"缩小站"。当风险信号经过这些"放大站"或"缩小站"时，会发生偏离风险信息实际的转换，放大或者减少特定环境风险信息的分量，选择性地突出风险信息某些方面的特征，或者重新解读和阐释现有的风险信息，从而引发其他参与者作出特定的再解读与反应。❷

环境风险的社会放大会影响社会公众对风险本身的认知，其中较为常见的是"风险涟漪""污名化"。环境风险涟漪是指风险信号经过多重风险"放大站"的传递，形成环境风险信息与社会公众风险感知之间的层层鸿沟，使环境风险事件的最终影响远远超出风险事件的实际影响，这个过程类似于水面"涟漪"，风险因社会放大而引发次级和再次级后果，使"涟漪"最外围的结果偏离"涟漪"最核心的实际情况。如社会公众对核电站的风险感知，

---

❶ ［英］尼克·皮金，［美］罗杰·E. 卡斯帕森，［美］保罗·斯洛维奇. 风险的社会放大［M］. 谭洪凯，译. 北京：中国劳动社会保障出版社，2010：4.
❷ ［英］尼克·皮金，［美］罗杰·E. 卡斯帕森，［美］保罗·斯洛维奇. 风险的社会放大［M］. 谭洪凯，译. 北京：中国劳动社会保障出版社，2010：5.

在经历风险的社会放大之后，会远超其实际风险，并进一步引发邻避冲突和环境群体性事件，使环境风险转化为社会稳定风险。

环境风险污名化是指在环境风险的传播过程中，对其属性进行取舍，有意识地放大环境风险的负面部分，从而使社会公众产生诸多负面想象。污名化往往伴随着风险信息谣言，对风险管控和危机治理产生重大影响。比如，在突发公共卫生事件后，污名化谣言会使社会公众对危机地域的民众产生无差别怀疑，不仅会干扰正常的风险管控，还会引发安全风险、健康风险和经济风险等一系列伴生风险，无益于危机的及时有效治理。❶

四、环境风险的防控

环境风险防控是政府及风险管理部门为防范和应对突发环境事件而开展的一系列有组织、有计划的管理活动。❷ 风险防控是政府管理职能的重要组成部分，传统的危机应对式环境风险管理逐渐被舍弃，需建立针对环境风险全生命周期特性的动态防控机制，即通过事前预防阶段的风险评估、事中危机阶段的风险沟通、事后修复阶段的公众参与实现风险全生命周期动态治理。❸ 通过环境风险全生命周期特性的动态防控，实现风险预防，降低环境风险事件的发生概率；实现危机管控，及时实现对环境风险事件的管控；及时开展修复，降低环境风险事件的损害。最终实现生态环境保护的目的，保障社会公众的环境权利，使社会公众建立起对

---

❶ 黎梦兵. 公共卫生事件风险沟通中社会信任问题研究［J］. 行政与法, 2021 (1): 23-30.

❷ 薛丽洋, 梁佳. 环境风险防控与应急管理［M］. 北京: 中国环境科学出版社, 2018: 2.

❸ 吴勇, 黎梦兵. 环境健康风险的动态治理：模式、维度与路径［J］. 吉首大学学报（社会科学版）, 2021 (3): 44.

环境风险管理的信任。❶ 在此理论意义上，环境风险的防控至关重要。

（一）环境风险评估

环境风险评估是对环境风险阶段的一系列风险管理活动的统称，涵盖了环境风险识别、风险分析及风险评价的全过程。对于环境风险项目而言，发现风险、计算风险概率及其危害性、对风险进行定级等措施，不仅是监管部门实现早期风险预防的必然要求，也是社会公众对环境风险项目建立信任的基础。因此，风险评估成为环境风险项目管理中的重要一环。

第一，环境风险识别。获取风险信息的过程，也是风险评估的第一步。它是指在环境风险项目具体开展之前，发现、辨认和描述环境风险的过程，其目的是及时识别环境风险项目中的潜在风险。风险识别需要通过预设潜在的风险事件，对风险源单独或共同引发风险的内在机理进行分析，从内部和外部两个方面尽可能全面地探寻环境风险项目的风险源。

探寻风险原因，形成环境风险项目的风险清单，服务于后面的风险分析和风险评价。风险识别是风险评估的基础环节，对其科学性、精准度等方面提出了较高的要求：一是风险识别要全面，尽可能涵盖各种可能的风险源；二是要明确重点，对于破坏性较大、影响深远的风险源需要重点关注；三是要关注风险转化，环境风险并非一成不变，会在各种因素的作用下相互转化，因此还需关注与环境风险相关联的健康风险、社会稳定风险等伴生风险，防范系统性环境风险；四是要注意风险的特殊情况，即风险发生

---

❶ 李胜. 突发环境事件的协同治理：理论逻辑、现实困境与实践路径 [J]. 甘肃社会科学，2022（3）：183 - 187.

概率与危机破坏性相反,如低风险概率但危机破坏性较大,核电站泄漏的风险概率较低,但是影响深远。可见,由于环境风险项目的特殊性,其风险具有不确定性和复杂性的特质,因此需要进行动态的风险识别,保证公众参与,及时调整风险信息。

第二,环境风险分析,即风险认知的建构过程。它是指通过计算风险发生的概率及其危害性,加深对风险的理解,进而建立起对环境风险特性的认知,如风险到危机的转化路径、危机发生的可能性大小、环境危机的严重程度等,服务于环境风险决策。具体而言,环境风险分析包括以下几个方面:❶ 一是分析风险源,在环境风险分析阶段对风险源的分析可以检视风险识别阶段所识别的风险源,并通过所获取的风险信息及时进行反馈,补充风险源信息、防止遗漏及纠正错误,对风险识别的结论进行全面分析,实现风险清单的动态调整。二是分析风险结果,明确环境风险事件后果的影响、形态、范围等内容。风险结果预判是风险分析的重要环节,这既是对风险识别的总结,也为风险评价奠定基础。三是分析可能性,即分析环境风险事件是否发生、何时发生、发生范围及发生可能性高低等内容。四是分析危害性,要分析一旦环境风险转化为环境危机事件,所带来环境破坏的严重程度,并据此进行风险定级,明确风险等级。

第三,环境风险评价是对风险的容忍度和可接受度进行总结的过程。如图 1.3 所示,在环境风险评估过程中,"风险识别"负责识别风险源,提供量化指标;"风险分析"则向"风险评价"输入量化指标,并输出风险分析的结果,对特定的环境风险进行定性评价。风险评价服务于风险预防措施和风险决策,能够明确风

---

❶ 李存建. 风险评估——理论与实践 [M]. 北京:中国商务出版社,2012:105 - 109.

险处理的顺位以及选择处理方法等。

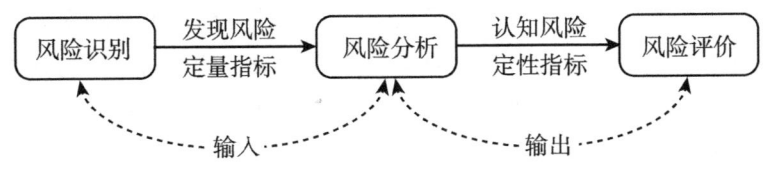

图1.3　环境风险评估过程

（二）环境风险沟通

环境风险项目的风险沟通，是指在环境风险项目的全生命周期过程中，风险管理机构、社会公众及群体之间相互交换环境风险项目风险信息的互动过程。风险评估证明特定行为会带来健康风险，需要进行规制，而风险管理旨在进一步确定风险规制应当实现的目标与所需达到的程度。❶ 主要包括风险管理机构向社会公众明示环境风险项目的风险，直接传递与环境风险项目相关的信息；表达对环境风险项目的关注、意见及建议；发布国家或风险管理机构在环境风险项目管理方面的具体措施等。

由于环境风险项目的特殊性，风险沟通面临特殊的场域❷：第一，潜伏期的风险识别与风险认知存在不确定性。由于环境风险项目的风险识别难度较大，早期风险沟通多依赖于风险机构治理能力的自我优化，更深层次则根植于风险意识。因此，潜伏期的风险沟通需要立足于风险的高不确定性特征，进行预防式沟通。第二，触发期信息传播高速，公众参与和公众情绪极端化。一旦环境危机发生，大量的风险信息通过社会化媒介广泛传播。代表

---

❶ 吴凯杰. 环境健康风险的法典化应对 [J]. 环球法律评论，2023，45（5）：124 - 140.

❷ 黎梦兵. 公共卫生事件风险沟通中社会信任问题研究 [J]. 行政与法，2021（1）：23 - 30.

官方的风险管理机构的风险沟通，既要借助社会化媒介及时更新信息，也要对风险信息进行监管。同时，环境危机不可避免地危及社会公众的安全与健康，社会公众在面对环境危机时，普遍具有较高的风险感知，表达出较为强烈的情绪。第三，蔓延期的污名化与谣言传播同步。在环境危机形成后，部分主体有意识地放大环境危机的负面部分，使社会公众对环境危机产生许多负面想象，形成对危机地区、危机人群、产品等内容的污名化，并伴随着风险信息的谣言，对风险管控和危机治理产生重大影响。

因此，在环境风险项目的全生命周期范围内，政府等监管者要转变风险治理思路，根据环境风险项目的实际情况调整风险沟通策略，既要提高风险沟通效率，及时更新风险信息；又要保持透明度，加强与社会公众的互动，建立常态化的风险沟通机制。

作为传统风险沟通的主要参与者，专家系统直接影响到风险沟通的效果。在现代风险社会中，要打破风险不可知论，发挥专家系统的科学性和专业性，尽可能全面地获取风险信息，同时注意沟通技巧，减少绝对化表述。此外，在社会化媒介普遍流行的时代背景下，专家系统可以与新媒体相结合，如开设环境风险沟通短视频账号、微信公众号等，让社会公众在第一时间获取相对权威的风险信息。此外，要让社会公众建立起对环境风险项目管理的信任，在传播环境风险信息的过程中自觉抵御谣言，离不开权威、客观、公正、独立的专家系统，为此既要加强专家系统与决策系统的合作，又要保证专家系统在风险沟通中的独立性，形成以政府机构为主导、专家为引领及公众为主体的风险沟通模式。❶

---

❶ 张忠民，袁明. 环境健康风险法律规制的限度及其调适 [J]. 河南社会科学，2024，32（1）：64-72.

(三) 环境公众参与

在现代风险社会中,早期风险信息的获取存在一定障碍,风险的不确定性始终存在,风险评估也存在较大的局限性。在特定的环境风险事件过程中,风险信息往往需要不断更新,甚至会出现前后不一致的情况。此外,专家对风险的认定和公众风险感知之间存在较大差距,这在实践中会严重影响风险沟通的效果,引发社会公众的不满情绪,并直接导致公众对风险管理机构和专家系统的不信任。

尽管从学理上讲,风险信息可以进行动态调整,但风险信息前后不一致会成为风险沟通的重要障碍。风险防控措施的实际效能也成为社会公众信任程度的依据,而环境风险管理效能与公众信任度之间存在着密切的正相关关系。申言之,强有力的环境风险管理措施能够保障风险沟通的效果,可以提高社会公众的信任度。当社会公众的信任程度提高,其就会本能地阻断谣言传播,并可以集中力量,共同推进环境风险管理。相反,监管者的风险治理效能较低会影响社会公众对监管者和专家系统的信任,使他们转而寻求社会化渠道获取风险信息,在利益的驱使下,会扩大谣言的传播;而在谣言肆虐的情况下,社会公众会形成较负面的风险感知,从而需要投入更多的监管资源进行辟谣、沟通等,最终导致风险监管效率的降低。

可见,环境风险的管理不仅是政府和专家系统的事情,识别风险信息本身就存在困难,且传统官方的风险信息存在单一、片面等不足之处,易引发社会公众对风险管理的不信任,而这种不信任对环境风险项目的管理流程有较大影响。❶ 随着社会公众对美

---

❶ 黎梦兵. 公共卫生事件风险沟通中社会信任问题研究 [J]. 行政与法,2021 (1):23-30.

好生活的追求，他们的风险观念也发生了变化，不再满足于仅仅"知情"，而是提出了全程参与环境风险管理的要求。

因此，风险管理机构必须认识到社会信任的重要性，并建立健全社会公众参与风险沟通的畅通渠道。一是在风险评估阶段，根据环境风险识别、环境风险分析、环境风险评价等不同过程的不同特征，让社会公众提前参与风险评估，赋予社会公众参与评估的权利，听取其意见，加强在风险分配方面的公平正义。这不仅是强化公众参与的要求，更是提高评估结果科学性的保障。尤其是社会化媒介高度发达的中国，环境风险信息的传递速度非常快，社会公众的风险感知强烈，这对环境风险管理机构提出了更高的要求。二是在环境危机阶段，要让社会公众参与危机管理，发动危机地区的全社会力量积极开展救治和恢复工作。改变传统危机的"被动化""非理性"应对措施，借助科学技术及时开展救治，同时保障信息公开，通过通俗易懂的方式进行风险标识，加强周边社会公众对风险信息的认识，以便他们及时开展自救。三是环境风险修复阶段，需要强化公众参与修复。在环境危机解除后，要鼓励公众和组织积极参与救治和修复等工作，建立政府、组织和公众之间的良性对话，赋予社会公众监督举报的权利，及时发现环境污染等环境风险，让广大社会公众真正成为环境治理的主体。[1]

环境风险的不确定性和复杂性导致社会公众乃至专家系统都难以建构对风险的准确认知，再加上公众参与环境管理的程度低，进一步加剧了公众对未知环境风险的恐慌情绪。因而要强化公众环境参与，激励广大社会公众参与公民科学项目，了解公众参与

---

[1] 吴勇，黎梦兵. 环境健康风险的动态治理：模式、维度与路径[J]. 吉首大学学报（社会科学版），2021（3）：44-45.

环境风险治理的情况,通过环境公民科学等途径学习新知识、维护自身利益、建言献策等。公众参与环境治理的优势较为明显,这就要求政府等监管部门积极创造条件,呼吁公众广泛参与,同时为参与者提供畅通的反馈渠道,确保良好的公众参与体验。只有广泛参与,才能揭开环境风险的神秘面纱,良好的参与体验会增强社会公众对监管机构的信任程度,并对环境风险治理产生积极影响。

第二节 社会信任及其原理

在现代风险社会中,环境风险防控的实际效果与社会信任程度密切相关。信任能够弥补负面的风险感知,不信任则会降低风险防控和危机治理效能,社会信任机制已经成为环境风险防控的简化机制。

一、信任的概念界定

信任是社会的基石,社会学、心理学、经济学、法学、历史学及人类学等多个学科都有涉及,立足于不同的视角对信任进行系统解读,信任的概念逐渐清晰,并作为一种理论分析框架用以应对各种社会问题。

(一)信任的理论渊源

信任在中西方语境中存在一定差异,在中文语境中,信任多作为一种综合性道德概念使用。在《说文解字》中,"信"由"人"和"言"组成,却被归入"言"部,而非"人"部,这表明"信"与"言"直接相关,多用于表达、传递之意,如书信、信约、信使等。❶ 在古汉语中,"信"字的含义广泛,但多与道德品质相关,信任也成了一个包含诚实、信用、相信、信任、凭据、符契、的确、听凭等意思的综合性道德概念。❷ "信"字在《论语》中出现了 38 次,孔子非常关注"信",在子贡问及如何治理国家时,孔子提出了三个条件,即兵、食与信,其中信是最重要的,并提出了"民无信而不立"的经典论断。❸ 由此可见,我国古代对"信"的关注已经从个人道德上升到了社会治理层面,至今仍然具有很强的现实意义。

在中文语境中,现代意义上的信任概念逐渐从综合性道德概念中分离出来,如诚实、信用属于被观察者的属性,即客体,多用于描述某一主体是诚实的或者具有信用;而信任属于主体,是某一特定主体对另一主体的一种情感表达。诚信、信用等与信任互为表里:诚实和信用作为名词,表达一种静态的属性,即值得信任;信任多为动词,其出发点是付出信任的主体,用于判断信任接收主体是否诚信或是否有信用。❹ 中国人之间相互依赖,费孝通所言的血缘和地缘关系成为我国信任发生、接收及反馈所依赖的土壤,熟人群体之间相互信任成为社会公众应对社会不确定性的选择。

在西方,最早对信任进行系统研究的是心理学领域,其概念类似于中国的综合性道德概念。在心理学研究的早期阶段,人们将信任与信仰、期待和感觉等概念混同,认为信任是一种对善良进行回应的社会信念,是一种健康的道德品质。❺可见在心理学视

---

❶ (东汉)许慎. 说文解字:第 1 册 [M]. 马松源,编. 北京:线装书局,2016:156.
❷ 郑也夫. 信任:溯源与定义 [J]. 北京社会科学,1999 (4):118-119.
❸ 李择非,整理. 论语 [M]. 沈阳:万卷出版公司,2009:157.
❹ 郑也夫. 信任论 [M]. 北京:中信出版社,2015:3.
❺ Erickson C. The Counseling Interview [M]. New York:Prentice Hall,1950:174.

野下，信任通常以特定个体为出发点，描述个体在特定场景中对其他主体的心理期待。如美国心理学家 Deutsch 认为，在信任的情形下，特定个体希望某件事情发生，如果这一期望落空，他所承担的消极后果将大于希望成真的积极后果，因此信任成为人们在面对不确定性时的一种非理性选择。❶ 心理学将信任定义为个体在社会生活中产生的心理行为，表现为特定的心理状态，付出信任往往期待获得回报，其研究中的信任多类似于一种非理性的感情机制。

在经济学领域，信任被视为市场交易的基础。在信息不对等的前提下，信任机制可以作为经济交换的有效润滑剂，❷ 因此信任的缺失会直接影响经济发展水平。新古典经济学预设了"经济人"和"理性行为"两个前提，这两个前提都要求内在的一致性和追求利益最大化。❸ 从理性经济人的视角来看，信任可以是人们在进行理性计算之后付出的，而作为监管者，要探寻激励机制，为人们付出信任创造良好的经济环境。

在社会学领域，西方的信任研究成果颇丰且影响深远。齐美尔早在 1900 年就在货币信任的论述中得出"信任是社会中最重要的综合力量之一"的结论，他认为货币作为制度化象征物，在交换过程中能够简化交易程序，这一过程体现了信任的简化功能。❹ 之后，德国社会学家卢曼对信任理论进行了系统研究，提出信任系统可以化解社会的复杂性并简化社会生活。复杂机制的简化也成为卢曼信任理论的核心论点，这种论述源于风险社会来临后社

---

❶ Deutsch M. Trust and Suspicion [J]. Journal of Conflict Resolution, 1958 (2): 266.
❷ Arrow K J. The Limits of Organization [J]. Journal of Economic Issues, 1974 (3).
❸ 郑也夫. 信任论 [M]. 北京: 中信出版社, 2015: 60.
❹ Georg Simmel. The Philosophy of Money [M]. London: Routledge & Kegan Paul, 1978: 179.

会生活的复杂化，社会学家敏锐地捕捉到这种社会场域的转变，从信任的功能出发，结合系统视角进行了论述。他认识到信任的三个过程，即从内在向外在部分转化的过程、学习的过程以及符号控制的过程，信任通过对符号控制来间接地实现对周围世界的控制，使赋予信任的个体与社会格局变成一种符号复合体，❶并基于此采取了人格信任、系统信任的二分法对信任进行界分。

20世纪末以来，随着全球化的影响，现代社会生活发生了急剧变化，在风险社会下，信息传递更加迅捷、交通更加便利、危机也更加紧迫。因此，风险社会理论得到了进一步发展，社会学家如吉登斯、贝克等开始认识到社会关系的地域性解构对风险的影响，社会信任理论开始成为风险研究的重要视域，有关信任的研究也逐渐成为显学。

（二）信任的特征

社会学、心理学、经济学、政治学及法学等不同学科对信任有着不同的解读，但信任发生在社会场域之中，因此信任的定义应以社会为基础，并兼顾心理学、经济学等其他学科的特征，采取综合解释的方法。

一是信任的社会学特征。社会学是最早关注信任问题，也是最为系统地关注信任问题的学科。人类的社会活动指向未来，社会行为所期盼的目标总是晚于行为本身，这必然存在一个认知上的差距。因此波兰社会学家什托姆普卡认为信任具有"预测与控制"的自生特性。首先，信任的主体为人，而非自然事件或物体。❷ 比如

---

❶ [德] 尼古拉斯·卢曼. 信任：一个社会复杂性的简化机制 [M]. 瞿铁鹏, 李强, 译. 上海：上海人民出版社，2005：31-32.

❷ [波兰] 彼得·什托姆普卡. 信任：一种社会学理论 [M]. 程胜利, 译. 北京：中华书局，2005：23-32.

信任中国高铁，实际上具有强烈的人身依附性，信任的是由人创造的系统，间接信任高铁的设计者、生产者及驾驶者等，而高铁等具体事物则体现了他们的智慧付出。其次，信任的动机源于不确定的社会环境，人类本能地想要预测和控制未来，同样，这种预测和控制以人为基础，比如相信在正确的方法下，核电站能够造福人类。但核电站的风险依然具有不确定性，人类难以完全控制未来的环境风险，因此，此时的信任是一种权衡利弊的选择。最后，信任发生在复杂的社会环境之中，由人及其行为组成，并借此形成了群体、制度、法律等复杂社会世界，而信任的存在有望简化这种复杂性。

二是信任的心理学特征。心理学更强调信任的信心特征，即对未来抱有信心，依据过去的经验预见未来，这是信任所依托的根据。因此，信任是在社会生活环境中的一种心理状态，授信者结合对接收方的行为认知，对接收方未来履行承诺或开展合作进行心理预测，然后付出信任，并希望获取合作伙伴的回报。信任的过程也是一个由社会环境、行为对象的情境刺激而决定个体心理和行为的过程。[1]无论是人际信任还是制度信任，信任的主体都是作为个体的人，信任的状态都表现为个体的心理状态。

三是信任的经济学特征。信任是经济人在有效配置有限社会资源过程中的理性思考，因此信任是通过理性计算的，特定个体之所以愿意付出信任或接受信任，都是理性计算的结果。如在市场经济环境下，社会公众为保障个人利益，所开展的交易活动大多以固定双方合意的契约为基础，而这种契约往往意味着交易双方的信任博弈。同时，理想状态下的信任一般发生在规律的、诚

---

[1] 何立华. 信任及其影响因素——基于中国社会的多维度考察[M]. 北京：科学出版社，2017：13.

信的、相互合作的共同体之中，前述契约和对个人利益的追求是共同体的重要基础。而如果信任在某一共同体中大面积盛行，形成了忠诚、信赖和诚信的共同准则，此时信任就成为一种社会资本。❶ 信任社会资本的形成，人与人之间的信任关系可以促进行动方式的转变，形成相互信任的经济系统，这可以进一步简化经济交易。

四是信任的政治学特征。制度信任需要关注权力的监督和制衡。在环境风险项目中，制度信任主要关注作为监管者的政府与作为主体的社会公众之间的关系，要获取信任，政府需要遵守诚信，政策和行为保持连续性，建立起与社会、与公众之间的信任关系。❷ 政府信任关系的建立，需要保障社会公众对政府及其权力运作过程中各构成要素、环节及结果的合理预期，因此政府需要注意权力的监督和制衡，在行政过程中树立良好的形象，形成良好的信任氛围。制度信任已经成为应对信息不对称和降低复杂性的化约机制，社会信任目标的树立能够倒逼监管者提高治理能力，保障管理效率和行为的合理性，而获得制度信任也就获得了行政合法性。❸

五是信任的法学特征。信任具有社会规训性。在自然状态下，个体之间为了更好地占有食物和资源，逐渐相互承认对方的权利，并对侵犯行为给予一定的惩罚，在长期的社会实践过程中逐渐具象为一种规则。而规则最终通过明确可查的形式确立了人与人之间的信任，同时规则在普遍的遵守过程中转化为制度和法律，可

---

❶ [美] 弗朗西斯·福山. 信任：社会美德与创造经济繁荣 [M]. 郭华, 译. 桂林：广西师范大学出版社, 2016: 28 – 29.
❷ 张康之. 论政府诚信以及政府的社会信用建设功能 [J]. 理论与改革, 2004 (5): 15.
❸ 程倩. 政府信任关系：价值及其建构 [J]. 理论与改革, 2004 (4): 34 – 37.

见信任是社会规训的产物。在信任的环境里,个体的活动具有稳定性和可预测性,有利于制度的顺利实施;同时法律和规范稳定可查的特征又成为信任环境的有效保障。❶ 法律信任是基于有限的信息对法律的内在可靠性所作的潜在推断,某些认知成本比较低且与法律的内在可靠性有一定关联的信息,被挑选出来作为判断法律结构与过程整体可靠性的关键依据,并被符号化与象征化。❷

(三)信任的定义

社会信任是一个综合性概念,具有不同的特征。信任是社会不确定性增加时,特定社会群体所采用的一种对其他群体的依赖方式,意味着付出信任一方对接受信任一方未来合作和履约行为抱有乐观预期,信任的付出表明授信者自愿承担风险。

付出信任的可以是社会公众、组织等,而接受信任的则是相应的社会公众、组织及政府。其表现形式是特定社会群体为实现其目的,通过求助其他社会群体来实现自己对未来的预期。❸ 社会信任的功能在于简化社会运作的复杂性,降低交往中的社会成本。

根据不同的标准,信任具有不同分类。根据信任的对象,可以分为预期信任、反应信任及唤起信任。预期信任是一种强度较高的信任,是指付出信任者相信接受者的所有行为都符合其期望,如亲属之间的信任;反应信任往往发生在委托关系中,通过有偿等形式付出信任,对于履约行为进行激励,如委托保姆照看孩子,在这个反应信任关系中,父母通过有偿形式激励付出信任,保姆则自愿接受照看的职责;唤起信任是指授信者相信接受者会对其

---

❶ 张善根. 法律信任论 [M]. 北京:中国法制出版社,2018:73-78.
❷ 伍德志. 论法律认知的信任逻辑 [J]. 中国法学,2023 (4):145-164.
❸ 翟学伟. 信任的本质及其文化 [J]. 社会,2014 (1):21.

信任进行回报，以信任激发信任。❶ 如著名典故"徙木为信"，商鞅为获取变法的信任，对于接受其徙木要求的人兑现了承诺，最终获得了变法的信任。

根据对象的不同，信任可分为公众之间、公众对政府及政府对公众的信任等类别。公众之间的信任称为人际信任，公众对政府的信任及政府对公众的信任可称为制度信任或系统信任。人际信任主要是公众在交流时建立的信任，用来克服他人行为中的不确定性因素；制度信任并非基于公众之间的血缘关系、地缘关系或熟悉程度，而是建立在稳定、可预测、正式的社会规章制度基础上，依靠整个法制系统、制度系统形成的一种信任模式。❷

根据信任的对称性，可分为单方面信任和相互信任，单方面信任主要是授信方付出信任，而接收方是否履约未知，存在合作达成或毁约的两种可能；而相互信任则是授信方和接收方都付出信任，能够达到双方满意的理想状态。

此外，还可以根据信任的内容、经济成本等进行分类。尽管信任的分类指标较多，但随着风险社会的发展，传统社会形态发生了改变，风险与信任结合所产生的变化被越来越多的学者关注。从信任的发展历程来看，随着传统人际关系的改观，社会信任的发展主要是从人际信任向制度信任转变，因此采取人际信任和制度信任的二分法是学术界较为主流的观点，其作为社会信任的理论模型服务于各个学科的社会实践。对于环境风险项目而言，社会信任机制的建构需要以人际信任修复为基础，最终形成系统的

---

❶ ［波兰］彼得·什托姆普卡. 信任：一种社会学理论［M］. 程胜利，译. 北京：中华书局，2005：35－37.
❷ 马俊峰. 当代国家信任理论研究［M］. 北京：北京师范大学出版社，2012：97.

制度信任,并发挥制度信任的效能,实现环境风险项目的有效风险防控。

二、人际信任

人际信任往往建立在熟人社会之中,旨在克服传统社会中的不确定风险。同时,人际信任也来自对熟悉的推断,它能降低未来世界的复杂性。在卢曼看来,熟悉与信任是吸收复杂性的互补方式,二者相互联系。❶ 人际信任主要发生在社会公众之间,传统的人际信任往往立足于血缘、地缘、人缘关系,主要存在于亲属、邻居或朋友等熟人之间。随着社会的发展,社会结构的改变对传统人际信任产生了冲击,但这并不意味着人际信任已然消失或没有存在的意义。

(一)"脱域"机制下人际信任的突破

社会学家费孝通对中国乡土社会进行了深入研究。在传统社会形态中,社区的基础单位是相对隔离的村落,每个村落的社会生活都具有地方性特色。❷ 在乡土社会之中,社区成员活动范围受地域限制,因此不同区域之间的交流和接触较少,社区生活彼此隔离,各自保持着相对孤立的社交圈,形成了以亲密血缘关系为主导的封闭社区,具有交流和流动较少的地域性特征。❸

人际信任最初产生于具有血缘、亲缘、地缘关系的熟悉群体中。首先,为了获取稳定的生存空间,共同抵御其他势力的侵袭,

---

❶ [德]尼古拉斯·卢曼. 信任:一个社会复杂性的简化机制[M]. 翟铁鹏,李强,译. 上海:上海人民出版社,2005:22.
❷ 费孝通. 乡土中国[M]. 北京:人民出版社. 2008:88-94.
❸ 黎梦兵. 公共卫生事件风险沟通中社会信任问题研究[J]. 行政与法,2021(1):23-30.

人类的生存策略是结成群体，通过成员间的合作来应对生存压力，在这一过程中逐渐形成了领地，并成为特定群体所独享的排外性势力范围，为人际信任创造了地域条件。其次，领地在其形成过程中造就了一种简单化和扩大化的心理机制，为领地成员的生存技能、规范提供了模仿的条件，同时领地具有较强的识别性，加强了领地内外的差别。❶ 最后，在特定领地范围内，随着年龄、阅历、经验的逐渐丰富，人类在社会生活中互惠信任所带来的利益增加，人际信任的范围也相应扩展，形成了基于社会相似性的人际信任。然而，人际信任的程度与社会相似性密切相关，人际信任依据特定群体血缘、亲缘、地缘关系在距离远近、熟悉程度等方面的差异呈现出不同的特征，如图1.4所示，人际信任的程度依据血缘、亲缘关系等的疏远程度呈递减特征，即血缘关系的信任度大于亲戚关系、亲戚关系大于同乡关系、同乡关系大于外乡关系等。

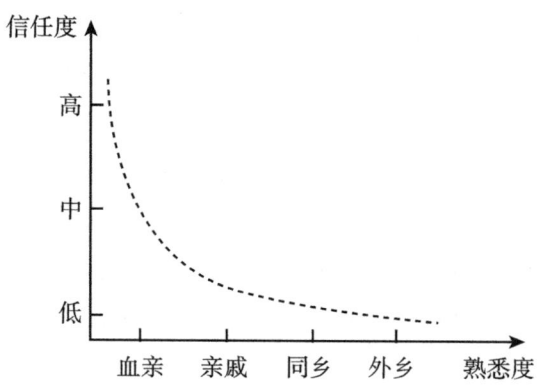

图1.4　信任度与熟悉度的关系

---

❶　郑也夫. 信任论 [M]. 北京：中信出版社，2015：80 - 82.

随着风险社会的来临，传统人际信任所立足的社会形态发生了改变。中华人民共和国成立以后，经济社会的发展逐渐打破了传统社会的封闭格局。尤其是改革开放以来，我国经济社会发生了翻天覆地的变化，开启了从宏观建构到微观社区的系统改革，交通更为便利、经济交往频繁、人口迁移加剧以及互联网的使用更为广泛，现代社会的生产和生活方式与传统社会相比，发生了翻天覆地的变化。❶ 在现代风险社会中，我国社会积极主动地进行转型，在转型的过程中，传统社会结构发生变化。改革开放以来，在大量流动人口"北漂""南闯"的过程中，社会关系逐渐从原有的封闭社区中脱离，形成吉登斯所说的社会结构"脱域状态"。❷在"脱域"机制的影响下，工业化和城市化的发展逐渐削弱了传统社会的"熟悉"基础，以血缘、亲缘、地缘关系为基础的熟人社会逐渐被打破，人们逐渐进入了陌生人社会。如图 1.5 所示，人们为了满足生存和发展的需要，从熟悉的社会中迁徙，而城市在接收"迁徙"人口的过程中形成了新的陌生人社会。这便形成了二元分化的人际信任格局：一是乡村等原有地域群体减少，但人际信任度更高，形成更为封闭的人际信任群体，对亲缘关系的依赖性很强；二是陌生人社会群体增多，但人际信任的范围进一步缩小，仅存在于脱离地域性关联的小家庭之中，对亲缘关系的依赖性很弱。同时，在"脱域"机制的影响下，亲缘关系突破了原有地域限制，出现了地域交叉的人际信任模式。

---

❶ 黎梦兵. 公共卫生事件风险沟通中社会信任问题研究 [J]. 行政与法，2021 (1)：23 - 30.
❷ [英] 安东尼·吉登斯. 现代性的后果 [M]. 田禾，译. 南京：译林出版社，2011：17 - 18.

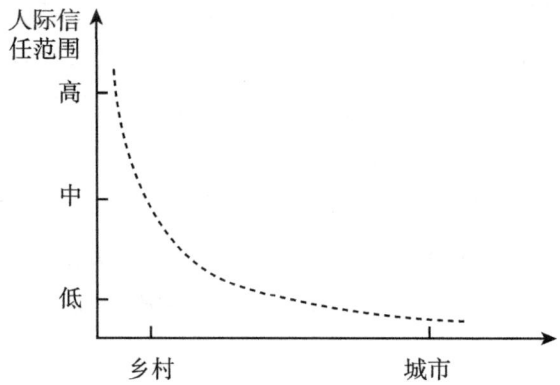

图 1.5　乡村城市人际信任范围二元分化

(二) 陌生人社会的人际信任挑战

随着工业化和城市化的发展,我国传统城乡二元机制发生了改变,形成了陌生人社会,传统人际信任模式面临着挑战。

首先,大量的人口流动导致人际信任的基础发生变化。一是流动需求增加。城市为中青年群体提供了更为优质的发展机遇和更为便利繁华的生活环境,人员流动的需求增加,导致大量中青年离开乡村进城务工或者学习。二是流动方式便捷。交通运输等客观条件的改善为人口流动创造了更便利的条件,由乡村到乡村、乡村到城市、城市到城市流动的时间成本和经济成本降低。三是流动导致人际信任被打破,人员流动成为社会关系脱离封闭式社区的渠道。在城市化的过程中,封闭的乡村环境逐渐被打破,出现城乡人员双向流动的局面。城乡二元的陌生人社会逐渐形成,社会关系的范围进一步扩大。❶ 传统人际信任

---

❶ 谌千慧,吴勇. 社会稳定风险治理"三治"融合路径的实证研究 [J]. 行政与法,2021 (5): 60 – 61.

观念下,信任的发生往往依据特定的血缘、亲缘、地缘关系,陌生人社会由于缺乏这种地域关系的维系,亟须形成新的信任机制。

其次,社会结构变化造成人际信任的效能发生改变。一方面,陌生人社会中传统人际信任被打破,时有发生的失信行为,导致个体间信任不足;另一方面,陌生人社会分割了传统社区中的团结群体,形成了一个个相对独立的小型群体,在排他性人际信任关系的维系下,又引发了群体间信任度不够。信任本是一个简化社会复杂性的概念,但在陌生人社会中,传统人际信任的效能有限,相反,对于封闭独立的小型群体之外的其他群体,相互猜忌、怀疑、欺骗等现象的出现,加重了陌生人社会的复杂程度。

最后,人际信任的失信成本发生了改变。在人际信任模式下,基于血缘或地缘关系的身份认同对信任的产生及合作的达成至关重要,失信的成本较为高昂,失信成本不仅表现为经济、物质等利益的损失,更表现为感情的伤害,因此失信者往往面临着严重的社会负面评价,以至于其在传统社区范围内寸步难行。但社会结构的变化使得这种负面评价的威慑性降低,陌生人社会中信任关系的双方并不熟悉,失信的成本大大降低。

(三)人际信任的新趋势

陌生人社会的人际信任模式面临挑战,实践中也常常引发各种各样的人际信任危机,但这并不意味着人际信任即将终结。信任的逻辑起点和归结点都是作为个体的人,因此制度信任、法律信任、系统信任最终需要以人际信任为基础,结合系统信任的需求和实践,探索人际信任的新趋势。

人际信任并非现代社会才有的论题,如古人就曾追求"夜不闭户、路不拾遗"的高信任度社会。在现代陌生人社会,人际信任的新趋势应该遵循中国社会道德的自然演化规律,构建陌生人社会的社会主义道德体系，而人际信任则根植于这种道德体系。以社会主义核心价值观引领的人际信任建设，是实现现代社会人际信任的必要途径。

新时期人际信任机制需要突破传统社会的"地域"限制，以适应陌生人社会的现实需求。这需要实现人际信任的社会认同，一是通过提升公众社会信任度，实现不同个体对社会信任的内源性心理认同机制；二是通过弘扬社会主义核心价值观，营造社会层面的外源性社会文化认同机制，并促使社会主义核心价值观在人际信任群体中内化于心、外化为行、固化以制，以恰当的认同方式承载文化涵养心灵的机制建构。❶ 在现代风险社会，尽管脱域机制对传统人际信任的冲击较大，但是人际信任并不会终止，相反，新的人际信任模式将成为现实的实践需求，并通过系统信任达成新的人际信任。

三、系统信任

与发生在人与人之间的人际信任不同，系统信任主要建立在社会化的制度体系基础上，是一种依靠制度系统形成的信任模式。传统社会信任的研究理路认为，信任的发展脉络是从人际信任走向系统信任，系统信任存在于高度复杂且分化的社会系统之中，通过象征符号如货币等交往媒介以及专家系统予以体现。此外，系统信任的确立依赖于制度保障，同时也是制度体系的重要组成部分。

（一）制度信任

系统信任和制度信任在很多情况下被混为一谈，若严格遵从

---

❶ 张宗峰，焦娅敏. 社会主义核心价值观培育的文化认同机制探究 [J]. 思想理论教育，2017（1）：57-60.

文义解释，二者存在一定的区别，系统信任的范围更广，制度信任是系统信任的具体表现形式。系统信任与传统人际信任之间存在的本质区别就在于是否建立起规则型治理，在这个意义上，制度信任是最具代表性的系统信任。

制度信任是指社会公众在与政府等监管者交往过程中的一种心理预期，其表现形式往往是由特定社会公众通过对政府等监管者履行职责和契约的行为进行感官分析，对特定管理者信誉和形象的主观评判。制度信任的实质是社会公众对政府的治理行为、治理效能以及各种制度体系的信任，而较高的制度信任即政府获得社会公众的制度信任，意味着在普遍的情形下，大多数社会公众相信制度体系能够按其心理预期来实现或保障自己的利益。值得注意的是，制度信任的内涵应当包括三个层面：工作人员、监管部门及制度体系，这三个层面影响制度信任的最终评判。一是工作人员的声誉，即政府工作人员是否具备良好的声誉；二是监管部门的声誉和履约行为，如监管部门历史上是否存在违约行为；三是制度规范体系及制度环境的稳定性和科学性，是否存在不合理不科学的制度规范等。❶ 可见，公众的制度信任是一个对制度体系进行主观认知的过程，是政府公职人员、监管机构以及制度体系运行效能的外化表现。在制度信任基本结构下，社会公众为信任主体，是信任的给予者，制度体系是信任的指向和对象，社会公众付出信任的认知基础和判断依据是其在制度体系中的具体感受。

制度信任的基础是制度声誉、制度外表及制度效能。首先，制度声誉作为制度信任的内在表现，是社会公众对特定制度体系

---

❶ 赵泉民. 论转型社会中政府信任的重建——基于制度信任建立的视角 [J]. 社会科学，2013（1）：13.

运行历史的记录和评价。在现行制度框架下，社会公众通过对过去制度运行的记录决定是否付出信任，社会公众是否付出信任依赖于所考虑的信任类型。[1] 如对环境风险项目的投资决策，投资者需考虑政府部门过去的履约程度；环境风险项目风险沟通，需要考虑沟通者过去是否作出过明智的决策。制度声誉往往需要特定社会群体经过长时间的交往、记录及评价，声誉的形成既可以通过社会公众自身的观察和记忆直接评定，也可以通过声誉信息记录间接评定。这便意味着制度声誉具有系统性，其建立过程遵循不对称法则，即声誉的建立过程较为困难，但是破坏较为容易。在便捷的社会化媒介的传递下，对声誉的影响会进一步扩大。

其次，制度信任的外表，即制度信任的可信性表征。人际信任的外表主要是特定群体的外表和风度，如象征经济实力的名车名表、象征民族特色的语言、象征权力特征的制服等，可见信任的外表主要是信任关系中一方为获取另一方信任的一种感观信号。对于制度信任而言，信任的外表是制度体系获取社会公众信任的感观信号，是政府公职人员、监管机构以及制度体系的具体表现。一是准入门槛的外表，如政府部门公务员需要进行较为严苛的公务员入职考试，对法定资格进行仔细审查，如审查学历证书、职业资格证书、许可证及征信情况等。二是监管过程的外表，如在环境风险项目的运行过程中，政府工作人员需要注意沟通方法，通过公众参与等形式实现信息透明。三是制度体系的外表，法律法规及政策文件等规范作为制度体系最为核心的部分，朝令夕改则会破坏这种信任的外表，因此制度需要保障稳定性，让社会公众在与政府等监管者进行交往的过程中对预期的履约具有期待的

---

[1] ［波兰］彼得·什托姆普卡. 信任：一种社会学理论［M］. 程胜利，译. 北京：中华书局，2005：96 – 127.

可能性。

最后,制度信任的效能主要表现为制度供给能力、制度正义性、制度有效性三个方面。一是制度供给能力,指政府通过制度调整来解决制度失衡并最终达到预期制度均衡状态的能力。以环境风险项目为例,提高制度供给能力需要监管者及时准确地对环境风险的状况进行识别、分析、评价和沟通,根据实际情况制定有效的风险防控策略,并确保风险防控措施的有效执行,以实现有效防控风险的目的。制度供给能力不仅要求政府提供良好的制度,还需要确保制度的有效执行,这需要从制度的制定、运行、调适、反馈等各个方面进行建构,以保证治理效能。二是制度正义性,制度正义具有双重含义,即已制定并施行的制度能够获得社会公众的普遍遵从,同时社会公众所遵从的制度本身应该是良好的制度。因此,制度公正性成为社会公众评判制度设计应然价值和实然效果的首要标准。一方面需要在不平等的条件下尽可能地做到平等;另一方面是在平等的条件下要保证平等的竞争机会。三是制度有效性,制度在其制定、运行、调适和反馈过程中都离不开社会公众的参与。以环境风险项目为例,要保证社会公众的参与,对于直接利益相关者,需要确保他们获取项目风险信息的渠道多元,参与项目管理的渠道畅通;对于间接利益相关者,需要照顾他们的参与意愿。制度有效性是制度信任效能的具体体现,能够确保制度获得社会公众认知和遵守,是实现制度信任的必然要求。

综上所述,制度信任强调社会信任的形成需要建立在法律法规等正式性规则和乡规民约等非正式性规则的基础之上,制度信任的建立对内在的制度声誉、外化的制度外表以及制度运行效能都提出了要求。而一旦达到制度信任的状态,便可以缩短社会公众对政府等监管者建立信任的时间,节约交往和交易成本,提高各种资源利用率以及社会活动效率，以达到简化复杂性的目的。但是制度系统的建立存在一个过程，当制度系统存在局限性时，就会产生诚信和信任问题，引发制度信任危机。

（二）象征符号

象征符号是系统信任的主要表现形式之一，也是现代性"脱域"机制的形式之一。在"脱域"机制下形成的陌生人社会，社会群体并没有停止交往，相反，在现代风险社会环境中，交往更为复杂、繁多。这便意味着在现代社会，交往具有复杂性、不确定性及系统性。传统人际信任在特定地域范围内的社会群体中能够起到简化复杂性的作用，因此需要探索现代社会的信任简化机制，系统信任的象征符号便提供了这种简化的可能。

象征符号是指在相互交流中起到特殊作用的媒介。区别于普通的媒介，象征符号不仅能够传递信息，还能让使用者无须考虑其他使用者的个人和团体的特殊品质。❶风险社会的高度复杂性意味着选择过程的多样化，因此在系统信任模式下，简化机制成为迫切的现实需求，而媒介的功能便是提供这种简化能力。在论及象征符号的时候，吉登斯和卢曼等社会学家都提到了货币，郑也夫更是将货币系统作为信任建立的两大基础之一。货币作为一种简化媒介，在系统信任中起着重要作用。在社会关系中，货币是经济行为"嵌入"社会关系的典型符号，货币在系统中的简化作用较为明显，货币的诞生本就为了简化交易。在货币诞生的经典案例中，甲有布但需要肉，乙有肉但需要刀，丙有刀但需要布。如果采取物物交换的形式，甲需要先找乙用自己的肉换取乙的刀，

---

❶ [英] 安东尼·吉登斯. 现代性的后果 [M]. 田禾, 译. 南京：译林出版社, 2011：19.

然后找丙换布,这种交易形式不仅效率低下,而且交换双方的供给与需求具有较高的互补性。随着市场规模的扩大,甲乙丙三方共同认定货币作为媒介,则可以大幅度降低交易成本。

货币的建构不仅实现了交换物品的选择自由,更体现了象征符号在系统信任中的重要作用。首先,货币本身需要被信任,需要参与交易双方和潜在交易者的共同认可,只有这样,简化的交换机制才能起作用。其次,交易关系需要被信任,货币作为一种象征符号,实际上代表着持有者拥有该符号所许诺的各种可能性,如用于购买、消费、收藏等。当交易关系发生时,货币的期待可能性会发生转移,这就需要交易者对交易关系的信任。最后,货币是时空延伸的工具符号,它使在时间和空间中分隔开来的商人之间的交易成为现实,这也促成了吉登斯所说的社会形态的"脱域",成为打破人际信任的关键,并塑造了货币的系统信任。❶ 这种对货币的信任,并非对持有货币的交易对方的信任,而是对货币本身功能的信任。系统信任在此时得以确立,并通过越来越多的交易者接受、使用、肯定货币符号的过程不断强化。

卢曼认为,对货币的信任与复杂性简化的典型去中心化形式相关联。然而,在制度体系中,政治和行政组织倾向于将简化过程集中化,强调通过国家暴力机器做出有约束力的决定。❷ 因此,这种借助国家暴力实现的系统信任简化并非象征符号的系统信任简化,这也导致传统行政监管措施简单粗放。在此种情形下,社会公众的信任模式类似于人际信任中的家长式信任,普通社会公

---

❶ [英]安东尼·吉登斯. 现代性的后果[M]. 田禾,译. 南京:译林出版社,2011:21-23.
❷ [德]尼古拉斯·卢曼. 信任:一个社会复杂性的简化机制[M]. 瞿铁鹏,李强,译. 上海:上海人民出版社,2005:59.

众对于监管者的管理措施往往是无条件服从,就像相信自己的父亲一样,信任在某种意义上来说是先验性的,它无须任何真实可信的证据作为支撑。❶ 但这种信任是脆弱的,随着风险社会的来临,如各种环境污染、自然灾害等环境风险接踵而至,这迫使政府必须大力提升应对危机事件的能力。在这种情况下,实现风险治理体系和治理能力的现代化就显得尤为重要,需要摒弃传统的管控型信任模式,积极探索新的制度信任模式,如公众参与和专家系统等新的系统信任符号。

(三)专家系统

专家系统是系统信任的另一种表现形式,指的是由技术成就和专业队伍所组成的体系,而正是这些体系构建了我们所处的物质与社会环境。❷ 在现代风险社会中,公众的社会生活具有复杂性的特点,专业知识有限的社会公众,无法详尽地验证各种各样的专业知识。对权威风险沟通专家的信任,从本质上说就是对专家系统的信任。这种信任根植于专家系统严格的选拔程序、准入门槛、职业资格、学历要求等因素之中。因此,在制度信任中,专家系统本身的客观性和科学性对社会公众的信任度影响较大。

客观、中立、科学的专家系统需要专家提供的信息必须以科学的知识体系为基础,不能存在偏见、价值判断或利益诉求,要为全体社会公众营造出一种理性客观的氛围。专家系统的专业知识难以为社会公众所理解,还需要进一步强化同行评议。❸ 在风险

---

❶ [波兰]彼得·什托姆普卡.信任:一种社会学理论[M].程胜利,译.北京:中华书局,2005:197.

❷ [英]安东尼·吉登斯.现代性的后果[M].田禾,译.南京:译林出版社,2011:24.

❸ 郑也夫.信任论[M].北京:中信出版社,2015:222.

社会中，诸如核污染、物种入侵等环境风险具有高度复杂性、不确定性，这对专家系统提出了新的要求：❶

首先，专家系统要发挥科学性作用。尽管在现代风险社会中，难以对风险进行全面详细的解读，但这并不代表风险是完全不可知的，所以要提高专家系统的科学性。

其次，要确保专家系统的独立性。在环境风险沟通过程中，为了充分发挥专家系统的作用，有必要保证其独立性，确保信息及时公开以及风险沟通渠道的畅通，使风险管理专家能够及时、独立地提出意见和建议。

最后，要强化专家系统与决策系统的联系。风险管理机构作为决策系统，虽然能够及时掌握风险的信息，但由于风险知识的缺乏，难以准确识别风险并及时作出决策。所以需要与专家系统合作，可以利用现代信息技术，结合大数据与 5G 技术，建立综合风险决策平台，加强专家系统与决策系统的合作，及时快速地进行交流与沟通，在精准识别风险的基础上，作出科学合理的风险管理决策。

吉登斯认为专家系统也是一种脱域机制，它的存在可以将原有的社会关系从特定的情境中分离出来，跨越原有人际信任所依据的时间和空间，为信任提供预期的保障。在专家系统下的制度信任环境中，普通社会公众只需信赖专家系统，而无须完全参与专业的风险分析，也无须熟知专家所具备的知识。此时的信任在一定程度上成为一种单方面的"信赖"。❷但在后真相时代，系统过

---

❶ 黎梦兵. 公共卫生事件风险沟通中社会信任问题研究 [J]. 行政与法，2021（1）：23-30.

❷ [英] 安东尼·吉登斯. 现代性的后果 [M]. 田禾，译. 南京：译林出版社，2011：25.

于庞大和复杂，产生了连专家也难以真正、全面、详细理解的风险，这便造成系统信任的极端境遇，出现了盲从信任和盲目不信任的极端情况。各种反转信息、虚假信息、谣言等使社会公众对信息的信任度大幅下降。同时，在社会化媒体的影响下，传统专家系统面临着严峻挑战。

第三节　环境风险项目的社会信任理论视角

一、环境风险项目的社会信任视角

改革开放以来，在中国工业化、城市化高速发展的过程中，某些地方粗放的生产方式引发了一些环境问题，某些环境风险项目的不确定性为大量社会公众所感知。鉴于某些环境风险项目可能引发的社会公众健康危机具有较大破坏性，社会公众不太信任，这引发了环境风险项目的人际信任和系统信任危机，导致一些环境风险项目不得不搁置。这也促使风险与信任研究相结合，从社会信任的视角探讨环境风险项目的制度构建。

信任危机产生的根源在于环境风险与健康风险结合所产生的环境健康风险。信任危机源于环境风险项目的高度不确定性，但其根本原因在于环境风险项目对社会公众身体健康存在的巨大潜在破坏性。在当今社会，环境风险存在于社会公众的日常生活之中，环境污染事故等不仅破坏生态环境，还对社会公众的身体健康造成威胁。

当前，我国社会的主要矛盾已转化为人民日益增长的美好生活需要和不平衡不充分的发展之间的矛盾，社会公众对身体健康的关注度较高。环境污染对公众健康的影响十分严重。从风险传导渠道来看,由于人体健康机理存在差异,环境健康危机的显现往往需要一个过程。污染物通过土壤—植物系统、空气—呼吸系统、水体—吸收系统的循环,借助人体的消化、呼吸、血液循环等器官进入人体,其毒理发作需经过人体新陈代谢及转化作用后方能呈现。❶ 但由于污染物质浓度的高低、个体代谢能力的差异等原因,环境健康风险并不一定转化为环境健康危机,其转化过程可能漫长,也可能短暂,具有高度不确定性。区别于环境污染,一旦环境健康危机形成,往往具有较大的破坏性,难以开展有效救治或恢复,会对环境健康危机区域内的社会公众造成严重危害和潜在的长期威胁。环境健康风险已成为引发环境群体性事件、邻避冲突等的重要原因,影响社会秩序的稳定。❷

因此,社会信任的构建成为环境风险项目规制的逻辑起点和终点,环境风险项目要注意化解信任危机,建立社会信任机制。这需要基于人际信任和系统信任,从环境风险项目的风险传播、风险防控等具体方面入手。首先,明确环境风险项目社会信任机制的适用场域,在环境风险项目的决策、建设、运行、终止的全过程建立相应的风险防控机制。其次,明晰环境风险项目社会信任机制的主体定位,环境风险项目的参与主体较多,包括政府、企业、公众、专家、媒体、非政府组织等,制度信任的构建需要政府关注环境风险项目的实际效能,企业严格依照法律规范操作项目,公众理性应对风险,专家系统科学客观地进行风险解释等,

---

❶ 任颖. 环境健康风险治理研究:法理基础、类型分析与制度建设 [M]. 北京:人民出版社. 2019:36.
❷ 吴勇,黎梦兵. 环境健康风险的动态治理:模式、维度与路径 [J]. 吉首大学学报(社会科学版),2021 (3):56-58.

借助社会化媒介,建立各个主体的沟通和反馈渠道。最后,从实体和程序两个层面明确环境风险项目社会信任的保障机制,在实体层面建构科学的制度体系,如补偿和保险制度的建立健全等;在程序层面保障社会公众的参与权利,如信息公开、公众参与机制的建立等。

二、环境风险项目社会信任机制的定性与考察因素

社会信任机制是环境风险项目良性运行的基础,缺乏社会信任,将限制环境风险项目的运行。在环境风险项目的立项、建设、运营等全生命周期中,参与的主体较多,包括政府监管部门、建设单位、运营企业、社会公众及环保组织等;环境风险项目高度依赖科技,往往难以为社会公众所理解和接受,容易造成"污名化";项目运作周期长,如采用政府与社会资本合作模式开展的环境风险项目往往需要数十年的运营期。因此,环境风险项目较为特殊,项目范围内所涉及的个体(及相关组织)对环境风险项目的风险信息掌握程度存在差异,且大量社会公众所获取的信息是不完整的,此时公众情绪表达的行为选择以及与环境风险项目关系的建立呈现出非理性特征。如果处理不当,不仅不利于项目的落地和实施,还可能引发社会不稳定风险"并发症"。

基于此,社会信任机制不仅是维系环境风险项目中多重主体之间良性关系的前提,而且可以增强环境风险项目所在区域社会公众的向心力,降低项目运行的社会成本并提高运行效率,是促成环境风险项目成功实施的关键要素。在环境风险项目的信任结构中,特定社会公众基于所掌握的项目信息,决定信任或拒绝信任。因此,在信任结构下,环境风险项目的社会信任机制是环境风险项目所涉及的公众等参与主体在与政府等监管主体交往过程

中的一种心理活动,是公众对政府信誉的预设性主观评价或价值判断,并表现为支持、配合或反对等行为。可见,环境风险项目的社会信任机制是多元主体间的交互机制,如图1.6所示,从社会信任的生成过程来看,其考察因素应该包括参与主体、制度环境、保障机制、信任场域等。

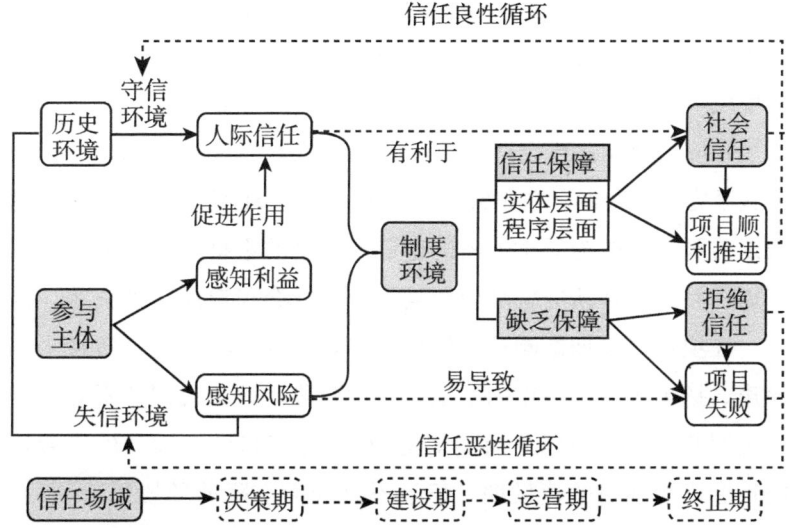

图1.6 环境风险项目社会信任机制模型

（一）信任场域

场域是在不同时间、地域所存在的结构化关系空间,它是由大量具有相对自主性的社会小世界所组成的。❶ 如图1.6所示,环境风险项目的社会信任场域会随着项目运作周期的不同而分为决策期、建设期、运营期和终止期。随着环境风险项目的推进,由

---

❶ [法] 皮埃尔·布迪厄,[美] 华康德. 实践与反思：反思社会学导引 [M]. 李猛,李康,译. 北京：中央编译出版社,1998：134.

于在不同的场域中，不同的主体的认知、感知和诉求存在差异，影响信任的因素也有所不同。

环境风险项目决策期是指环境风险项目的立项、论证及进行相关审批程序的时期。一般由政府等决策机关进行项目决策，因此影响社会信任程度的因素主要是开展项目所在地政府的守信环境和人际信任程度，这需要体现科学性、民主性等。如果政府等监管部门在决策过程存在隐瞒信息、盲目决策等行为，则会埋下环境风险隐患。

环境风险项目建设期是指项目资金投入后在项目选址进行建设直至完工的时期。在正常的决策程序下，环境风险项目进入建设期需要经过较为科学严密的论证和严格的审批等前置程序，如开展项目可行性研究、环境影响评价及社会稳定风险评估等。因此，在项目建设期影响社会信任的主要因素为项目建设所带来的噪声、扬尘等环境污染因素以及决策阶段环评、稳评的不充分等历史因素。如果出现公众不知情的"空降项目"，项目的不合理决策会影响项目的建设期。信息不公开而空降的环境风险项目，放大了社会公众的恐慌情绪，成为环境风险危机的主要诱因。

环境风险项目运营期是项目交付使用以后，由监管部门或专门的运营公司进行日常运营及维护等活动的过程。一般而言，项目进入运营期意味着项目成功实施，社会公众在一定程度上能够接受项目，但如果存在使用或维护不当等原因导致环境污染等危机，则会严重破坏社会公众对该等项目的信任度，信任的过程遵循不对称法则，并影响以后社会公众对开展类似项目的信任度。

环境风险项目终止可分为正常终止和非正常终止两类。正常终止是项目运营期结束并成功移交政府方或者结束服务，此时有利于社会信任的达成。但项目非正常终止在项目全生命周期内都可能出现,而且一旦发生都将对项目社会信任度造成损害。

(二) 参与主体

环境风险项目有政府、社会公众、企业、媒体、非政府组织及专家等多个参与主体。政府通常是项目的发起方,承担着环境风险项目的监管职能。在环境风险项目的全生命周期过程中,政府所掌握的风险信息更为及时且全面,因此政府的人员素养、制度供给、治理能力等因素都成为社会信任的关键指标。

社会公众作为环境风险项目的直接受影响群体,希望最大限度地获取风险项目的具体信息,如环境风险项目的来源、用途、规模以及危害性、危机可能性等。如果无法通过官方渠道获取足够的信息,他们便会寻求其他途径获取,从而滋生环境风险项目的谣言。在新媒体社会,大众传播媒介迅速发展,社会公众生活在信息爆炸的环境之中,网络舆情能够直接影响公众对环境风险项目的情绪,并随着现实环境的变化和受到的刺激而变化,致使社会公众在复杂网络信息传播中出现理性缺失的现象。在这个放弃传统官方渠道转而寻求社会化媒介获取信息的过程中,环境风险项目的谣言等虚假信息严重破坏了社会信任,也成为信任危机的主要来源。

企业一般负责环境风险项目的具体建设和运营。由于环境风险项目的特殊性,对特定企业的工艺规程、技术标准、质量检验、管理经验等要求较高,尤其是风险预防能力和危机应对预案等需要严格符合环境风险防控的需求。❶

环境风险项目的其他参与主体还包括媒体、非政府组织及专

---

❶ 于文轩. 风险预防原则的生态环境法治意蕴及其展开 [J]. 吉林大学社会科学学报, 2023, 63 (3): 34 - 44.

家等。在环境风险项目宣传、信息传递、风险沟通等过程中，媒体逐渐发挥不可忽视的作用。媒体分为官方媒体和非官方媒体两种，官方媒体往往与专家系统相结合进行信息传递，能够提升公众的环境保护意识，但也经常由于风险信息解读作用有限或出现反转而受到质疑；非官方媒体如自媒体则借助便利的传播途径在风险信息的传递上发挥着越来越重要的作用。此外，环保组织等非政府组织可以参与环境风险项目，对社会公众理解环境风险项目起到良好的作用，同时也可以对项目本身起到一定的监督作用。

在环境风险项目的全生命周期中，多重主体有着不同的利益诉求，其中社会公众的情绪对环境风险项目至关重要。在良好的信任环境里，当社会公众感知到环境风险项目所带来的利益时，会产生一种初级的人际信任，这有利于环境风险项目社会信任的达成；但当社会公众感知到项目会带来风险时，则容易导致项目失败。当然，如图 1.6 所示，无论社会公众感知到利益还是风险，都不一定对项目本身产生实质性影响，还需要关注环境风险项目的制度环境。

（三）制度环境

如图 1.6 所示，制度环境在环境风险项目社会信任机制模型中处于至关重要的位置，直接影响环境风险项目社会信任的达成。在社会公众感知风险的情况下，良好的制度环境仍然可以通过促进信任的达成，从而保障项目成功推进，实现项目的价值；相反，在缺乏信任保障的制度环境里，即使社会公众感知到利益，并在良好的历史环境里促成了"人际信任"，环境风险项目也难以成功推进。

良好的制度环境需要取得制度信任，社会公众的制度信任是监管者与参与者之间的信任关系，这种环境风险项目监管者与项目利益相关社会公众之间的信任关系类似于立法者和执法者之间的信任关系。❶ 因此，制度环境是制度信任的基础，制度信任的产生立足于环境风险项目过程中的信任保障机制。社会公众对环境风险项目的信任获得需要关注实体和程序两个方面，并衍生出一系列的制度措施。

就环境风险项目社会信任的实体保障机制而言，我国由政府主导制度信任机制，通过公共政策、法律系统、专家系统及媒介等途径实现对项目的监督和管理，进行自上而下的制度供给，并对社会信任机制予以实体层面的保障。其措施主要包括环境影响评价制度、社会稳定风险评估制度、补偿和保险制度、责任机制及征信机制等。

环境风险项目社会信任的程序保障机制。公正有效的制度环境不仅需要建立实体层面的保障，更需要完善环境风险项目的立项、执行和监管程序。首先，要有充分的信息公开和风险沟通制度，让社会公众获取足量、有效的环境风险项目信息，并及时进行风险沟通。其次，完善公众参与程序，丰富公众参与的形式，确保社会公众能够有效参与环境风险项目的过程。再次，完善环境风险项目的决策程序，使科学决策成为环境风险项目的必然要求。最后，要明确严格的监督机制和冲突解决方式，科学、合理地应对环境危机。❷

良好的制度环境需要实体与程序并重、激励与惩罚并举、理念与实际结合，既要约束政府的行为，规范公权力的行使，也要

---

❶ [美]马克·E.沃伦编.民主与信任[M].吴辉，译.北京：华夏出版社，2004：246.
❷ 董正爱.环境风险的规制进路与范式重构——基于硬法与软法的二元构造[J].现代法学，2023，45（2）：112-124.

正确地引导社会公众。这不仅需要明确权力边界，完善立法制度，也要形成合理的运行程序，让公众情绪能够以正常的途径表达，通过制度化手段保障社会信任，并让环境风险项目在一个公正有效的制度环境中施行，在实现项目价值的同时提高环境风险项目的社会信任度，形成良性的社会信任循环。

三、环境风险项目社会信任机制的意义

信任作为复杂机制的简化，在环境风险项目运行的全生命周期过程中具有重要意义。风险防控是影响环境风险项目成败的关键因素，完整的社会信任链条既是环境风险治理所要实现的重要目标，也是环境风险项目实施的必然要求。新时期社会结构"脱域"状态以及生活场景虚拟化对环境风险治理提出了新的挑战，环境风险项目的特殊性又加剧了公众与监管者之间的鸿沟，进而引发环境风险项目的信任危机，这种信任危机反过来影响项目的进程。因此，构建完整的社会信任机制能够防范和化解信任危机，确保所进行的环境风险项目是合理开展的，同时确保所开展的项目能够获得社会公众的信任，在实现项目价值的同时实现社会信任的制度价值。

首先，社会信任机制的建立能够解决环境风险项目中的社会信任缺失问题。在21世纪，以熟人为支撑的人际"信任链"出现中断，环境风险项目往往涉及范围广，打破了传统的人际信任，但环境风险的系统信任建构存在滞后性，出现传统社会和现代社会信任问题并存的现象，引发环境风险项目的信任危机。因此，在环境风险项目全生命周期过程中，通过制度发挥作用，从实体和程序两个层面保障公众的合法权益，推进制度信任的确立，并影响社会心理、伦理和习惯，进而共同发挥作用，解决环境风险

项目社会信任缺失的问题。

其次，社会信任机制的建立可以实现环境利益、社会利益和经济利益的协调。经过科学、合理设计的环境风险项目往往具备较高的预期经济利益，如核电项目虽然具有一定的环境风险，但是可以解决当前我国电力供给不足、能源结构单一及环境污染严重等问题。因此，经过科学设计、论证的环境风险项目符合经济利益和环境利益的需求。而社会信任机制可以保障社会利益，这需要通过法治路径，使环境风险项目符合生态文明法治体系的要求。在项目全生命周期中，实现政府、公众、企业等多个主体的利益平衡，同时通过加强风险沟通和落实社会责任等机制，构建长期稳定的社会信任关系，从而实现环境利益、社会利益和经济利益的协调。

再次，社会信任机制的建立可以克服邻避冲突。由于环境风险项目的特殊性，在不同区域和不同群体对风险的理解存在差异的前提下，特定区域或群体针对环境风险项目的邻避运动往往并不意味着环境矛盾的尖锐化或者生态环境质量的恶化，环境风险的社会放大成为邻避冲突的重要推手。因此，需要关注环境风险项目全生命周期中的社会信任机制，重建环境风险项目所在区域社会公众对项目的安全信心。信任存在不确定性和确定性两种状态，这便需要从信息可获得、监管者的历史信誉和治理能力等层面着手，维系明确的信任关系。风险和利益作为社会信任机制的两个关键因素，需要共同关注。当社会公众无法感知到利益时，容易演变为更加随意、缺乏合理性且难以实现的环境诉求，在社会信任缺乏制度保障的情况下，可能会演变为邻避冲突。相反，在制度环境优良的前提下，信任关系会促使利益诉求更加客观和合理，能够实现良性的信任循环，从而克服邻避冲突。

最后，社会信任机制的建立可以避免污名化。在环境风险项目全生命周期中，部分群体会对项目属性进行取舍，有意放大环境风险项目的负面影响，使社会公众对项目形成许多负面的想象。社会信任机制可以改变社会公众对环境风险的认知模式，是应对环境风险项目污名化的有效途径。在合理的风险信息传播渠道下，社会公众可以获得对项目的信任，强化对环境风险项目的认知，并能对风险进行自我判断，最终稀释污名信息，形成合理的环境风险项目信息认知。

CHAPTER 02 >>

第二章
环境风险项目信任危机的审视

第一节 环境风险项目信任危机的表现及发展趋势

我国某些地方在相当长一段时间内,由于粗放型经济发展方式未得到根本转变,原本脆弱的生态系统持续受到损害,经济发展与有限的环境承载力之间的冲突显现。而今在建设社会主义现代化强国的道路上,仍然面临环境压力。同时,公众的环保意识及维权意识普遍增强,公众的环境诉求渐趋多元化。

一、环境风险项目信任危机的表现

环境风险项目由于兼具高风险、高技术、高利润、高热度的属性,常常涉及多方主体的参与。❶ 而环境风险项目面临"信任缺乏"的状态,公众作为

---

❶ 龚文娟. 环境风险沟通中的公众参与和系统信任[J]. 社会学研究,2016(3):50-51.

信任危机产生的主要来源,对其他主体信任不足,由此引发了环境风险项目信任危机。

(一) 政府信任危机

环境风险项目作为高风险项目,对周边群众的生命健康存在较大影响。因此,保障公众的知情权是当地政府、项目企业开展项目应有之义。环境风险项目从决策、建设、运行直至项目终止都应对公众公开。然而在某些环境风险项目中,当地政府没有及时、充分地进行信息公开,所谓项目决策阶段的公众参与也仅局限于环评报告等文件中相关专家的参与,公众往往被排除在决策外。这些地方公众的知情权、参与权无法得到保障,政府与专家利益关联、合谋决策的疑虑无法消除,政府决策的合法性、合理性自然也无法得到公众认可。政府信息公开是取得公众信任的前提,信息若不公开,信任危机自然难以避免。

随着改革开放的不断深入,社会公众对政府的行政能力和执法水平的期望和要求也越来越高。基于制度因素和社会文化因素形成的信任相对稳定,但地方政府在面对具体事件时,公众对其的信任度往往会因具体事件的发展和应对处理而快速变化。因此,在环境风险项目中,地方政府针对项目的选址、信息公开、监测检查等表现均成为公众对政府作出判断的直接依据。[1] 在环境风险项目中,政府具有决策者和监管者的双重身份。一方面,某些地方政府的信息不公开是有些公众不信任政府的主要原因。公众的意见没有在项目决策中得到充分体现,这成为环境群体性事件之隐患。普通公众与政府间的信任关系,很大程度上取决于他们之

---

[1] 龚文娟. 环境风险沟通中的公众参与和系统信任 [J]. 社会学研究, 2016 (3): 47-48.

间能否进行真正有效的沟通。如果某些地方政府信息不透明、决策不公开，无疑将影响政府与公众的有效沟通。

另一方面，某些地方政府积极行政不足、监管缺位使得公众对政府的信任不强。在公众和当地政府的互动过程中，政府的办事效率和执行能力等方面的不足，同样会使公众对寻求正规途径进行权利救济的期待持续下降。由于公众通常将不同级别的政府、不同职能的政府部门视作一个整体，某些基层政府的信任状况不佳将影响公众对整个公权力体系信任的判断。

(二) 企业信任危机

企业是市场的主体，天然具有逐利性。在监管缺位的情况下，环境保护有可能为企业盈利创收让位。企业作为项目的实施和运行主体，是环境风险项目治理中最为重要的一环。

企业作为环境风险项目的组织者、实际建设者和收入享有者，应当对风险的产生负有主要责任。

环境群体性事件是环境风险项目信任危机的一种表现，由环境风险项目引发的群体性事件具有鲜明的行业特征，显现出某些地方的公众对相关行业领域的某些项目建设企业是否具有有效规制风险的技术能力，存在深刻的怀疑。

(三) 某些环境事件中的媒体信任危机

某些环境事件中的媒体信任危机包括两方面的内容。其一，公众对官方媒体的不信任；其二，公众对非官方媒体的不信任。然而，公众对官方媒体与非官方媒体的心理预期是不一样的。在公众心目中，官方媒体的权威性更强，而对于非官方媒体，发布主体非专业、审查机制不健全的既定印象已经形成，因此公众对于非官方媒体的包容性更强。公众对媒体的心理预期与客观现实的不对等是某些媒体的信任危机的根源。因此，个别媒体的选择性报道、滞后性报道是某些环境风险项目媒体信任危机的重要表征。

1. 某些新闻媒体的选择性报道

真实、客观、及时地报道新闻是所有新闻媒体共同的价值追求。但在现实中，对于某些环境风险项目出现了选择性报道的现象，即这些地方的个别媒体在报道的方式、时间和内容上作出了倾向性的筛选。

还有，在某些环境风险项目的建设过程中，个别官方新闻媒体对事件的主要报道聚焦在领导、专家身上，忽视了公众的声音，新闻发布会、座谈会等都是由地方政府掌控主导权，进行单向度的输出，对于关乎公众根本利益的环境问题进行模糊化处理。甚至在一些项目中，个别新闻媒体将公众塑造成不顾公共利益的"自利者"，将公众维权的动机庸俗化。

2. 某些新闻媒体的滞后性报道

在环境风险项目的建设过程中，公众往往希望得到主流媒体的关注，希望政府重视公民的环保诉求，如此，往往不会爆发环境事件。但从已发生的邻避冲突事件来看，也存在个别主流媒体报道滞后的现象。某些主流媒体报道的不及时和不充分，导致部分公众的环保诉求没有引起政府部门的足够重视，错失风险沟通的最佳时机。

在部分公众心目中，个别媒体有偏向性、会受权势人物或组织的影响。[1] 新闻媒体是社会的守望者，承担着传播信息、引导舆论、教育大众以及提供娱乐等多重功能，个别媒体的报道具有选

---

[1] 苏振华. 中国媒体信任的来源与发生机制：基于CGSS2010数据的实证研究 [J]. 新闻与传播研究，2017 (5): 51-52.

择性、滞后性，个别企业的违法违规行为没有得到矫正，最终导致损害结果的发生，引发公众对某些媒体的不信任。

（四）对某些专家的信任危机

在环境风险项目中，对专家的信任危机主要体现在公众对某些专家的"立场中立性"和"知识技能的准确性"存在不信任情绪。

1. 对某些专家中立性的不信任

环境风险项目建设所在地政府，在召开新闻发布会时往往会邀请多位专家列席答疑，在和公众谈判协商中也多次引用专家的观点，然而专家的观点并不总是能让公众信服。客观中立的立场是专家获得社会信任的基础条件，一旦专家与项目具有利益关系，当他们介入环境风险项目中扮演"裁判员"时，其言论就可能受到利益关系的影响而偏离客观事实，从而难以在权力与权利的较量中保持中立，也难以获得公众信任。

2. 对某些专家知识准确性的不信任

首先，专家是指在某一领域具有一定造诣、拥有专门技能或专业知识的人。但是受制于风险本身的复杂性和不确定性，人类现有的认知水平和科技水平难以对所有问题作出准确的判断。其次，由于环境风险项目涉及多个领域的专业知识，而专家基本是各自领域的学者，对于其他领域的知识掌握不够全面的现象仍然存在。最后，由于事件发展迅速，政府必须在较短的时间内作出回应，专家没有太多时间深入实际去勘察，只能局限于政府和企业提供的书面资料，其提出的建议可行性欠缺就不可避免，在一定程度上削弱了专家的公信力。

（五）社会组织信任危机

在环境风险项目中，社会组织主要指环保组织。公众对某些环保组织的不信任，一方面是对这些环保组织在环境维权方面的弱势的认知，认为其维权的能力有限。另一方面，某些环保组织的中立性不强。其一，容易受政府的影响。我国对环保组织实行双重管理体制，其设立登记不仅要获得主管部门的准许，而且日常活动还须受到主管部门的管理。环保组织进行环境维权的行为本身是正当的，但是环境维权针对的企业主体，通常属于政府关注的重点企业，鉴于此，环境风险项目所在地行政部门容易对环保组织产生负面的评价，环保组织行动的范围和效果也将受到程度不一的减损。其二，容易受与企业关系的影响。个别环保组织受环境服务企业资助，经济独立性差，成为有些企业的"发声器"，公益性大打折扣。

二、环境风险项目信任危机的发展趋势

环境风险项目信任危机的发展趋势可以从横向与纵向两个维度进行分析。从横向维度来看，环境风险项目作为信任危机的载体，其发展趋势与环境风险项目的产业转移高度重合，由环境风险项目引发的信任危机，东部沿海地区存在，中西部地区也存在，大中型城市存在，中小型城市也存在，城市存在，农村也存在。

（一）信任危机的横向体现

1. 从经济发展维度来看

早期的环境风险项目大多选址在经济发达、交通便利的东部沿海地区。因此，由环境风险项目引发的环境群体性事件主要发生在东部沿海地区。随着我国西部大开发、中部地区崛起等国家发展战略的实施，我国环境风险项目开始从发达地区向欠发达地区转移，从东部沿海地区向中部、西部等内陆地区转移。东部一些发达地区或由于生态建设的需要，或由于日趋逼仄的环保容量

约束，抑或是由于愈加严格的监管压力，纷纷对环境风险项目进行整肃，一些环境风险项目转移到西部地区。环境风险转移，信任危机也随之转移。

环境事件的爆发意味着环境风险项目触发的信任危机达到高潮。早期环境事件多发生于广东、浙江、江苏等东部省份，近年来，中西部地区环境风险项目引发的环境事件受到社会公众的关注。

2. 从城市维度来看

同样，环境风险项目信任危机从大中型城市向中小城市扩张的现象也不容忽视，其原因与上面提出的地域转移现象有类似之处。许多项目企业为了寻求相对宽松的监管空间、低廉的用工代价、低廉的土地成本，从已经趋于饱和的大型城市向其他城市溢出；而一些中小城市为加速自身经济发展，或个别地方政府官员为追求政绩，加大招商引资力度，将引进项目的环境威胁等因素置于次要考虑位置。这一"推拉"过程，使一部分环境风险项目向中小型城市转移，进而也导致了环境群体性事件以及环境社会矛盾的转移。

3. 从农村维度来看

我国城镇化水平不断提高，进一步推动我国产业结构升级、供给侧改革。近年来这一进程大大加快，大量环境风险项目建设企业难以承受高额的租金与用人成本，纷纷向农村或者城乡接合部转移，以寻求新机遇与突破口，信任危机遂随着环境风险项目从城市地区扩展至农村地区。这主要是由以下两方面原因共同造就的。其一，部分企业或工业园区在形成和发展初期常常伴随着公众参与不足、宣传力度不够、信息不透明等问题，特别是对其可能带来的环境污染问题和隐藏的环境风险对当地居民交代不透明，更有甚者故意隐瞒。❶ 这些新建的工业园对当地农村原本脆弱的环境造成了一定的破坏，并且随着时间的推移，问题日益暴露。其二，某些城乡接合部或是农村地区的居民法律素养不高，在遇到困难时难以利用多元化的渠道合理、高效地表达自己的环境诉求。反之，这些地方的某些民众更容易受愤怒或者恐惧等负面情绪的支配，采取激进的自救式维权方式，而非理性的维权方式，导致其原本正当的诉求也可能无法获得有效救济，在此矛盾影响之下就很容易爆发信任危机。❷

（二）信任危机的纵向拓展

信任危机的纵向拓展主要是指信任危机的影响程度加深。如信任危机爆发的领域、指向对象、表达形式的不断多样化。

1. 由显性环境污染类项目向潜在污染类项目转变

信任危机的爆发范围已经由显性环境污染类项目开始向潜在污染类项目转变，如除污水处理厂、核电厂以及发电厂等显性污染源外，光污染、噪声污染、高压辐射等潜在污染源也逐渐成为信任危机爆发的导火索。

光污染、噪声污染以及高压辐射污染等潜在污染源的影响范围、危害程度均有扩大的倾向，并已经威胁到公众的生产和生活等诸多方面。由于城市化的快速发展，个别地方的城市建设及规划部门在城市功能分区及交通线路设计方面缺乏前瞻性，同时由于财政、技术支持力度不足等原因，规划部门对噪声、光污染等项目的规划不合理。各功能区错杂交互，引发严重的噪声污染、

---

❶ 余光辉，陶建军，袁开国，等．环境群体性事件的解决对策 [J]．环境保护，2010（19）：29-31．

❷ 胡美灵，肖建华．农村环境群体性事件与治理——对农民抗议环境污染群体性事件的解读 [J]．求索，2008（12）：63-68．

光污染，对周边民众的生活造成比较大的影响。

2. 不满对象由企业延伸到某些基层政府

分析历年环境群体性事件控诉对象可以发现，早期公众不满的对象往往是造成实际污染的企业，但近年来，公众渐将矛头指向了某些基层政府，他们更趋向于认为，逐利是企业的本性，可作为管理者的某些地方政府不能怠于监管。我们发现，在一些环境事件中，企业在环境项目的管理过程中存在过错，如果个别基层政府没有按规定履行决策程序，就匆匆将工程上马，常会引起相关群众的愤慨。

第二节　环境风险项目信任危机的后果

一、影响项目落地落实

一旦公众对某些环境风险项目产生不信任的情绪，公众会采取一系列行动，如在网上发帖表达环境权利诉求、要求企业和当地政府公开前期项目完成情况、相关资质、建设方案、规划选址、环境影响评估报告、可行性研究报告等，要求加强环境风险项目决策审批环节的公众参与。企业及政府在面临公众质疑的情况下，需要讨论应对方案，暂停建设，召开说明会、听证会等，这拉长了项目建设周期，对项目实施进度造成影响。当不信任达到一定强度时，公众易丧失理性对话的期望，将"请求"转变为"抗争"，要求项目停建并发出"不要建在我家后院"的声音。在此种情形之下，项目往往将面临缓建、停建、异地重建的命运。

同时，环境抗争事件的"成功"，即公众因不信任环境风险项目而产生的一系列抵制行为，导致项目停建、易地重建的结果，会成为被人模仿的对象，引发同类事件。

二、增加社会隐形成本

（一）危机公关成本

无论是政府机关、事业单位还是企业，日常活动都需要考虑成本，危机公关也不例外。在实践中，由于危机事件的传播面和影响力都非常大，涉及的群体众多，在处理危机事件时需要与多方主体进行交涉，组织大型发布会、赔偿受害者、督促企业进行整改等，都会产生大量的费用支出，使得危机公关成为一场高成本的活动。

（二）网络监管成本

环境事件往往伴随一定的网络舆情，对网络的综合治理可以有效地缓解民众情绪，使民众情绪理性化。因而政府、企业均需投入资源进行信息管理和舆论引导。网络监管在这一过程中涉及监测、应对、公关和法律措施，其成本构成复杂。既包括舆情监测与分析成本，相关部门或企业需投入大量的人力、物力和财力，部署舆情监测工具，追踪微博、短视频、论坛等平台的讨论；也包括科普与舆论引导成本，针对专业性强的环境问题进行专家解读或制作科普视频等，降低公众恐慌；还包括一定法律与合规成本，打击网络谣言与处置不实舆情等。因而信任是社会资本的一种表现形式，信任可以减少监督的成本，反之，不信任将催生某些公众的抵触情绪，加大舆论监管的成本。

（三）经验借鉴成本

在环境风险项目中，先进经验借鉴的对象往往是发达地区或发达国家业已成功的项目经验。借鉴先进经验是一个长期投入的过程，需要进行多阶段设计。首先，需要锁定学习目标，如果学习域外经验，还需要语言专家的介入。其次，需要与被学习方对接，率团队进行实地考察，了解整个项目的建设、投资、招商、运营，以及如何与周边地区的公众进行友好和谐的相处等。最后，需要在地方因地制宜地进行本土化改造。团队赴外考察已经投入了大量的成本，然而最终的结果却未可知，这将造成时间、人力、物力成本的多重耗费。

(四) 政府行政成本

部分社会公众对个别地方政府不信任态度的直接影响是政府在作出行政决策时受到较大质疑，环境风险项目的支持者和部分当地居民之间的分歧固化甚至扩大化，在一定程度上还会加剧公众之间的分裂。政府信任关系通常随着公民和政府交往过程而发生变化，积极正向的政府作风能够给公民带来较好的信任预期，同时给公民在经济、文化等领域的交往以支撑，良好的政府信任能够产生较好的社会信任效应；反之，较差的政府信任状态会消耗政府和公众的精力和资源，导致社会交往成本增加，最终造成整个社会信用体系的不健全。❶

因此，为取信于民，政府在决策时要采取各种措施广泛吸取民意，在政策执行过程中也要接受公众的全程监督和对其进行意见征询。而产生信任危机的环境项目，往往与公众参与度不高有关系，这反过来又要求政府投入更多的行政成本来降低公众的不信任度。

---

❶ 高敏. 自媒体时代政府信任危机研究 [D]. 南京：南京航空航天大学, 2018：14.

三、造成环境邻避冲突

信任是社会中最主要的凝聚力之一,没有人们相互间的信任,社会将变成一盘散沙。信任是稳定社会关系的基本因素,是社会秩序的基础之一。环境风险项目信任危机的发生,将导致信任的缺失,社会的和谐与稳定将遭受破坏。

环境风险项目具有天然的负外部性效应,城市化进程中环境风险项目建设冲突时有发生,邻避问题成为困扰现代城市公共管理的主要难题之一。欧美等邻避冲突早发国家的实践经验表明,加强风险沟通是有效化解邻避冲突的关键。然而,在某些地方缺乏信任基础与合作习惯的邻避治理格局中,利益相关主体的风险决策极易出现认知偏差。在这些地方,由于认知偏差的存在,邻避冲突的化解机制被严重干扰,不妥当的风险沟通往往异化为加剧环境风险项目邻避冲突的导火索。❶

按照邻避冲突发生的时间顺序,可以将邻避冲突分为三种类型。第一,事先预防型。以历史经验为据,通过环境邻避冲突阻止项目兴建,阻止本地区可能产生的环境健康损害。第二,事中参与型。把整个生态环境当作自家后院,将制度改进当作目标,以司法宣传、社会运动等作为手段,防止环境危害并追究环境责任。目前,主动建设型环境邻避冲突在国内还比较少见,因此不对此进行详细研究。第三,事后追究型。当环境危害发生后,受害者通过司法诉讼等方式寻求正义、公平的处理和相应的赔偿。但是事前预防型和事后追究型邻避行为均与环境风险项目信任危机带来的后果紧密相关。❷

---

❶ 汝绪华. 邻避冲突中风险沟通的认知偏差及其治理 [J]. 管理学刊, 2020 (5): 73.
❷ 高世楫, 程会强, 等. 城镇化进程中的几个难点问题及案例研究 [M]. 北京: 中国发展出版社, 2016: 66-67.

事先预防型邻避冲突的发生，其间充斥着部分公众对于项目可能产生的环境健康风险的恐惧，以及对企业、政府等群体有效防治此污染的能力的怀疑。邻避风险是强加的，环境风险项目所在的社区是真实、具体的，风险影响将在不久的将来真实发生。伴随着恐惧被潜意识中的刻板化偏见不断放大，此类风险在感觉上更加可怕，接踵而来的是，某些"意见领袖"的资源动员能力持续增强，公众不理性行动的意愿与压力增强。邻避社区民众的非理性恐惧与风险偏好具有一定的破坏力，"害怕灾祸会使得每个人的行为都增强灾祸"。❶ 事后追究型环境邻避冲突则体现为公众对环境健康风险的恐惧转变为现实，恐惧转变为愤怒，怀疑进一步深化为不信任，信任的建立与毁坏遵循不对称法则，容易毁坏且难以建立。

信任危机的产生一方面会导致认知偏差、风险沟通失效，进而引发环境邻避冲突；另一方面，环境邻避冲突的发生又会加剧公众的不信任情绪，形成恶性循环。邻避问题如果不能得到及时有效的解决，不仅会使环境风险项目的支持者和部分当地居民之间的分歧固化甚至扩大化，而且在一定程度上会加剧公众之间的分裂，破坏人际信任。

四、企业成本和地方财政损失

近年来，发生了一些环境风险项目的冲突事件，给项目企业、本地政府和整个区域社会带来了巨大的损失。研究表明，由某些环境风险项目引发的邻避冲突，多以停工、迁址或暂缓决策为结果，政府的妥协虽然赢得了公众的满意，却给相关企业和地方财

---

❶ 汝绪华. 邻避冲突中风险沟通的认知偏差及其治理 [J]. 管理学刊，2020（5）：75.

政带来了沉重的负担。❶ 同时，项目停建，地方政府支付的补贴优惠等无法收回，需要向企业支付善后赔款，增加了公共财政的支出。此外，项目的中止还导致政府未来的税收严重受损。

五、环境风险项目被污名化

美国著名社会学家戈夫曼系统地研究了污名化与社会排斥的关系，他认为污名化实质上是一种贴标签的行为，被贴上标签的人在人际交往中的名声和价值将受到不同程度的损害。❷ 而现代社会充斥着各种各样的风险，人们以污名化风险对象来进行自我防卫，由此，传统的特殊污名向一般污名拓展。人们赋予污名对象的范围不断扩大、人数不断增多，污名所指涉的内容也更加多样化，任何被认为具有危险性的事物、技术、组织甚至制度都被包含在内。

在信任危机的笼罩下，人们往往通过对他者污名化来进行自我保护，以强化自身对环境风险担忧的正当性，形成一种防范、规避风险的负向自我防卫机制。❸ 所以当关乎公众生命财产的决策不公开和不透明时，尤其会助长公众对政府决策的不信任。倘若官方媒体未能及时发布信息满足公众知情权需求，负面情绪就会不断地扩散和传播，谣言也会获得滋生的土壤。公众会根据未经证实的消息进行主观臆测，并给项目贴上"不信任"的标签。某些环境风险项目由于其高风险的特征被污名化。

环境风险项目污名化的相关研究表明，公众对环境风险设施

---

❶ 张乐，童星．"邻避"冲突中的社会学习——基于7个PX项目的案例比较 [J]．学术界，2016（8）：49－50．

❷ [美] 欧文·戈夫曼．污名：受损身份管理札记 [M]．宋立宏，译．北京：商务印书馆，2009：7．

❸ 张昱，杨彩云．泛污名化：风险社会信任危机的一种表征 [J]．河北学刊，2013，（2）：121．

建设技术与环境风险项目管理者的信任是污名化生成的重要因素。由于环境风险项目具有高专业性的特征，其建设、运营和管理均需要严格把关，需要聘请技术专家进行专门化管理。然而，普通公众并不具备相关知识，因此，在环境风险项目的选址、评估、建设、管理等方面，公众常常难以有效参与其中。❶ 而公众对风险的感知通常与政府风险应对能力的信任度密切相关，一旦地方政府给公众留下推脱、不负责、消极应对的印象，公众的风险感知将会被进一步放大。另外，如果这些地方政府没有履行好相关的监管责任，致使风险事故在一段时期内反复发生，公众将会给政府贴上不信任的标签，同时将易触发风险事故的各种风险项目赋予污名。

污名效应的危害是极其严重的，它会引发人们对某些环境风险项目不加考虑的排斥，使科学技术发展和公共政策倡议的渠道发生堵塞。❷ 科学技术以服务人类的生存和发展为终极目的，因此需要随着时代的变化不断更新和升级。虽然科学技术存在缺陷甚至会引发风险，然而不论是现在还是未来相当长的一段时间内，科学技术的发展与应用仍然是预防风险最有效的手段。盲目排斥技术只会让我们在困境中停滞不前。同时，污名效应会导致环境风险被放大，波及其他产业的利益，还会让公共政策制定者受到"民意绑架"，致使某些风险项目一遭到反对就停止建设。如果这种消极被动的应对方法不改变，国家层面的经济布局以及公众日常生活所需的公共基础设施建设均会受到影响，最终影响经济的良性运行，以及生态文明和政治文明的建设。

---

❶ 李惠宗. 核能政策与其他能源政策的再反省 [J]. 台湾法学, 2012 (192)：57-61.
❷ 王刚, 张霞飞. 风险的社会放大分析框架下沿海核电"去污名化"研究 [J]. 中国行政管理, 2017 (3)：119-122.

第三节　造成环境风险项目信任危机的原因

环境风险项目信任危机的产生具有多方面的原因，大体可以划分为三个领域。其一，信任领域。随着社会流动性的增强，人们的活动范围显著扩大，突破了传统人际信任作用的地域范围，人们进入陌生人社会。在陌生人社会中，传统人际信任不足，需要建立起促进社会整合、社会团结的系统信任。其二，风险领域。社会有时存在的风险认知偏差以及缺乏良性的风险沟通，导致某些环境风险项目各参与主体间出现大相径庭的风险感知和价值对立。其三，环保领域。价值取向、利益取向的差异、制度安排的不合理以及法律规则执行的落差，导致某些环境风险项目各参与主体之间出现信任差距。三者共同作用，导致某些环境风险项目信任危机。

一、信任领域：信任关系的断裂

现代社会本质上是一个风险社会。金融风险、政治风险、环境风险、健康风险充斥其中。面对这些风险，人类需要有所凭借。抽象系统就为人们提供了评估和应对风险的依据。对抽象系统的信任有助于人们在不确定性中建构本体性安全，有助于现代性社会的持续存在。尽管促进现代社会进步发展、维系人类文明持续繁荣的方式有很多种，信任只是其中之一，甚至是培育周期最长、见效最为缓慢的一种，但它却能充当其他选择途径的润滑剂，影响其他途径的作用。

然而，现代信任危机却以多种形式存在于各个领域，环境风险项目建设领域即是如此。在探寻信任危机爆发的深层根源方面，学者高兆明的观点比较具有代表性。他认为，任何领域信任危机的发生，均要回归现代性的视角。在他看来，某些地方随着现代性转型出现"传统的断裂"，这些地方的社会信任失去了传统的保障，但又未建立起相对完善的制度性保障。这样，传统的人际信任被打破，现代系统信任尚未建立，导致信任关系出现断裂。这些地方就会因缺少必要的保障而产生危机。❶

（一）传统人际信任式微

纵观人类历史，存在两种最基本的信任模式，即传统型人际信任模式和现代型系统信任模式。需要强调的是，这两种模式并不是截然对立的，它们可以存在于同一时空之下，并且互相强化。因此，传统与现代两种信任模式的区分，只能说明在特定的时代背景下，哪种信任模式占据支配地位、起主导作用。

在中华五千年的文明史中，传统农耕文明占据了大量篇幅。传统农业社会是一个熟人社会，由于地缘和血缘等因素的影响，人与人之间天然存在着较强的熟悉感和信任感。在传统社会中，信任并非基于对契约关系的重视，而是源于对一种行为规矩的熟悉和对其可靠性的不假思索。❷ 中国传统社会的信任关系是一种习俗型信任，是自发的相互信任的人际交往习惯。但这些信任在现代社会面临挑战。

1. 亲缘关系的淡化

在规模较小的交往群体中，信息的发现和传递相对便捷，对违约行为的惩罚更易于操作，因此传统关系内的小群体能够实现有效的自我治理。在传统社会，人们主要依靠农业获得生活资料，

---

❶ 高兆明. 信任危机的现代性解释 [J]. 学术研究, 2002 (4): 5-15.

❷ 费孝通. 乡土中国 [M]. 北京: 人民出版社, 2008: 7.

精耕细作的生产方式高度依赖土地。由于土地在空间上的高度稳定性，人们被"禁锢"在特定的地域范围内，形成单一且稳定的交往方式。因此，以血缘关系为纽带的传统家族是在社会整体流动性较弱的特殊情形下，形成相对稳定的生产、生活组织形式。此外，传统社会人们社会交往的范围相对固定，且开发利用自然的能力较差，因此，人们会高度依赖家族内部成员承担各种责任和义务，形成紧密的内部分工与协作。因此，血缘关系成为传统社会中信任关系形成的首要因素。

自改革开放以来，中国社会发生了翻天覆地的变化。所有制结构由单一的公有制转变为以公有制为主体、多种所有制经济共同发展的格局。经济迅速发展、空前活跃，人们不再局限于依靠土地获得生活所需。随着对土地的依赖程度降低，人们的流动性日益增强，血缘对个人的限制也因此不断削弱。人们不必仅依附于血缘关系，而是可以建立起更加多样的社会联系。

但是，交往对象的无限扩大也使人们无法与一个人建立长期的联系，我们与陌生人交往的机会越来越多，陌生人之间的交往同样不能缺少信任，因熟悉而建立信任不再适用，传统的人际信任终将失灵。❶

2. 地缘关系的打破

在传统社会，人们的生活社区具有极强的地域性。地域色彩浓烈的传统社会，空间上的低度延伸支撑着时间上的高度凝固，人们的社会交往稳定且单一。❷ 传统社会落后的生产方式和欠发达

---

❶ 郭正怀. 人际关系良性互动的制度构想 [J]. 武汉理工大学学报（社会科学版），2002（1）：85.
❷ [英] 安东尼·吉登斯. 现代性的后果 [M]. 田禾，译. 南京：译林出版社，2011（2）：90—127.

的交通,严重限制了传统社会人员流动的范围和频率,这就使得人们的社会交往社区化、生活圈子地域化。

信任关系的强与弱受地缘关系影响,是一个由近到远、由熟悉到陌生的次序。传统的信任次序大致呈直系亲属、亲戚、朋友、同乡依次递减。传统社会的信任关系建立在高频、重复的交往基础上,双方因熟悉而亲密,因亲密而产生信任。传统社会单位面积土地上居住的人口数量较少,人们生活的区域极为稳定,这就减少了社会交往的复杂性和不确定性。"静态化"的社会具备信息传递的优越性,由于人际关系固定、简单,信息的传播有着"长波"效应,能够以较小的失真度迅速传遍生活圈子。❶ 在熟人社会,人们彼此知根知底,普遍重视经营信任关系,声誉和名望被视作珍贵的财产。因此,一个人被冠以"不诚信"的评价,在熟人社会将无立足之地。

现代社会,经济的快速发展、交通的便利、信息技术的革新打破了时空的限制。人们可以乘坐高铁、飞机出行,甚至足不出户利用网络平台技术在线实时交流,大大缩短了出行时间,打破了时间、空间及地域带来的传播交流的限制,扩大了交往范围。

传统社会向现代社会迈进,不仅仅是科学发展和技术变革的问题,起决定性作用的是生产方式和社会运行方式的根本性变迁。其中,最具有革命性意义的无疑是现代市场经济取代了传统的小农经济。因此,人们不再受地域的限制,现代社会成为陌生人社会,人们听凭自身意愿决定去往,利益成为维系人际交往的重要因素,制度和规则维持着陌生人社会的正常运转,传统人际信任的主导地位逐渐让位于现代制度信任。

---

❶ 张康之. 在历史的坐标中看信任——论信任的三种历史类型 [J]. 社会科学研究, 2005 (1): 11-17.

(二) 现代系统信任缺位

中国社会信任的重建,并非对传统人际信任的改良与升级,而是要通过重建一种新的信任模式,即扩展的系统信任,来满足现代社会交往的需要。系统信任是建立在社会公正以及对个人主体地位尊重的基础上的。❶ 探讨中国信任的重建,就是要通过制度安排建立一个公平正义、尊重规则、公开透明的现代交往秩序,并将它们上升为人们稳定的心理预期和价值共识。现代系统信任的建立无疑是选择的方向,但是某些地方抽象系统实体性、程序性保障的不足,导致了这些地方信任危机的发生。❷

1. 法律运行不畅

法律运行顺畅是信任机制的基石和保障。它能提供明确的规则与惩戒机制,保障信息的公开与流通,降低交易风险,从而增强社会信任。然而,个别地方的执法和司法仍存在有法不依、执法不严和违法不究的现象,使得法律的权威性和规范力降低,也就会导致失信行为泛滥、信用数据失真和公众的社会信任度低。

2. 契约意识的欠缺

契约是对合作双方权利和义务的明确规定,它意味着合作中的承诺。中国社会转型的一项重要内容就是计划经济体制转向社会主义市场经济体制,这就要求以法律的契约关系代替计划经济时代的计划和指令安排。尽管如此,在个别地方、某些情况下权力和关系的效力还大于契约的效力,使得契约的约束作用大打折扣。另外,这些地方利益的部门化带来了假冒伪劣和以次充好等

---

❶ 郭慧云,丛杭青,朱葆伟. 信任论纲 [J]. 哲学研究,2012 (6):3-12.
❷ 孙凤兰. 基于现代性脱域机制的中国转型期信任问题研究 [D]. 苏州:苏州大学,2017:32.

违反职业道德的行为,恶化了市场经济竞争的环境,破坏了信任环境的建构。

中国在进行经济体制改革的同时也在转变政府职能,大大提高了政府行政水平。政府职能的转变并不意味着要放弃其对经济活动的监管,它仍然拥有对市场运行进行调控的权力。个别地方如果缺乏对这些行政权力的程序性监控,就可能使有效监督机制缺位,成为政府官员"权力寻租"的空间。

3. 奖惩机制乏力

奖善惩恶机制的良性运行是社会健康发展的重要环节,法律和道德可以作为奖善惩恶的标准。现实生活中某些地方存在失信更具诱惑力的现象,失信所获得的利益多于守信所获得的利益,这将最终扼杀信用意识的发展,弱化社会信任。这种对失信行为的放纵必然扰乱社会秩序,打击守信行为的积极性。只有通过奖善惩恶机制的运行使失信行为所获得的利益远远少于守信行为所获得的利益,守信才能具有绝对的吸引力。

4. 匿名声誉机制尚未建立

在传统社会中,"熟人社群"的声誉机制一直发挥着重要作用。在现代"匿名社会",若没有一个传递个人声誉信息的公开渠道,欺骗者可以欺骗一个又一个陌生人,人们在面对陌生人时,就会普遍地不信任。

征信体系的建立,可以起到传递声誉信息的作用,征信机构为每一社会主体建立信用账户,主体就可以在进行交往活动之前向征信机构查询交往对象的信用状况,并以此为依据进行相关决策。人们会拒绝和低信誉度的人进行交往,倒逼每个人注重维护自己的诚信和声誉,主动控制自己的违约行为。征信系统起到与法律一样的威慑作用,即便没有健全的法律,在征信系统的作用

下,也可以实现匿名社会的诚信交往,因此,建立覆盖全社会的征信系统成为建立社会诚信和信任的有效途径。❶

二、风险领域:风险管理的复杂现状

(一)风险认知偏差

某些环境风险项目由于兼具高公众关注度、复杂的利益格局及严重的认知偏差,易引发环境事件。要化解这些环境风险项目引发的信任危机,需要识别环境风险项目各主体风险认知偏差的具体表现形式,总结规律,得出风险认知偏差形成的一般机理。在信任危机的困境中,减少因认知偏差带来的主体对立,能够有效促进风险沟通。通过资料整理,某些环境风险项目利益相关方的风险沟通认知偏差表现形式大致可以概括为:个别地方政府的"权力本位"的认知误区、某些企业"利益至上"的认知误区、某些专家"技术傲慢"的认知误区、个别群众的"非理性恐惧"的认知误区以及部分公众的"社会公共责任"的认知误区。

1. 个别地方政府"权力本位"的认知误区

在环境风险项目的风险沟通中,政府往往处于主导地位,如果政府主动沟通且措施有力,信任危机自然能够迎刃而解。然而,从某些案例中可以看出,个别地方政府"权力本位"的认知偏差是风险沟通失效的关键因素。具体而言,个别地方政府"权力本位"的认知偏差有四大呈现方式:第一种表现是政府认为自身是公共利益的代表者,所做的任何决策均符合公众的整体利益,所开展的环境风险项目均以服务地方经济发展、改善当地民众的生活条件为出发点。因此,政府单方面推进项目,认为少数人的利

---

❶ 袁正. 经济转型与信任危机治理 [M]. 成都: 西南财经大学出版社, 2017: 6.

益应该服从于整体利益。在这些环境风险项目风险沟通的早期，为了快速推进项目，个别地方政府往往不会公开项目的相关信息，导致项目实际投入运行后，当地公众还一无所知。当项目遭遇公众抵制时，这些地方政府又采取模糊化的应对方法，简单应对，造成严重的对立。

第二种表现是，个别政府官员没有深刻认识到国家公务员是人民公仆，在某些环境风险项目中，他们消极被动、敷衍塞责，公众参与"形式化"，信息不公开，这势必会激化矛盾。毫无疑问，某些环境风险项目的建设可能会对周边群众的生命、财产以及环境利益造成一定影响，因此，公众参与涉及自身权益的决策，当属应有之义。信息真空会引起利益群体的高度焦虑，未经证实的小道消息更会加重人们的心理压力。还有个别地方政府在面对公众质疑时，以项目耗资巨大且已经建设完工为由来堵众人之口，结果却适得其反，招致民众的强烈反对。

第三种表现是，在环境风险项目的风险沟通中，一方面，个别地方政府风险沟通不足，缺少积极沟通意识。在某些环境风险项目决策阶段，个别地方政府采取"噤声"的态度，鲜少进行信息公开。只有当危机爆发，面对"来势汹汹"的民意，政府才被动参与风险沟通。另一方面，这些地方政府风险沟通不足，缺乏平等沟通。在某些环境风险项目中，公众总是被动接受信息，处于被规劝、被说服的一方，知情权、表达权、参与权缺乏保障。这些地方政府必须认识到，环境风险项目建设是一个涉及多方利益和权力、需要协商解决的问题。政府应将公众视为平等伙伴，积极主动地进行风险沟通，利用公众的智慧，促进环境风险项目的建设实施，化解邻避困境。

第四种表现是,面对环境邻避冲突,个别地方政府或急于求成,或不敢担当,不能设身处地地理解公众的环境诉求。他们认为反对的公众大多具有自利动机,认为公众为一些不明真相、别有用心的人所煽动。因此,他们倾向于利用刑事手段进行打击,而非通过充分的沟通和透明的信息公开等方式取信于民。❶

2. 某些企业"过度自利"的认知误区

在环境风险项目中,建设企业往往是邻避冲突的主要抗争对象,它们有别于其他一般性质的企业,其一举一动都牵动着许多人的利益。因此,除去营业额、税收等经济因素,环境风险项目建设企业的公共责任履行度也成为重要的评价考量。如果环境风险项目建设企业的经营认知完全倒向逐利一端,其社会责任感就会丧失。就我国个别环境风险项目建设企业而言,其过度自利的认知误区及行为,不仅表现出极度的短视,还会让其"技术安全的承诺"失去信任基石。

个别企业"过度自利"的认知误区,主要体现在为获得市场份额而毫无底线地"拼低价中标",以及为降低成本而缩减工艺、减少安全检测和排污设施的相应支出。具有公共利益属性的环境风险项目,如污水处理项目、垃圾焚烧发电项目等无法成为"高性价比"的代表,过低的垃圾处理费将导致企业缺少相应的资金保障来进行垃圾和污染物的达标处理,增加偷排偷放的风险,进而导致整个行业被污名化。

"不对称法则"表明,较之积极事件建立信任,消极事件损害信任更为明显,且一旦出现不信任,就会不断加强并持续"传

---

❶ 杨志军,张喜东. 邻避冲突引发地方政府非常规政策变迁的影响因素与改进策略[J]. 云南大学学报(社会科学版),2023,22(5):72-83.

染",波及其他领域。❶ 在连续经历负面影响后,人们容易陷入悲观情绪,失望在所难免,信任危机接踵而至。信任的建立需要制度与文化的多重合力且历时弥久,却十分容易遭到毁坏。风险认知在很大程度上与信任相关,当公众不信任的某个对象真正带来风险时,公众对同类事物会更加恐惧。

3. 某些专家"技术傲慢"的认知误区

环境风险项目在决策、建设、运营、终止等各个阶段均具有较高的技术属性。因此,当公众面对高技术含量的环境风险项目及其带来的环境风险时,必然需要相关专家对相关原理和运作规律进行阐释。然而,在环境风险项目的争议中,部分为公众答疑解惑的专家表现出了技术与知识的傲慢,主要体现在以下四个方面:其一,他们认为普通公众是"无知"且"情绪化"的,公众只是为了反对而反对,并不了解反对项目建设导致项目停建所带来的损失,本质上是未经深思熟虑的反对。其二,他们使用过度专业化的术语、学理化的表达方式来测算风险概率,脱离了日常对话的语境,为公众认识环境风险项目设置了障碍。其三,他们单向度地灌输知识,缺乏与公众对话的意识,不了解民众真正的恐惧与忧虑。其四,他们居高临下地否定公众,而非设身处地地理解与体谅公众的情绪与感受。

以垃圾焚烧发电项目为例,有的专家以垃圾焚烧的工艺已经非常成熟等相关论断来说明垃圾焚烧发电的技术安全性,却未就其潜在的风险做详细分析。在论证垃圾处理问题时,有相关专家表示,建设一家达到欧盟 2000 标准的垃圾焚烧厂,即便是身体素

---

❶ T Englander, K Farago, P Slovic, et al. A comparative analysis of risk perception in Hungary and the United States [J]. Socialbehavior, 1986 (1): 55 – 66.

质较好的青年男子在二噁英浓度最高的地方，一整晚不睡觉，也要上万年才会中毒。❶ 但技术安全并不能等同于事实安全，某些环境事件即展示了在技术安全的情况下，危害结果仍可能发生，这也从侧面印证了公众对环境风险项目潜在威胁担忧的合理性。

技术权威的解释本应降低公众的风险感知，但某些专家单一的因果论证未能有效纾解公众内心的疑虑，这些专家权威随之丧失，公众转而更愿意信任未经证实的小道消息。由此，科技权威就不可避免地异变为"技术恐惧"，技术污名化难以避免，专家在风险沟通中的作用势必大打折扣。❷

4. 周边群众"非理性恐惧"的认知误区

某些环境风险项目的周边群众受项目直接影响，往往成为邻避冲突的倡导者与主要参与人员，其认知误区不仅受这些环境风险项目风险大小的影响，更与邻避冲突的烈度密切相关。风险越高的项目，公众的负面感知越强烈，反对的动力与行动能力也越强，环境邻避冲突也越激烈。风险感知实质上兼具主观和客观因素，在缺乏谈判技巧和法律知识的背景下，这些环境风险项目的个别群众经常会出现消极对抗情绪，拒绝听信某些专家与媒体的相关解释，认为负面消息比正面消息更可信，更倾向于分享此类信息，造成谣言和虚假信息的泛滥，加剧公众恐慌，致使风险沟通难以推进。

另外，在风险的社会放大效应作用下，技术污名无疑进一步

---

❶ 人民网. 杭州拟建设垃圾焚烧厂 技术没问题盼政府监管到位 [EB/OL]. (2014 - 05 - 10) [2021 - 06 - 21]. http: //env. people. com. cn/n/2014/0510/c1010 - 25000953. html.

❷ 汝绪华. 邻避冲突中风险沟通的认知偏差及其治理 [J]. 管理学刊, 2020 (5): 73 - 81.

加剧了某些社会公众的"非理性恐惧"心理。不信任情绪一旦出现,就会不断滋长并强化,在这一情绪的持续作用下,这些人往往处于严重的自我封闭,"不同意""不接受""不讲理""不听劝",同时易伴随有过激举动。环境风险项目周边群众一旦陷入"非理性恐惧"的认知误区,将会在从众心理的作用下忘记反对项目开展的初衷,错失争取对自己最有利的风险防范化解方案与利益补偿机会。"非理性恐惧"之所以难以克服,约瑟夫·勒杜教授回归生物学的角度,在大脑的布线上发现端倪,人类的情感系统到认知系统的连接相较于认知系统到情感系统的连接来说更为强大。❶ 因此,在有意识的理性与潜意识的感性交互过程中,大脑的构造决定了我们情绪在先,思考在后。❷

5. 普通公众"社会公共责任"的认知误区

根据调查,公众对环境风险项目普遍持支持态度,认为项目开展对于经济社会的健康发展具有重要意义。但与此同时,倘若项目的选址在他们居住地附近,部分社会公众就会寻找各种理由反对。其中,垃圾焚烧项目和垃圾填埋项目最为典型,有些公众虽然认为面临日益严峻的"垃圾围城"现象,兴建垃圾处理项目非常必要,但他们却以选址等多种理由反对将项目建在自家附近。他们在对待社会公共责任的态度上表现出完全相反的倾向,呈现出自利的特点。

(二)风险沟通不足

在个别环境风险项目引发的环境事件中,矛盾主要集中在环

---

❶ Joseph Le Doux. The Emotional Brain, Fear, and the Amygdala [J]. Cellular and Molecular Neurobiology, 2003 (4): 727-738.

❷ Joseph Le Doux, Joseph E. The emotional brain: The mysterious underpinnings of emotional life [M]. New York: Simon & Schuster paperbacks, 1996: 19.

境风险的高低、风险的可接受性以及风险的可控性等问题上。❶ 由此,风险沟通的重要性便凸显出来。在这些环境风险项目的决策过程中,参与各方之间均缺少有效的风险沟通,导致项目建设完成,甚至已经实际投入运营,公众才知道项目的存在。闭门决策将导致公众对政府相关企业的信任度降低。

实践证明,风险沟通可以缓解环境邻避冲突,修复信任关系。例如,美国的核电项目曾经屡遭抵制,许多项目被迫停止,但在美国政府持续多年的风险沟通努力之后,公众对核电项目产生了更加清晰和正面的认识,反对声音锐减。❷ 同样,欧洲国家也是凭借风险沟通的技巧成功打消了公众对核废料处理项目建设的顾虑。❸ 对于环境事件而言,进行实质性的风险沟通工作可以起到积极的预防作用,最大限度地减少损失。首先,在环境事件爆发之前,政府与公众进行理性的沟通,明确告知公众该项目的环境风险等级和即将采取的应对措施,有利于公众听取专家的科学分析、形成对风险的理性认知,避免盲目反对项目建设。其次,当环境事件发生时,企业与公众进行理性沟通,有利于公众形成理性的风险认知,早日达成共识,防止事情久拖不决。通过风险沟通,双方可以进行信息互换,政府可以设身处地地了解公众的环保诉求,公众可以了解环境风险的专业知识。最后,风险沟通中信息的互换也制止了虚假信息的产生和传播,在一定程度上缓解了公众对环境风险的焦虑和担忧,强化政府与公众之间的信任关系。

---

❶ 华智亚. 风险沟通与风险型环境群体性事件的应对 [J]. 人文杂志, 2014 (5): 97 – 108.

❷ 田愉, 胡志强. 核事故、公众态度与风险沟通 [J]. 自然辩证法研究, 2012 (7): 62 – 68.

❸ 靳薇. 如何减少"PX 类冲突"中的"共输" [N]. 学习时报, 2012 – 12 – 24 (04).

有时尽管有些地方政府联合媒体进行了一定的风险沟通活动，但沟通效果整体不佳，项目所在地的公众通常采用环境正义的说理框架来反对项目的开展，而当地政府却以技术安全框架予以回应，双方的对话不在同一频道上。❶ 事实上，在环境事件发生前后，这些地方政府和企业也开展了一些风险沟通工作，诸如针对项目开展可能带来的环境风险进行的答复、劝解、释疑和讲话均可以看作风险沟通。但实践表明，这些风险沟通工作的效果不尽如人意。这表明，尽管某些地方政府部门已经意识到了风险沟通对环境风险项目风险预防的重要性，但在实践中，这些地方政府部门经常陷入"被动沟通""单向沟通"以及"不平等沟通"的误区，导致利用风险沟通来预防和应对环境群体性事件的效果不佳。

1. 被动沟通

造成风险沟通效果不佳的第一类沟通形式是"被动沟通"，即与主动沟通相对应，某些地方政府没有在项目的决策阶段就项目的规划选址问题主动地同公众进行沟通，直到公众偶然发现项目建设并表达出初步抗议时，才被迫同公众进行沟通。被动沟通无法达到风险沟通的效果，政府不诚实的印象已经形成，信任必将遭到破坏。同时，被动沟通还违反了有效风险沟通应遵循的"及时性原则"。

根据有关风险沟通的研究，主动进行风险沟通是取信于民的有力举措。被动公开信息可能被解读为"政企合谋式决策"，这会使日后的风险沟通变得更加艰难。❷ 所以，为了使风险沟通实现效

---

❶ 邱鸿峰. 环境风险社会放大的传播治理 [M]. 北京：中国社会科学出版社，2017：8.

❷ Baruch Fischhoff. Risk Perception and Communication Unplugged: Twenty Years of Process [J]. Risk Analysis, 1995 (2): 137 - 145.

益最大化，必须主动、提前进行。

官方媒体同样需要进行主动沟通。报道环境事件时，不能一概而论，对于冲突发生的具体过程不能只字不提，对于公众的环保诉求等情况不能语焉不详。媒体没有全面报道这些环境事件，是一种消极的表现，会失去从负面事件中吸取经验教训的契机。同时，某些地方政府将危机事件的发生归咎于谣言传播者，现有研究表明，对于政府机关而言，否认已经发生的错误，并不能有效地修复信任。❶ 因为，没有自我反思，只是强硬处置邻避冲突参与者的行为，只会进一步减损公众对某些地方政府的信任。

2. 单向沟通

造成风险沟通效果不佳的第二类沟通形式是"单向沟通"，即政府只充当了传声筒的角色，把专家意见"输送"给公众，而不关心公众的感受。这种单向沟通难以达到风险沟通的目标，因为它会给公众留下"走过场"的印象，而非真心实意地了解公众的诉求，违反了有效风险沟通应遵守的"平等协商"和"积极回应"原则。

首先，在开展风险沟通时，政府、企业和专家要学会倾听。科维洛和桑德曼曾指出，如果你为应对一个风险情形而提出一个实质性行动，而且你期望人们付诸实践，那么你首先得学会倾听。❷ 企业、政府和专家只有倾听公众的想法和意见，了解公众的根本诉求，才能选择合适的沟通技巧来进行风险防范和化解。

---

❶ 王超群. 环境抗争事件中的风险沟通与政府信任重建——以广东清源群体性事件为例 [J]. 贵州师范大学学报（社会科学版），2018（1）：37-43.

❷ Covello, V&Sandman, P. M., "Risk Communication: Evolution andRevolution," in Anthony Wolbarst, ed., Solutions for an Environment. in Peril, John Hopkins University Press, 2001: 164-178.

其次，政府、企业和专家必须积极回应公众对风险的感知以及诉求，如果回应不及时，容易为谣言提供滋生的土壤，加剧人们的担忧和焦虑。❶

最后，政府承诺秉持科学决策、公众参与的原则来实现风险决策，但在实践中，某些公众的意见没有得到及时反馈和充分公开。政府的承诺行为应该建立在满足公众对政府信息公开、程序正义的期望之上，从而有效修复公众对政府的信任。

3. 不平等沟通

造成风险沟通效果不佳的第三类沟通形式是"不平等沟通"，即在风险沟通中某些地方政府采取居高临下的姿态，一味要求公众妥协，接受专家的技术安全言论和政府的决策。这一做法的根源在于这些地方政府对风险客观属性的侧重，但事实上，公众的态度、意见及风险认知等主观属性更应该引起重视。❷ 也正因为如此，美国环保署在《风险沟通的七个基本原则》中把"接受并把公众当作合法的伙伴"确立为第一原则。❸ 实际上，唯有坚持平等原则，才能在环境风险项目参与各方之间创造对话的可能，就环境风险达成共识，才能制定出切实可行的风险应对措施。同时，公众只有感觉到自己是被尊重的，才有可能尝试给予信任。

当公众获得平等对待后，可以发现他们对相关企业、政府机构和专家的信任得到显著提升。"信任决定模型"表明信任值高的

---

❶ Lundgren, R. E. & McMakin, A. H., Risk Communication: A Handbook for Communication Environmental, Safety and Health Risks, IEEE Press, 2009: 19.

❷ [美] 保罗·斯洛维克. 风险的感知 [M]. 赵延东，等译. 北京：北京出版社，2007: 252.

❸ Environmental Protection Agency, Seven CardinalRules of Risk Communication, Washington, 1988, http: //archive.epa.gov/care/web/pdf/7_cardinal_rules.pdf.

机构发布的信息更容易被公众接受，而信任度低的机构发布的相关信息通常不被接受。❶ 由该模型可推论，不平等的风险沟通同样不利于公众接受专家的技术评估结论和政府的决策。

从某些环境风险项目中失败的风险沟通经验可知，要想通过风险沟通来化解信任危机，就必须遵循主动、双向、平等的沟通原则，避免陷入无效沟通的误区。❷ 在西方国家，如何开展风险沟通已经成为一个专门的研究领域。而我国的风险沟通研究仍不足，所以应该借鉴成功经验，不断从失败中总结教训，加强理论研究，构建起有效的环境风险沟通机制。

三、环保领域：环境规制的失效性

在环境保护领域，价值取向和利益取向存在差异、信息不对称、制度安排不合理以及法律规则执行存在落差，使得某些地方政府、个别企业、部分公众、某些非政府组织、个别专家和媒体对于环境风险项目出现信任差距。

（一）价值取向的差异

1. 科学主义与人文主义的价值冲突

人文社会科学家对生态现代化的心理需求和预期，是把制度与文化作为核心动力，对自然科学的技术理性抱有强烈的批判态度，认为对科学技术全盘信任的科学主义会将人类带入风险社会；而科学家并不认同上述有关技术恐慌和技术理性的论断，他们的心理需求与预期是利用科学技术征服自然，坚信完全可以依靠科

---

❶ 谢晓非，郑蕊. 风险沟通与公众理性 [J]. 心理科学进展，2003（4）：375 – 381.
❷ 华智亚. 风险沟通与风险型环境群体性事件的应对 [J]. 人文杂志，2014（5）：104 – 107.

学技术的力量解决环境问题。❶ 科学主义和人文主义在理念和建制上，历经近代科学诞生时期的"逐渐分离"、启蒙运动时期的"自觉分离"以及19世纪中后期的"激进割裂"三个时期，❷ 并逐渐成为各种矛盾的聚焦点甚至根源。科学主义认为，人类可以用科技创造一切并解决人类面临的所有问题。❸

显然，企业过度重视技术理性，而忽视了人文关怀。在经历了古希腊的萌芽、文艺复兴的人文张扬、启蒙运动的理性弘扬之后，传统人文主义已经蜕变，人们转而开始用一种新的人文理性看待人、自然与社会的关系。❹ 新时代的人文主义注重维护作为人的利益重要组成部分的生态利益，注重协调人与自然的关系。环境邻避冲突的发生在很大程度上源于科学技术理性的过度张扬，而忽视了对人的生态利益的合理关切。

2. 人类中心主义与非人类中心主义冲突

人类中心主义价值观是指，源于人类某些群体的心理需求和预期，过于注重当代人类自身的利益，而忽视长远利益以及后代人的利益。换言之，人类基于相互的不信任，而不顾及长远利益和可持续发展，对自然与生态环境采取掠夺式的开发利用；非人类中心主义的价值观则是人类的某些群体，认识到生态环境对于人类的长远利益和可持续发展的重要性，其心理需求和预期凸显了对生态环境保护的重视，倡导人类内部相互信任并要求将对自然与生态环境的开发利用程度限定在环境容量和生态承载范围之内。❺

---

❶ 何爱国. 当代中国生态文明之路 [M]. 北京：科学出版社，2012：23.
❷ 蔡守秋. 基于生态文明的法理学 [M]. 北京：中国法制出版社，2014：536.
❸ [美] 马克·斯劳卡. 大冲突：赛博空间和高科技对现实的威胁 [M]. 黄锫坚，译. 南昌：江西教育出版社，1999（1）：95.
❹ 王继恒. 环境法的人文精神论纲 [M]. 北京：中国社会科学出版社，2014：12.
❺ 上官酒瑞. 现代社会的政治信任逻辑 [M]. 上海：上海人民出版社，2012：15.

人类中心主义与非人类中心主义是关于人与自然关系的伦理，也是分析环境风险项目建设构思的伦理基础。从某种程度上而言，人类中心主义与科学主义十分相似，主张为了人的利益无限度地开发利用生态环境资源，而不惜污染或破坏生态环境。在环境风险项目建设过程中，人类中心主义和科学主义更符合项目建设者、项目决策者的利益导向，因而更加受其青睐。因此，高耗能、高污染的环境风险项目即便超出当地环境资源的承载力、当地居民的风险承受能力，受上述价值导向的影响，项目环评报告、社会稳定风险评估报告难以得出"否定"的结论。

3. 经济主义与生态主义的价值冲突

经济主义与生态主义是分析环境风险项目信任危机产生的关键所在。经济主义希望通过规范化的措施来保障环境资源的开发和利用，力图在资源开发利用的同时合乎环境保护的相关规范。经济主义倡导者在整个社会中占据相对强势的地位，导致法律规范及软法规范在具体实践中难免因追求经济利益而减弱对环境保护的执法与司法力度。政府肩负地方经济建设与环境保护的双重职责，若其对项目企业实施环境污染行为的监管疲软，容易给公众带来政府为保证地方经济增长而忽视项目给环境带来的损害的观感，从而引发公众对政府的不信任。生态主义则主张对各生命物种，尤其是人的可持续发展予以尊重，即在环境风险项目兴建过程中要尊重人的环境利益和身体健康。

上述关于价值取向的争论，实际上是科学与人文、人类与自然、经济利益与生态利益之间的矛盾和冲突，涉及的主要是人类内部、当代人与后代人，以及政府、企业和公民之间的利益冲突。环境风险项目信任危机的处理要对各种利益博弈予以关注，并在其中寻求平衡。

由命令性概念构成的正式制度是相互斗争的利益博弈的结果。[1]当代人与后代人之间以及政府、企业和公民之间的利益,也要通过博弈体现在具体的正式制度之中。

我国早期的自然资源立法倾向于保障人类运用现代科技利用自然资源,对污染防治和生态保护的问题重视不够。虽然在后续发展中出现了环境影响评价制度、"三同时"制度、排污许可制度、公众参与等制度设计,体现出了人文主义和生态主义的精神内核,但在某些环境项目的实际建设中也因个别地方政府和某些企业的消极应对而被虚化甚至异化。

(二)制度安排的冲突

生态文明制度可以分为正式制度与非正式制度。正式制度主要包括三部分内容:其一,官方制定的生态环境法律规范;其二,官方制定的不以法律法规形式出现的生态环境行动计划、政策、宣言、协议等规范性文件;其三,由环保组织和其他社会组织制定的自治性规范。非正式制度则是指伴随社会实践而自然产生的有关生态的理念、价值观、伦理观以及习俗、习惯等,这些价值理念和习俗习惯虽未经正式的组织制定,但都与生态文明制度紧密关联,其中很大一部分是生态文明制度的重要理念和指导思想。

纵观我国生态文明制度建设的理论和实践,国家大力推进的生态文明制度主要由法律规范和相关机构制定的软法规范组成。因而,分析影响环境风险项目的生态文明制度冲突的主要表现,应当以正式制度为出发点,分析正式制度包含的法律规范、软法规范内部,以及正式制度与非正式制度(习俗规范和文化规范)之间冲突的主要表现。

---

[1] 徐亚文. 西方法理学新论——解释的视角 [M]. 武汉:武汉大学出版社,2010:35.

1. 正式制度的内部冲突

正式制度内部的冲突主要表现为法律规范之间的冲突、软法规范之间的冲突以及法律规范与软法规范之间的冲突。由于制定主体、制定时间、调整对象的不同以及其他原因，法律规范、软法规范内部及相互之间不可避免地存在一定冲突和矛盾。但法律规范之间的冲突可以依据法律冲突理论和《立法法》的相关规定来解决，明确法律规范的效力位阶，寻求正确的适用方法，并在相关法律法规修改之时对存在冲突的法律规范予以清理。而软法规范数量较为庞杂，规范化和系统化的程度有限，这些问题集中体现了软法规范的内部冲突及软法规范与法律规范之间的冲突。

我国环境保护领域的法律规范，依然存在不同程度的缺失和缺陷。如仅有少数法律涉及农村环境保护，而在这仅有的少数规定中，又有很大一部分没有充分考虑农村地区的现实条件，导致多数内容原则性强、操作性弱。此外，某些地方依然存在环境保护有法不依、执法不严的现象，相关法律法规在操作实施过程中效力不佳。

我国环境保护领域的软法规范可以分为两大类：一是党和国家机关制定的生态环境政策文件以及签署的生态环境行政协议等不属于法律规范的规范性文件和行政协议；二是环保非政府组织制定的自治规范和自律规范。由于环保组织各自宗旨和追求利益的不同，其所制定的自治规范和自律规范不可避免地存在冲突，但这种冲突对我国在推进生态文明制度建设进程中重点加强建设的官方软法规范和法律规范影响不大，仍处于合理可控的范围内。因而，就正式制度的内部冲突而言，官方制定的软法规范内部及其与法律规范之间的冲突更具有代表性。这一点在环境风险项目的规制中也体现得很明显。

如通过对中央生态环境保护督察通报的典型案例进行分析，可以看出在项目建设方面，个别省市的法律规范、软法规范与中央的法律规范和软法规范不一致。实际上由于生态环境法律法规体系庞大，且环境经济价值与生态价值并不一致，进而难以避免污染防治法、资源法等法律之间存在规范冲突。❶

2. 正式制度与非正式制度的冲突

近年来，我国生态文明制度建设的重点是正式制度，特别是法律规范和官方制定的软法规范，仍坚持生态文明建设制度化的双轨制，即正式规则与非正式惯例同时发挥作用。目前，我国环境类文化规范和习俗规范等非正式制度的存量大，且非正式制度被认为是现代环境治理体系的重要组成部分。换言之，"环境政策、环境法律、环境标准等正式制度工具与地方性环境习惯法规则、私人环境协议等非正式制度工具共同构成的环境保护多元制度工具之间合作互动格局的基础。"❷

生态文明建设中的文化规范包括各种关涉生态环境的价值理念和文化观念，其中最具影响力的价值观念是科学主义与人文主义、人类中心主义与非人类中心主义、经济主义与生态主义等三对基本生态伦理和生态价值观。中央环保督察反馈意见中指出的问题，主要是受三对基本生态伦理和价值观中的后者（特别是经济主义文化观念）的影响，某些地方政府为追求经济利益而不遵守体现生态主义价值理念的法律规范和官方制定的软法规范。与文化规范相比，生态文明建设中的习俗规范已逐渐超越文化规范，表现为一定的行为标准、准则和规则；但与软法规范相比，习俗

---

❶ 吴凯杰. 环境法体系中的自然保护地立法 [J]. 法学研究，2020 (3)：123 – 142.
❷ 郭武. 环境政策入典：问题、功能与路径 [J]. 吉林大学社会科学学报，2025 (5)：76 – 85.

规范是自生自发的行为标准、准则和规则，而非人为设计的。

中央环保督察在反馈意见中所指出的问题，也表明尽管体现为"土政策"形式的某些习俗规范并不符合生态文明的有关要求，但在某些环境风险项目上，地方政府为追求经济利益等目的仍然选择遵从，而置国家和地方已制定的防范环境风险的政策、环境法规、规章于不顾。即使督察机关督促遵守法律规范和官方制定的软法规范进行环境治理与整改，仍有一些行政机关受习俗规范的影响而未尽责。

（三）法律规则执行不力

法律实施的主要目的是发挥制定法的功能，是对抽象法律的具体化❶。环境法实施的核心目标是通过法律规则执行，弥合因特定行为而侵害的生态环境秩序，并最终通过规则实施提升环境治理效能。

2014年修订的《中华人民共和国环境保护法》（以下简称《环境保护法》），最为突出的是强化了法律责任部分，加大了对环境破坏行为的打击力度。《环境保护法》的修订，促成了各类环境法律法规的制定、修改，环境立法空前繁荣。但是，个别地方环保法律的执法效果总体仍然不佳。对企业违法行为的规制不力，成为个别环境风险项目信任危机形成的重要因素。

1. 存在"以罚代管"的执法策略

基于环境保护的需要，地方政府被赋予认定项目企业污染的技术识别权。但个别地方环保执法经常受政商关系的影响，特别是在公众无法有效参与的情况下，环保部门常常在执法实践中采取"以罚代管"的策略。

---

❶ 陈金钊. 法治思维与辩证思维的关系探究[J]. 法学, 2025 (8): 3-17.

在环境执法活动中，个别地方"以罚代管"的执法策略可以使环境执法人员在作出行政处罚决定时既能够考虑企业生存利益，也能实现在法律框架内办事的目的。但是，这一看似两全的举措，并没有达到执法目标。相反，它是企业与某些地方政府之间妥协的产物，公众的环境利益通常不在考虑范围之内。

2. 存在"常态化执法"软弱的现象

在环境法律执行效果不佳的背景下，我国某些地方环境执法呈现出"平时不作为、急时一刀切"的特征。

环境利益的弱势地位、环境立法的疲软和环境管理体制的局限，导致"集中整治、专项治理"具有必然性。治理运动往往能够使企业的环境违法行为有所收敛，环境质量得到改善，但是这种效果持续时间比较短，无法从根本上起到预防环境风险的效果。❶ 例如，生活污水和生活垃圾处理是一项系统工程，不能急于求成。但一些地方政府治理能力低下，居民反映黑臭水体严重影响生活，就简单地一填了之；河水中氨氮等物质浓度过高，就投放药物，看似"药到病除"，实则"治标不治本"。

同时，因事前甄别失灵、事中监管虚置以及事后执法懈怠，扭曲了行政执法程序，也损害了执法对象的合理预期。❷ 因此，"急时一刀切"的做法并不是解决环境执法困境的有效手段。此外，"集中整治""专项执法"以实现特定的环境保护目标为首要目的，忽视了其经济和技术方面的可行性，可能会造成更严重的社会后果。

---

❶ 曹凤中. 环境保护运动式执法模式剖析［A］. 李恒远，常纪文. 中国环境法治［C］. 北京：法律出版社，2007：119 – 132.
❷ 吴元元. 双重博弈结构中的激励效应与运动式执法——以法律经济学为解释视角［J］. 法商研究，2015（1）：54 – 61.

CHAPTER 03 >> 第三章
环境风险项目社会信任机制的主体定位

环境风险项目作为现代社会发展的必然选择,带来福利的同时也带来了不同的社会风险。而现代社会风险的系统性和结构化,不是哪一个社会主体可以独立应对的。党的十九大明确指出,中国环境治理需要"构建政府为主导、企业为主体、社会组织和公众共同参与的环境治理体系"。多重主体的协作防控离不开信任的连接,推进环境风险项目治理需要构建人人有责、人人尽责、人人享有的社会治理格局,充分发挥政府、企业、公众、媒体、专家、社会组织等主体的协同作用。

第一节 环境风险项目中的政府

一、政府信任在环境风险项目治理中的重要作用

环境项目治理是政府职能的应有之义,政府职

能的发挥及其效能高低建立在一定的信任基础之上。环境风险项目中的政府信任主要涉及两方面：一是公众对政府行政理念的信任，即公众对政府行政机构的行政理念与价值的认同；二是公众对政府行政行为的信任，即在项目建设过程中公众对政府吸收公众参与、吸纳民意、信息公开、合法合理行政等具体行为的认可。信任，尤其是政府信任，是现代政府管理过程中不可或缺的资源，是政府管理的必备基础。❶ 当某些地方政府丧失信任时，其政府职能的发挥必然受到影响，将严重影响政治秩序的有效运行、行政活动的有序展开。

二、环境风险项目治理中的政府信任问题因由

环境风险项目建设作为关系民生福祉的重要决策，是政府履行行政职能的应有之义。在理想的状态中，环境风险项目的决策、建设、运行及终止的过程都应该充分体现政府信任。但现实中，由于个别政府的主导型行政理念过于强势、管理机制有待理顺、考核机制需要优化等原因，导致在环境风险项目治理中出现了政府信任问题。

（一）主导型行政理念过于强势

首先，政府的过于强势主导型行政理念，容易导致公众参与缺位。政府是环境风险项目决策的主体，其行政理念开放与否直接决定了公众参与的程度。一方面，公众参与的路径需要依赖政府的支持才能实现；另一方面，公众参与所形成的意见能否被吸纳和采用，决定权在政府。近些年，我国的行政理念逐渐呈现出

---

❶ 陈朋. 基于信任的地方治理：现实议题与空间扩展 [M]. 南京：江苏人民出版社，2017：126 – 139.

科学化、民主化的特点，但是在个别地区，地方政府仍然存在着行政理念老旧、官本位思想的问题。这导致在这些地方的环境风险项目中，公众并未成为风险防范的主体，而成为权力支配的对象，这源于政府并未认识到公众参与的重要性，一定程度上停留在程序化认知阶段。如对环境风险项目建设的社会稳定风险评估程序，个别地方政府认识不足，经常导致该程序"走过场"，实际上该程序是听取民意的重要渠道。个别政府官员存在贪污腐败、错误政绩观等问题，这些问题极大地损害了政府的信任，在个别地区引发一定的信任危机。在某些环境风险项目中，还存在权钱交易和利益输送、环评报告存在水分、审批程序暗箱操作等，公众难以通过有效途径参与公共政策与决策，缺乏与政府、企业重复博弈与互动的机会，与政府、企业之间的信任关系难以建立。

其次，个别地方政府的强势主导使得多方主体难以平等协作。环境风险项目的复杂性和负外部性，要求各方主体协同应对。个别地方政府的应对能力有限和信息的不对称，使得政府处理环境问题难免存在漏洞。一方面，污染常常发生得较为隐蔽，且政府与公众之间沟通不够通畅，导致环境污染问题难以为行政机关所察觉。另一方面，环境风险项目治理对科技和专业知识的要求，使得政府无法依靠自己的力量独立治理，需要科研院所、高校、企业等多方主体提供技术和智力支持。主体之间的地位差异，使得实践中很难出现平等合作的情形。例如，企业通常不具有和政府议价的能力，对于政府失信行为的制裁却难以践行。一方面，对于政府失信行为的制裁程序较为复杂，当事人一般只能通过投诉和司法诉讼来维权。但是投诉常常因为涉及政府行为而难以产生实效，而司法诉讼则面临着成本高、诉讼结果可能被地方政府干扰、裁决结果难以执行的困境。媒体有可能报道了不实消息，极易引发信任危机。在区域协同的治理背景之下，政府与其他主体共同合作必须以平等的姿态进行倾听和合作。但长期的强势主导型的治理经验和习惯在短期内难以改变，对个别地方政府而言需要时间调整，在观念调整过程中还受其他参与主体态度的影响，因而短期内个别地方政府完全转变角色观念还有一定难度。❶

（二）管理体制有待理顺

首先，纵向上，生态环保部门受双重领导，导致部门执法的独立性减弱。根据《中华人民共和国地方各级人民代表大会和地方各级人民政府组织法》第 66 条规定，我国环境管理体制呈现出"双重领导""条块结合，以块为主"的特点。即生态环境部门不仅受上级主管部门的领导，同时也要受所在地区的政府领导。在一定程度上，生态环境部门的政绩与地方政府的政绩之间并非完全统一，出于促进地方经济发展的目的，政府会有强大的动机引进具有高收益的环境风险项目进行建设。对于生态环境部门而言则不希望政府引进高污染、高风险的企业，从而避免产生严重环境问题。中共中央办公厅、国务院办公厅正是关注到生态环境部门的执法困境，于 2016 年 9 月出台《关于省以下环保机构监测监察执法垂直管理制度改革试点工作的指导意见》（以下简称《意见》），明确对生态环境部门进行垂直化管理改革。改革措施中影响最大的莫过于将县级环保局调整为市级环保局的派出分局，由市级环保局直接管理，领导班子成员由市级环保局任免。市级环保局实行以省级环保厅（局）为主的双重管理。省级环保厅（局）党组负责提名市级环保局局长、副局长，征求市级党委意见后，

---

❶ 刘彩云，易承志. 多元主体如何实现协同？——中国区域环境协同治理内在困境分析 [J]. 新视野，2020（5）：67–72.

提交市级党委和政府按有关规定程序办理，其中局长提交市级人大任免；市级环保局党组书记、副书记、成员，征求市级党委意见后，由省级环保厅（局）党组审批任免。❶

其次，横向上，生态环境部门与其他部门之间协调性不足。由于环境风险项目的复杂性，环境风险项目的治理必须明确法定的治理部门并加强多个部门之间的协同合作。一方面，只有明确责任主体，才能够防止出现问题各个部门互相推诿，找不到责任人。另一方面，只有加强各部门之间的协同合作，才能有足够的力量去应对风险。

最后，环境治理的"属地原则"致使区域协作有待加强。政府间纵向关系的"属地原则"是我国环境风险管理的基本原则，这个原则容易使地方政府在处理涉及跨界污染的环境风险问题时，难以避免地方保护主义对环境风险管理的干预。特别是在跨区域的环境风险项目中，涉及的问题并不仅是环境污染、环境治理，还涉及地区政府之间的博弈。如甲地的企业致使乙地的环境遭受污染。甲地可能会出于经济效益的考量而选择宽松管理；而受害方乙地，则会因为"属地原则"而鞭长莫及。

（三）考核机制需要优化

促进经济增长的压力使得部分地方政府仍然具有较为强大的意愿去引进高风险、高收益型企业。环境风险项目运营企业常常给当地贡献了巨额的税收，尤其是在经济水平较低的地区，大企业的效益往往直接影响着政府财政。在此种情况下，个别政府会忽视环境违法企业的违法行为。

其次，当前环境绩效考核并没有落实好以环境质量改善为核

---

❶ 2018年机构改革后，环保局改名为生态环境局。但该《意见》的要求继续贯彻。

心的原则。对于减排任务比较侧重,虽取得一定成果,但环境质量离美丽中国建设的要求还有一定距离。除此之外,生态环境变化具有滞后性,生态的恢复需要一定的时间,所以环境治理的绩效不可能立竿见影,公众更关注实际的环境感受,而不是环境数据的改善,所以生态环境在一段时间内没有明显的变化,公众会产生一定的不满情绪。❶

最后,随着环境治理逐年被重视,在双重考核的压力下,个别地方政府面临着环境风险项目的选择问题。一方面,经济增长的压力,使得个别地方政府仍然想要引进环境风险项目,从而取得经济的快速增长,得到上级政府和人民的肯定。但由于环境项目的负外部性,这样的决策又容易遭受公众反对,引发政府信任危机。另一方面,完全放弃经济增长是不可能的,经济低迷也会使得政府面临不作为的指责,同样会失去民心,丧失政府信任。这在一定程度上造成重视治理结果而忽视治理过程的倾向。个别地方政府在环境指标"一票否决"的巨大压力之下,为了快速取得良好效果,必然需要加大执行的力度,执行的过程中又容易出现重视结果而忽略过程的情形,从而引发新的社会矛盾。

三、政府在环境风险项目社会信任机制中的角色定位

如上文所述,政府强势主导的行政理念使得其他主体在环境风险项目的治理中常常缺位;生态环境保护部门和其他部门之间的权责不清常常使得环境风险项目治理出现缺位;环境治理与经济高速发展之间的矛盾使得政府面临着两难抉择。为重塑环境风险项目治理中的政府信任,实现决策和管理的善治,环境风险项

---

❶ 彭建交,谢中起,臧红松,等.环境治理中的政府信任重塑[J].生态经济,2018(11):40-46.

目的决策和实施应保证透明性、开放性和平等性。政府既不越位，也不缺位，需要扮演好以下几种角色。

（一）多元主体系统合作的协同者

"办好事情的能力并不在于政府的权力，不在于政府下命令或运用其权威。政府可以动用新的工具和技术来控制和指引，而政府的能力和责任均在于此。"[1] 在风险社会中，单个主体已经不足以应对社会风险，环境风险的治理亦是如此，需要政府、企业、公民、专家、环保组织等多元主体共同参与。其中，政府是系统合作建立和运行的核心。如果把环境风险治理活动比作一个神经网络，那么政府应当是这一网络的神经中枢。政府作为协同者，应当起到以下作用：一是建立政府与政府之间的合作关系，破解跨区域的环境风险治理难题。二是巩固政府与下属机构之间的合作关系，加强行政执法的魄力。三是建立政府与公众、社会组织之间的合作关系。在众多主体中，政府具有连接各方主体的实力和职责，在环境风险事件的整个生命周期中，政府应当持续发挥这样的作用。对潜在的各种风险，一方面，政府要通过公共政策的制定和实施，避免和降低它们的威胁。另一方面，政府应当对各种环境风险项目实行实时监控，对即将发生的危险及时向社会预警，并组织、协调社会做好应对突发环境风险事件的准备工作。为担当好多重主体合作的协调者，政府应当转变行政理念，主动吸纳公众参与环境风险项目治理。一是应当主动吸纳环境风险项目中可能受影响的公众的意见和诉求，一方面确保决策内容充分考虑了公众的意见，另一方面确保公众能够有效地监督政府的行

---

[1] 格里·斯托克，华夏风. 作为理论的治理：五个论点 [J]. 国际社会科学杂志（中文版），2019（3）：23 – 32.

政行为，避免闭门决策；二是要与企业、高校、科研院所加强沟通交流，提高环境风险项目的技术水平，以高标准来保证安全性。

(二) 环境风险项目的防控和治理者

从传统上看，我国环境保护工作从一开始就是由政府推动并主导的，可以归纳为"政府主导型环境保护模式"。❶ 这种政府主导型的环境治理模式，具有强大的制度优势，能够产生高效的治理成果。但是如果公众参与的缺位，导致有些公众认为环境治理全是政府的责任，也会对政府有过高期待。一方面，我国是一个超大型国家，当前的环境风险治理已非政府单个主体足以应对，环境风险项目治理涉及的主体众多，因此政府必须发挥其主导和推动作用，这是其他主体无法取代的。另一方面，对环境进行治理也是政府的应有职能之一。政府作为环境风险建设的法定治理主体，应当肩负起环境风险的防控和治理责任。

首先，破除多重领导，明确事权分配。环境风险治理离不开特定的经济、政治环境，也不可能脱离现有的政府体制而独立存在。换言之，环境风险治理活动的开展必然需要建立相应的组织、制度和技术平台。❷ 破除多重领导，需要生态环境保护部门进一步增强执法独立性。虽然《意见》的出台，使得生态环境保护部门的人事权在一定程度上从地方政府剥离，但是生态环境保护部门仍然面临着财政权力不独立的问题。有学者提出，应当同时加强对地方环保部门权力的监督，切实保障其执法行动合法合规。❸ 此

---

❶ 洪大用，等. 中国民间环保力量的成长 [M]. 北京：中国人民大学出版社，2007：25.
❷ 赵华，陈淑伟. 论政府在社会风险治理中的价值追求与角色变革 [J]. 天津行政学院学报，2013 (3)：51-54.
❸ 张国磊，张新文. 垂直管理体制下地方政府与环保部门的权责对称取向 [J]. 北京理工大学学报 (社会科学版)，2018 (3)：18-25.

外,还应当建立环保责任倒查机制,不仅对环保部门负责人不作为进行责任追究,对因受到地方政府或者上级环保部门的影响和干预而不敢作为的,也应该倒追地方政府和上级生态环保部门的责任,以环保责任倒查机制严肃环境执法权威。❶ 还可以从加强对党政机关"一把手"的责任入手,强调环境治理和经济发展同样重要。

其次,破解"属地原则"的弊端,加强区域协作。我国行政法所确立的属地原则是行政执法的一般准则,是明确政府职责的基本尺度。但是属地原则也导致实务中有可能出现"公地悲剧"和"上游放火、中游治理、下游遭殃"的情况。2006 年,新华社一篇名为《"九龙治水"为何难阻长江水质恶化》的报道曾指出长江流域在水资源管理上有"九龙治水"之说,即水利、环保、渔业、林业、航运、城建、地矿等部门都涉水、管水,但是长江流域的水质仍然在不断恶化。2020 年《中华人民共和国长江保护法》(以下简称《长江保护法》)通过,将"九龙治水"改为"一龙治水"。《长江保护法》突破了长期以来"属地原则"权责不清的局面,建立统筹协调机制统一指导,建立健全长江流域信息共享系统促进信息传导、协调跨区域督促检查长江保护工作的落实情况。《长江保护法》最大的亮点便是坚持流域治理,而非地域治理,深刻体现了生态系统的思想,既考虑到了中央和地方之间的关系,也考虑到了地方与地方之间的协调,这对于环境风险项目的风险防范极具参考意义。

最后,创新政府绩效考核指标。为了破解双重困境之下的信任难题,应当创新政府绩效考核指标。以经济增长为主要考核指

---

❶ 张国磊,张新文. 垂直管理体制下地方政府与环保部门的权责对称取向 [J]. 北京理工大学学报(社会科学版),2018 (3):18 – 25.

标必然导致环境成为发展的代价；而环境指标考核的"一票否决"则可能导致政府突击、不惜一切地"修补"环境问题，过度追求治理结果而忽视治理过程。在这样的情形下，政府同时面临着上级政府和社会公众的问责。因此，有学者提出，应加大环境保护和绿色发展指标在地方党政领导干部政绩考核评价指标中的权重，将地方政府参与跨区域生态环境合作治理行为及成效纳入地方党政领导干部政绩考核评价中。❶ 政府绩效考核的创新可以从以下几个方面入手：一是采取多元的评价体系，对政府的考核指标进行适当调整。在保障经济高质量发展的同时，增加改善民生和生态环保类指标并提升其权重，建立科学全面的指标体系对干部的政绩进行考核。二是创新考核平台。积极结合新媒体，建设网络电子政务平台，加强网络监督，吸纳更多的公众参与对政府行为进行评价和提出建议。三是引入多元的评估主体。对政府的考评不仅采用上级对下级的考核方式，还应积极引入第三方进行考评。特别是将所在区域公众的感受作为政府绩效考核的重点。公众的幸福感和获得感是政府绩效外化的直观体现。公众满不满意是政府执政行为的根本目的。公众幸福感高的地区的政府，应在考核成绩上有所体现。

（三）公众利益的保护者

政府与公众的利益并非对立，政府的职责之一是做好公众利益的维护者。

政府是公民实体利益的保护者。政府公共管理活动的目的是维护公共利益，实现公共价值。在环境风险项目的实施中，公民

---

❶ 周伟. 合作型环境治理：跨域生态环境治理中的地方政府合作 [J]. 青海社会科学，2020（2）：76–83.

权利被侵犯首当其冲的是私有财产和人身自由。我国《宪法》第13条规定了公民的私有财产神圣不可侵犯，第37条规定了人身自由不受侵犯，第39条规定了公民的住宅不受侵犯。具体来说，政府应当充分运用公共权力，一方面保障公民的财产权和自由权；另一方面积极为在环境风险事件中受到伤害的弱势群体提供关照。这既有利于培养公民意识和团队精神，也有利于维护社会稳定，增强社会抵御各种风险的能力。[1]

政府亦是公民程序利益的保护者，程序利益最重要的是保障公众的参与权。公众参与的维护者需要做好两方面的工作。一方面，要做好信息的充分公开；另一方面，要畅通公众的参与途径。对于信息公开，应当做到充分公开、及时公开。当潜在风险转变为现实的突发公共事件，甚至危机事件后，由于事件的不确定性和紧急性，普通公众往往难以对事件及其影响作出全面的分析，此时来自各种渠道的信息会使公众无所适从，极易引发非理性行动。

首先，将环境风险项目过程透明化与政府信任结合起来。在长期强势的行政理念支配下，公民过去对政府存在一定的偏见。基于此，地方政府必须重视将风险项目的全过程实施与政府信任结合起来。主要手段之一便是积极地吸纳公众参与，充分地吸收公众的意见和建议，以破除这种刻板印象，获得公众的信任，降低冲突的可能性。当公众对政府的信任提高到一定程度以后，公众甚至会以"主动承担风险"的方式回报政府。其次，当出现舆论非议时，政府机构应当及时回应，遏制谣言的传播，对制造和传播谣言的非法行为依法进行惩处。再次，公众参与渠道应当

---

[1] 赵华. 陈淑伟. 论政府在社会风险治理中的价值追求与角色变革 [J]. 天津行政学院学报，2013（3）：51–54.

做到便民、有效。最后，应当以制度保障政府信任的建设。一方面，建立健全与设施相关的公众参与制度。设施兴建及运行过程中的信息开放程度决定政府信任的获得程度，政府应通过多种方式向公众公开设施决策及运行过程的信息。另一方面，建立健全公众参与设施相关决策的制度，让公众的参与规范化和日常化，使公众在参与中科学判断风险的真实情况，避免产生不必要的猜测和恐慌。具体而言，可以从以下几点入手：其一，加强网络询政的建设，将相关非机密文件上网，让公众以最小的成本获取信息；其二，简化依申请公开资料的程序，坚持"群众只跑一次"的行政理念；其三，可以开展形式多样的风险沟通活动，通过组团参观、宣讲等形式让公众对环境风险项目的影响和运行有更深入的了解，从而增强公众对政府的信任感和对项目的安全感。

第二节　环境风险项目中的企业

一、企业信任在环境风险项目治理中的重要作用

企业作为环境风险项目的建设者或运营者，与环境风险有直接的关联。环境风险项目在企业的运营之下进行，风险的产生常常是由企业运营不规范、迟报、瞒报险情等原因造成。企业信任在涉核项目和 PX 项目中体现得最为明显。自 1954 年苏联建成世界上第一座大规模发电的核电站——奥布宁斯克核电站后，核电安全就像达摩克利斯之剑一样，时刻警示人类。1986 年的切尔诺贝利核电站事故导致 31 人当场死亡，200 多人受到严重的放射性

辐射，之后15年内有6万~8万人死亡，13.4万人遭受各种程度的辐射疾病折磨，方圆30公里地区的11.5万多公众被迫疏散。2011年福岛核事故后，截至2018年2月，已诊断出159人患癌，34人疑似患癌。其中被诊断为甲状腺癌并接受手术的84名福岛县患者中，约一成癌症复发，再次接受了手术。正是因为核项目一旦出现事故将造成长期影响和可怕的后果，社会信任极度缺乏，"涉核"企业举步维艰。在核项目上，人民群众对于核项目缺乏了解，便对涉核项目的安全风险表现出天然的恐惧。在我国，也曾有PX项目因为群众的强烈反对而被取消。企业信任是无形的，却是企业安身立命的根本，可以外化成诚信、商业信誉等。良好的企业信任能够有效地消除公众的恐慌和反抗情绪；反之，则会加重公众的反抗情绪。如果公众对于企业的信任遭到一次次重大冲击，将严重影响后续环境风险项目的落地。

二、环境风险项目治理中的企业信任问题因由

企业作为市场的主体，公众并不会给予天然的信任。由于人类的认知有限、企业的逐利本质、特殊行业的污名化等因素，某些企业更加难以取得公众的信任。

（一）技术不信任

一是环境风险项目的复杂性决定了其很难完全为人所认知。而环境风险项目的高技术性决定了其只能为具有一定知识水平的人群所认知，这类人群主要包括环境风险项目的设计者、运营者及相关专家学者。专业人士对于环境风险项目的认知尚面临着知识鸿沟，只具有一般认知水平的公众则更加难以获取和理解环境风险项目的相关信息。基于难以认知的知识障碍，公众对于陌生事物往往倾向于选择不信任。二是公众对于企业是否完全有能力

运营环境风险项目存在疑虑。环境风险项目不同于简单的建设项目,一方面其具有高度的复杂性,另一方面,一旦环境风险项目运行失败,将导致严重的不良后果,小则影响公众的财产安全,大则威胁公众的生命健康,还会对环境造成难以弥补的损失。企业的技术水平是否有能力完全控制项目走向的信息很难完全传递给公众,公众因此缺乏安全感。此外,心理学的研究表明,对于不熟悉的风险,公众会倾向于高估风险水平。三是公众对于项目能否安全运行缺乏信任。由于环境风险项目运行的技术门槛高,加之以往该类项目有出过事故的心理影响,公众对我国企业的安全运行水平还存有疑虑。

(二)企业天然的逐利性

企业是市场的主体,其设立的目的是盈利,特别是某些私营企业,公众很难相信其会将公众利益放在首位。环境风险项目投资金额巨大,建设过程中涉及巨大的利益考验:一方面,个别企业以自身利益最大化为目标,追逐低廉的环境资源,企业的天然属性是盈利,为了达到目的必须控制成本,这与当地居民对健康生存环境的追求形成了此消彼长的紧张关系;❶ 另一方面,企业必须承担起环境风险项目建设、运营的社会责任,必须付出巨大的代价以保证项目安全运行。基于以上的矛盾关系,实践中常出现个别企业为了私利罔顾社会利益的现象,导致个别企业在环境治理方面疏于管理并放任环境风险的产生,从而极大地损害了这些企业的社会信任。

---

❶ 任卓冉. 合作解决预防性环境群体性纠纷模式分析 [J]. 河南大学学报(社会科学版),2015 (6): 78 – 83.

(三) 特殊行业被污名化

特殊行业被污名化也是企业难获公众信任的原因之一。在环境风险项目中，首当其冲的便是核能项目与PX项目。自切尔诺贝利核电站事故和福岛核电站泄漏事件造成了巨大后果后，核项目便在公众心中留下了深深的心理阴影。切尔诺贝利核电站事故发生至今已近40年，在这期间，涉核技术已经取得了巨大的进步，人类对于核的认知和驾驭能力已经大幅提升。而福岛核电站发生事故的导火索是海啸和地震。我国的地质环境较为稳定，极端恶劣天气较少，核项目的安全运行水平也在不断进步。

就PX项目而言，至2025年，我国已成为全球最大的PX生产国，PX总产能已占全球总产能的50%以上。各PX装置运行记录良好，未发生过恶性事故。❶ 就辐射而言，人每天就生活在辐射之中，这些辐射不仅来自宇宙外层空间的宇宙射线，也来自地球地壳之中的放射性物质。根据相关资料，❷ 20世纪90年代中期我国煤电链和核电链对健康、环境和气候影响比较，核电链（包括核电厂及核燃料循环设施）对公众、工作人员、环境和气候的危害远小于煤电链（包括煤的开采、运输、煤电厂及其废物的处置）。煤电链对公众的非辐射危害（如二氧化硫、氮氧化物、粉尘等）为核电链的18倍，对公众产生的辐射照射为核电链的50倍；煤电链工作人员所受辐射照射的剂量是核电链的60倍。❸ 煤电链对环境和气候的影响，也都远远高出核电链对其的影响。尽管涉核项

---

❶ 我国芳烃产业将进入平稳增长期 [N]. 中国石化报，2025-04-02 (4).
❷ 张振华，朱立，张波. 涉核项目的"污名化"现象及对策研究 [J]. 辐射防护，2019 (1): 67-74.
❸ 张振华，朱立，张波. 涉核项目的"污名化"现象及对策研究 [J]. 辐射防护，2019 (1): 67-74.

目和涉 PX 项目都大力开展了专业知识的普及,消除群众内心的恐惧仍需时间。

三、企业在环境风险项目社会信任机制中的角色定位

企业既是市场的主体,也是环境风险产生的源头之一,还是环境风险项目治理中最重要的一环。企业应该严格遵守法律法规并承担社会责任,呈现出信息公开的主动性和项目运行的开放性,向公众释放更多的善意,努力履行社会责任,承担好以下几种职责。

(一) 环境风险项目的直接责任人

作为独立的市场主体,企业利用资源组织生产,追求自身的经济利益,本无可厚非。但是作为社会的一员,企业的生存和发展离不开社会的支持,社会为企业提供劳动力、生产资源、公共服务、政策保护等维持企业生命的社会资源。企业在享有社会提供的便利的同时,也有义务保护自然生态环境,只有这样,企业才可以实现自身与社会的良性发展。企业是环境风险项目的建设者、运营者,理应是环境风险项目风险管控的第一责任人。[1] 具体而言,企业应承担安全责任与社会责任。

对企业安全责任的规定,体现在各个部门法之中。如在行政法律责任上,主要规定在《环境保护法》、《中华人民共和国安全生产法》(以下简称《安全生产法》)、《中华人民共和国突发事件应对法》(以下简称《突发事件应对法》)、《生产安全事故应急预案管理办法》等相关法律规定中。如《环境保护法》第 60 条规定,企业事业单位和其他生产经营者超过污染物排放标准或者超

---

[1] 赵旭东. 论企业环境社会责任的制度设计 [J]. 中国政法大学学报, 2021 (1): 5 – 15.

过重点污染物排放总量控制指标排放污染物的，县级以上人民政府环境保护主管部门可以责令其采取限制生产、停产整治等措施；情节严重的，报经有批准权的人民政府批准，责令停业、关闭。《突发事件应对法》第22条规定，所有单位应当建立健全安全管理制度，定期检查本单位各项安全防范措施的落实情况，及时消除事故隐患；掌握并及时处理本单位存在的可能引发社会安全事件的问题，防止矛盾激化和事态扩大；对本单位可能发生的突发事件和采取安全防范措施的情况，应当按照规定及时向所在地人民政府或者人民政府有关部门报告。《安全生产法》第81条规定，生产经营单位应当制定应急预案，并定期组织演练。《安全生产法》第79条规定，国家加强生产安全事故应急能力建设，在重点行业、领域建立应急救援基地和应急救援队伍，并由国家安全生产应急救援机构统一协调指挥；鼓励生产经营单位和其他社会力量建立应急救援队伍，配备相应的应急救援装备和物资，提高应急救援的专业化水平。在民事责任上，企业因为自身的过错对他人权益造成减损，应当承担民事赔偿责任。在刑事责任上，刑法"重大责任事故罪""强令违章冒险作业罪""重大劳动安全事故罪""工程重大安全事故罪"等多个罪名分别规定了企业相关人员的安全责任。我国通过民事、行政、刑事三个部门法规定了较为完善的企业安全责任制度，因此作为环境风险项目的直接责任主体，企业应当积极履行安全管理责任。

企业具有防范风险的社会责任。"所谓企业的社会责任，就是说企业在为股东们追求最大经济效益和利润的同时，所承担和负有的对社会整体利益的投入、建设的义务与责任。"[1] 保障环境风

---

[1] 卢代富. 企业社会责任的经济学与法学分析 [M]. 北京：法律出版社, 2002.10.

险项目的安全运行是企业最基本的社会责任。社会责任的履行主要影响着社会公众对于企业的评价和接纳度。如在福岛核事故后，由于东京电力公司本身的过错和未及时与公众沟通，其在很长一段时间内受到了舆论的批评。企业作为理性经济人，并不会具有天然的社会责任感。为使企业履行好第一责任者的职能，需要从解决企业创造环境风险的源头，建立并完善法律责任机制、环境治理市场调节和激励机制，加强政企合作关系等多种路径进行弥合。

（二）信息主动公开者、公众参与吸纳者

企业作为环境风险项目的建设运营主体，在促成信任关系的建立上承担较大的责任，在信息公开、风险交流、吸纳公众参与等方面承担较多的义务。

首先，信息公开是建立信任的基础。一是应当公开真实的技术信息。随着整个社会的知识水平不断提高，公众中不乏具有高知识水平的专家。因此，必须以坦诚的态度公开相关数据，一旦公开的数据中有造假成分为公众所察觉，将会引起公众对企业的信任危机。真实的技术信息披露可以有效消除公众对于项目危险性的不准确判断，使公众建立对项目安全运行的信心。二是应当公开准确无误的信息。提供给公众的信息应当是准确无误的，而不是仅限于推测、预测性的信息。企业不确定的状态会加剧公众的恐慌感。三是可靠的评价信息。评价信息建立在客观信息的基础之上，并且可以根据客观信息验证，更关键的是，评价人本身应是立场中立、具备专业知识并且受居民信任的人。❶

---

❶ 吴家清，刘亚娟. 邻避冲突的化解：基于信任的利益平衡［J］. 求是学刊，2018（6）：87-94.

其次，企业应当积极做好民意吸纳与充分的风险沟通。公众参与是建立信任的重要途径。信任需要建立在坦诚的态度之上，公众参与是风险沟通最有效的途径。《法治社会建设实施纲要（2020—2025年）》再次强调："制定与人民生产生活和现实利益密切相关的经济社会政策和出台重大改革措施，要充分体现公平正义和社会责任，畅通公众参与重大公共决策的渠道，采取多种形式广泛听取群众意见，切实保障公民、法人和其他组织合法权益。"而且，公众参与应该是全过程的，有实质意义的，不能只是把公众参与作为决策的"花瓶"。有学者就中广核的成功案例总结了三点公众参与的经验：一是给公众开放的公众体验。中广核正式开工建设的一共有六个基地，每个基地都对外开放参观。每年到中广核各核基地参观的总人数接近五万人次。在日常开放的基础上，中广核把每年8月7日定为"公众开放体验日"，并开通微博等社交媒体，积极和群众进行沟通解惑。二是以透明态度和受众意识与群众沟通。中广核允许公众自带仪器检测厂区辐射水平，并开放厂区让网友进入核电基地进行参观、拍摄和参与座谈活动。还将核电基地的安全状态等情况与公众分享，在建核电基地的进展情况，中广核也会随时与受影响公众沟通。三是以新媒体为媒介提供多元沟通环境，在微博等社交媒体发布核电项目的讨论，毫不避讳地讨论核事故的教训，增强了公众的信任。❶ 中广核的成功经验值得环境风险项目借鉴，企业要想公众允许将环境风险项目建设在其"后花园"中，应当以坦诚、开放的态度对待公众，获得公众的信任感。

---

❶ 曾繁旭，戴佳，王宇琦. 风险行业的公众沟通与信任建设：以中广核为例 [J]. 中国地质大学学报（社会科学版），2015（1）：68-77.

第三节　环境风险项目中的公众

一、环境风险项目治理中的公众分类

环境风险项目由于其负外部效应，会给项目周边公众的身体健康、财产、声誉等带来诸多威胁，而享有良好的生活环境是公众的正当权利。❶ 良好的法律应当是促成各利益相关者合作博弈的社会规则体系，各利益相关者依据该规则体系在合作博弈中实现各自利益。公众健康与财产安全是环境安全体系的本源性利益，行政监管体系应服从于该利益。而从环境安全体系的法律层面来看，公众的角色较为复杂。❷ 如相对于重污染企业而言，轻污染企业可以视为公众；相对于此项目，彼项目的建设、运营主体也可称为公众。从不同的维度进行解释，对公众的定义也存在差异。而基于利害关系进行划分是实务中最常用、最简便的划分方式。因此，我们认为公众可以分为直接利害关系人和非直接利害关系人两类。直接利害关系人是指与环境风险项目有着直接利害关系的群体。他们是环境风险项目建设直接影响其既得利益的群体，如原来的居民、被征拆群众等。非直接利害关系人是指独立于环境风险项目之外的"纯粹公众"，他们可能是环境风险项目的潜在受威胁者，也可能是关心环境项目的普通民众。

---

❶ 魏程. 公众风险感知视角下邻避冲突的演进逻辑及其破解之道 [D]. 杭州：浙江师范大学，2017：33.
❷ 毛文娟. 环境安全与食品安全风险的利益框架和社会机制分析 [J]. 经济问题探索，2013（2）：10－15.

二、环境风险项目治理中的公众信任问题因由

公众的支持是环境风险项目得以开展的基础。而部分公众作为环境风险项目的利益受损者，其利益与环境风险项目实施存在天然的张力，公众对项目给予信任在一定程度上相当于对自身权利的处分，因此非常谨慎。公众对项目风险接受水平的提高，并不一定意味着其生活满意度、幸福感和获得感增强，未来风险治理不仅需要考虑降低技术项目的环境风险，更需要整合民众对美好生活的需求。❶

（一）利益冲突

环境风险项目在建设与运营过程中，难免会产生污水、固体废弃物、废气、噪声等污染物，对环境风险项目周围的公众造成困扰。根据困扰程度的不同，利益冲突亦不同，大体上分为两种：一是环境健康风险冲突；二是经济风险冲突。

环境健康冲突是指公众担心项目建设与运营过程中产生的废气、废水、固体废弃物、异味甚至辐射会威胁人体健康，并对此展开对抗。经济风险冲突是指环境风险项目的建设使公众的经济利益受损或者财产减值，这也是经济风险中最为激烈的冲突。经济利益受损既包括当前的现实利益受损，也包括期待利益受损，主要表现为征地拆迁补偿达不到被征拆人的内心期望价格、构筑物不能得到充分补偿、补偿过程中因为分配不均产生争端等。财产减值主要表现为项目的建设破坏了当地的生态价值、项目的建设使得土地和房屋的价格贬值、项目的建设使得本地环境的舒适

---

❶ 龚文娟，杜兆雨. 环境社会治理中的风险感知与风险接纳研究［J］. 中央民族大学学报（哲学社会科学版），2022，49（1）：85-96.

性减损等。

公众的利益动机和权利诉求呈现出从单一向多元发展的趋势。❶ 公众对于环境风险项目的关注因所处群体不同而存在差异，这源于环境风险项目中的公众分为直接利害群体和非直接利害群体。直接利害群体作为环境风险项目的直接受影响者，其首要关注的就是对于折损利益的弥补，特别是在涉及征地拆迁的环境风险项目时，被征拆群众可能已经搬离了项目建设地点，只有当受损利益得到足够的弥补时，才有空间进行进一步磋商。对于非征拆的公众，环境健康风险同样是其关注的重点，若环境项目的实施将大大威胁原居住地舒适度与健康，也很难磋商一致。对于非直接利害群体，则更为担心环境风险项目所带来的环境隐患。对非直接利害群体和直接利害群体都应当予以重视。

(二) 公众参与缺乏

公众参与的缺乏是引发公众不信任的主要原因之一。1996 年颁布的《国务院关于环境保护若干问题的决定》首次提出公众参与环境保护；2015 年《环境保护公众参与办法》正式出台，确立了公众参与环境保护的法律地位。2015 年《环境保护法》施行后，公益诉讼等司法解释相继出台，从制度层面保障了公众参与的合法性，也为其他环境治理工具提供了法律支持。在环境风险项目社会稳定风险评估程序中，有"风险调查"专章，用以收集民意，与公众进行风险沟通。公众参与社会事务有多种途径，如环境信访、环境诉讼、行政征询等。但在环境风险项目的实践中，公众参与往往受到忽视，在公众觉得自己的权利受到了侵犯而自己的

---

❶ 沈一兵. 从环境风险到社会危机的演化机理及其治理对策——以我国十起典型环境群体性事件为例 [J]. 华东理工大学学报 (社会科学版)，2015 (6)：92–105.

意见未获得足够的重视时，会失去采取正当途径维权的信任感，公众将极有可能走上非理性维权的道路。

三、公众在环境风险项目社会信任机制中的角色定位

环境风险项目的建设旨在提高公众生活水平，但可能会牺牲一部分公众的利益。为充分化解公众的反对情绪，建立信任，应当明确公众在环境风险项目中的角色。

（一）环境风险项目的影响者与受益者

首先，环境风险项目建设是为了公众。环境风险项目作为公共项目，其建立的目的是增加整个社会或者某个地区的社会总福利。如垃圾处理厂的建设是为了整个城市的整洁；火力发电厂的建设对于整个城市的电力供应至关重要，能提升公众的生活质量；PX项目建设成功后将为整个城市带来巨大的经济效益，而这些经济效益的一部分又会成为城市建设升级的资金，惠及每个人。其次，环境风险可获得巨大的利益，也会减损少数人的权利。环境风险项目的建设亦需以牺牲少数人的利益为代价，要么需要征收少数人的土地、房屋，要么是对少数人的生存环境造成一定的威胁。对于利益受到直接损失的公众和利益未直接受到损失的公众应当区别对待。对于直接利害群体，通常他们的经济利益和环境利益受到了直接损失，因此应当充分关注其经济利益的弥补和环境健康担忧的消除。对于非直接利害群体，他们更关注健康风险和自身财产因为项目而贬值的问题。❶

对于经济补偿问题，可以从以下几个方面入手：一是对于利

---

❶ 谭爽，韩菲，武佳奇. 撬动对话与秩序生产：草根NGO何以提升环境风险沟通效能——以"垃圾焚烧风险沟通"为视窗［J］. 公共管理学报，2023，20（3）：76－85.

益受损主体应给予及时足额的补偿。特别是在环境风险项目实施过程中拆迁的公众，应当严格按照国家的标准进行补偿；二是做好利益受损群体的保障与安置。对于因环境风险而需要搬迁或者拆迁的群众，要落实被征地公众的保障机制。土地具有重要的生活保障功能，在土地大部分甚至全部被征收的情形下，为居民提供养老、医疗等社会保障是解除其后顾之忧的合理安排，可以稳定居民生活、减少社会矛盾。随着土地被征收，一部分群众失去了赖以生存的土地，失地群众已无地可耕。因此，应严格按照要求将符合条件的被征地公众纳入社保。三是优先安排就业机会。人民群众对环境风险项目的抵抗并不仅仅存在于某一时期，而是可能存在于决策、建设、运营的全过程。有效地增强公众与环境风险项目建设的黏性，能够有效地减少邻避冲突的产生。建立环境运营项目与社区之间的共存关系是巩固信任的重要途径。具体而言，建立共存关系是指将被征地群众的工作与环境风险项目的运行绑定。在法律允许的范围内，从前期的工程到后期的项目日常运营中皆可进行绑定。例如，可以为那些家庭困难、再就业技能差的失地公众预留一定的岗位，如安保、社区服务等岗位。再如，可以在技术要求较低的辅助性岗位优先聘用附近居民，作为对居民失去土地的另一种补偿。❶ 四是重视公众的情感疏导与安抚。环境风险项目的实施常常会打破直接利害群体的地缘、亲缘关系，而在实务中，政府更加注重的是经济利益的补偿，很少关注到情感的疏通与宣泄。如在南水北调工程中，数万人搬离了自己的家乡，告别了自己的亲友，迁移到陌生的地方安居，虽然政府提供了良好的安置条件，但是大多数群众都难以舍弃故乡，最

---

❶ 吴家清，刘亚娟. 邻避冲突的化解：基于信任的利益平衡［J］. 求是学刊，2018（6）：87-94.

终搬迁的顺利完成离不开所采用的"情感安抚",如增强集体意识、增强同理心等措施。挨家挨户地做群众的思想工作,给予充分的时间举行相应的"祭祀与告别仪式"……对于公众的情感宣泄起到了较大作用。

对于环境健康风险担忧的破除,应当从以下几个方面入手:一是充分做好健康信息的风险沟通。由于污名化的存在,社会心理会将一些环境健康风险放大。环境健康的风险控制,应当是全周期的,从项目的设计到项目的终止,都应当关注对环境的损害。二是做好健康权损害的补偿和追踪。很多时候,环境风险项目造成的健康威胁是难以避免的,现在科技能做到的只能是将健康风险降至最低,对于无法避免的健康损害应当做到充分的补偿。全过程的环境健康追踪,不仅是环境项目运营防微杜渐的重要举措,也是获得公众信任感的行为。三是应当积极对健康风险进行监督,环境风险项目所造成的影响是持续性的,因此应当建立常态化的健康风险监测机制,避免出现项目落成之后便无人监管的局势。四是给予利益受损的权利人合理的经济补偿。环境风险项目对于环境的威胁不仅体现在对人体健康的损害,还可能体现在对权利人财产整体价值的减损。如在受环境风险项目污染影响的一定范围内,给予房产权利人合理的经济补偿,能够有效地缓解邻避冲突,但是尚面临着侵权法只对直接利益损失进行填补的逻辑悖论,以及房产贬值的估量边界难以量化的难题。房产减值补偿操作的难题是没有明确的补偿标准,因此需要中立的评估机构介入,综合考虑相关因素确定补偿金额。政府可以在经验资料的基础上制定相关的补偿标准,房产减值补偿应当与受污染影响程度相当。

(二) 环境风险项目建设的参与者

公众参与权对于公众表达自己的想法、主张合法权利、对行政行为依法监督等起着重要的作用。我国环境法律规范对公民的参与权进行了规定。《环境保护法》第5条规定将公众参与作为该法的基本法律原则之一，并在第53条专门就公众依法获得环境信息的权利、参与和监督环境保护的权利进行规定。《中华人民共和国环境影响评价法》（以下简称《环境影响评价法》）第5条、第11条、第21条也就公民的参与权进行了专门的规定。第5条规定国家鼓励公众以适当方式参与环境影响评价；第11条规定，在专项规划的编制的过程中应当通过论证会、听证会等形式依法吸纳公众的意见；第21条规定，编制环境影响报告书的过程中应当充分听取公众的意见，并应就为何不予采纳公众和专家的意见作出解释说明。具体情况如表3-1所示。

从参与阶段角度，公众参与内容包括环境项目的决策、建设、运营、终止四个阶段。在决策阶段，应充分保障公众参与项目决策的权利。风险沟通不是单纯向公众传达并让他们相信和接受被专家"科学鉴定"的"风险"的单边过程，公众参与也不是让公众学习、被矫正和接收"正确的"风险知识的"走过场"。❶ 公众应当对项目在哪里建、怎么建、如何建都有发言权。在建设阶段，公众应当有足够的途径对项目建设进行监督，保障公众对项目建设的安全标准、安全隐患等因素进行监督。在运营阶段，对项目运行的合法性和合规性进行监督。在终止阶段，对于已经出现环境风险的后期，有关部门应当主动倾听公众关于补偿和修复的诉求及方案。

---

❶ 龚文娟，方秦华. 重化工项目环境风险评价与公众风险接纳研究［J］. 中国地质大学学报（社会科学版），2017（1）：89-99.

表 3–1 体现公众参与权的部分法律规定

法条	内容
《环境保护法》第 53 条	公民、法人和其他组织依法享有获取环境信息、参与和监督环境保护的权利。 各级人民政府环境保护主管部门和其他负有环境保护监督管理职责的部门，应当依法公开环境信息、完善公众参与程序，为公民、法人和其他组织参与和监督环境保护提供便利
《环境影响评价法》第 5 条	国家鼓励有关单位、专家和公众以适当方式参与环境影响评价
《环境影响评价法》第 11 条	专项规划的编制机关对可能造成不良环境影响并直接涉及公众环境权益的规划，应当在该规划草案报送审批前，举行论证会、听证会，或者采取其他形式，征求有关单位、专家和公众对环境影响报告书草案的意见。但是，国家规定需要保密的情形除外。 编制机关应当认真考虑有关单位、专家和公众对环境影响报告书草案的意见，并应当在报送审查的环境影响报告书中附具对意见采纳或者不采纳的说明
《环境影响评价法》第 21 条	除国家规定需要保密的情形外，对环境可能造成重大影响、应当编制环境影响报告书的建设项目，建设单位应当在报批建设项目环境影响报告书前，举行论证会、听证会，或者采取其他形式，征求有关单位、专家和公众的意见。 建设单位报批的环境影响报告书应当附具对有关单位、专家和公众的意见采纳或者不采纳的说明

第四节　环境风险项目中的媒体

一、媒体信任在环境风险项目治理中的重要作用

一方面，媒体具有查明真相、表达民意的职责，专业支持和智力优势使媒体具备环境治理的意愿和能力。美国传播学者哈罗德·拉斯韦尔提出了关于传媒的三项主要职能。❶ 其中一项重要的职能便是对环境进行监测。关于这项职能，西方往往把它形容为"爬到桅杆顶端的瞭望哨"。因为它所处的位置比别人高，看得远。所以，若发现有异常的情况，他就有责任向全船人报告，以便保证大家的安全。这是对传媒环境监测的一种比喻，而这个"环境监测"的职能自然包括对现实的社会状况进行观察、分析并报告，不仅仅是报告给政府，更应该向公众报告。

另一方面，媒体具有参与环境风险项目的能力。首先，媒体开放自由地进行表达，具有信息传递和设置议题的能力，特别是新媒体的出现，为公众的情感聚集提供了强大的技术支持。每个主体都可以在互联网上表达自己的想法，不再受制于现实中民意表达途径的限制。其次，媒体具有平等的发言权。与政府主导的话语逻辑不同的是，新媒体赋予了每个主体平等的发言权，当然这种发言权需要在当前的政治逻辑之下行使。最后，媒体能够得到更多人的关注。新媒体虽然具有强大的动员功能，但是纯粹在虚拟空间中发动的社会动员效果还是有一定的局限性，而当虚拟

---

❶ ［美］哈罗德·拉斯韦尔. 社会传播的结构与功能［M］. 何道宽，译. 北京：中国传媒大学出版社，2015：37-39.

的社会关系与现实的社会网络重叠时,便更能有效地克服"搭便车"的问题,产生合力效应。❶ 在线上议题的号召下,线下公众可以选举线上的"意见领袖",从而发挥出组织动员、线下汇集的效果。在共同利益的推动下,可以快速地在线下聚集。可见,媒体具有强大的信息传播和组织功能。因此,媒体既可以用来传播事实,破解谎言,也可能被用来传播谣言,形成意见流。媒体的发展,特别是新媒体的出现,为公众与企业、公众与政府等进行风险对话提供了一个新的平台。

二、环境风险项目治理中的媒体信任问题因由

从我国的情况来看,基于运营主体的不同,媒体可以分为官方媒体和非官方媒体。在环境风险项目中,媒体也面临着诸多挑战。

(一)非官方媒体的信任问题因由

在环境风险信息发布中,由于信息传播速度快、受众范围广,非官方媒体掌握了信息发布主动权,具有更强的时效性。虽然公众对新媒体发布信息的接受程度较高,但是对信息的信任程度较低。主要有以下几点原因:

首先,非官方媒体准入门槛较低,人员专业素质参差不齐。自媒体时代的到来,使得人人都能当主播,人人都能做记者。人们打开日常的社交软件,如抖音、快手、微博、微信等,不仅能够接收信息,还可以实时地传播信息。一般主体利用自己的身份信息申请账号进行较为简单的认证,便可以发布言论、视频或者

---

❶ Hampton, KeithN. Grieving for a Lost Network: Collective Action in a Wired Suburb [J]. Information Society, 2003 (5): 417 – 428.

开直播。信息传播主体各不相同,价值导向亦不相同。为了在海量的信息中快速地抓住人的眼球,不少传播主体会选择以"标题党""编故事"等方式吸引人的注意力。而环境风险项目中自带的敏感属性,也是自媒体关注的内容之一。

其次,某些非官方媒体主体基于趋利目的有可能制造谣言。相对于传统官方媒体,自媒体具有形式多样、风格多变、主播个人特色突出的特点,因此相对于官方媒体具有更为强大的吸引力。个别博主利用观众猎奇的心态,出现多种失范现象。如网络谣言捆绑热点、"洗稿"乱象削弱版权保护意识、内容生产泛娱乐化、输出病态价值观,营造负面情绪、媒介审判与媒介暴力,占领道德高地忽视人文关怀、公共领域与私人领域混淆等。❶ 其中最为严重的是谣言的制造与传播。

最后,非官方媒体信息和数据来源缺乏审核,可信度较低。2017 年网上流行一则视频,视频中测试者头戴防毒面具,手持空气质量检测仪到尾气排放口测试,PM2.5 数值从接近 500 降到了48,测试者声称"汽车尾气比雾霾天的空气要干净 10 倍"。该视频一发布便引起了广大网民的关注,不具备专业知识的公众,容易相信视频的内容。北京环保部门对此进行了专门辟谣,以氮氧化物、碳氢化合物等气态污染物为主的汽车尾气基本不能被手持型的空气质量检测仪检测到。根据目前的科学共识,PM2.5 大部分是通过二次转化生成的,在北京本地污染源中,机动车排放的污染物对 PM2.5 的年均贡献在 30% 左右,非采暖季要占到 40%。因此,上述视频看似有依据,但实际上是不科学的。由于个别自媒体从业者媒体素养参差不齐,且并无相关专业审核人员对相关

---

❶ 杜明曦,侯迎忠. 公共传播中自媒体传播的伦理困境 [J]. 青年记者,2020 (11):20-21.

内容进行审核,海量信息缺乏必要的审核把关人,虚假信息传播后造成的损害难以及时得到制止,因此某些自媒体的社会信任度降低。

(二)官方媒体的信任问题因由

官方媒体信息发布有时不够及时。官方媒体通过调查、确认、评估、认定和审核等一系列程序发布信息,因此,官方媒体信息接收程度较低,但是人们对信息的信任程度较高❶。相对于自媒体来讲,官方媒体是专业的新闻机构,有着自身的媒体报道规范和系统把关功能,对海量的信息有着自身的甄别筛选体系和规则,不是所有的信息都能被专业媒体报道出来。❷ 突发事件发生时,人们会首先在自媒体搜索相关信息,官方媒体滞后的信息传播在一定程度上使其社会信任度有所降低。

三、媒体在环境风险项目社会信任机制中的角色定位

媒体作为特殊的监督主体,既有传播和放大社会风险的功能,又有引导舆情和消解危机的作用。这需要从规制和合作两个层面考察媒体在社会信任机制中的角色。

(一)舆情引导和消解者

在媒体融合的时期,应当充分利用官方媒体和非官方媒体的优势,对环境风险项目进行舆论引导和舆情消解。

首先,主流媒体要及时提供更多真实客观、观点鲜明的信息内容,掌握舆论场的主动权和主导权。习近平总书记多次对媒体

---

❶ 王晓楠,周林意.新媒体影响力对雾霾风险感知的作用机制[J].北京理工大学学报(社会科学版),2020(2):41-49.
❷ 周均.媒介融合环境下专业媒体的舆论引导路径[J].青年记者,2015(11):57-58.

融合作出深刻论述，提出明确要求。当前，媒体融合进入向纵深推进的关键阶段，需要全力打造具有强大引领力、传播力的新型主流媒体。在环境风险项目中，官方媒体应当继续发挥主导作用。在新媒体融合背景下，官方机构和官方主流媒体要通过拓展公众接收信息的渠道，进而有效加强主流媒体对公众舆论的引导，同时建立及时、准确的信息发布和信息沟通机制，增进公众对风险信息的信任程度，构建官方新媒体的影响力。其次，要依法加强对非官方媒体的管理，让网络空间更加清朗。非官方媒体通过加强信息审核，保证信息准确度和可靠性，增强自身社会责任，发挥信息反馈机制和监督机制的作用。[1] 非官方媒体应当加强信息传播的审核机制建设，增强社会责任感。招募更多的新闻人才，主动接受多元主体的共同监督。

（二）环境风险项目的监督者

社会监督作为媒体的重要职能之一，在环境风险项目中应当充分发挥监督作用，具体而言，应当做好以下几点：

首先，保持媒体的公信力，媒体只有具备一定的社会公信力，才能获得广大公众和相关部门的支持，才能在发挥监督职能过程中为被监督者所正视，才能引起权力部门和执法部门的高度重视，从而使媒体的"间接""软性"监督，顺利转变为权力部门、执法部门的"直接""刚性"监督。

其次，媒体要逐步形成自己的独立风格和立场。很多媒体一直满足于充当"传声筒"的角色，人云亦云，不能真实报道事实。客观地说，没有独立风格和立场的媒体是无法赢得公众的基本尊

---

[1] 王晓楠，周林意. 新媒体影响力对雾霾风险感知的作用机制［J］. 北京理工大学学报（社会科学版），2020（2）：41-49.

重的,只有坚持新闻的核心,敢于报道事实,才能够取得公众的信任。

再次,媒体发挥监督职能时要表现出高度的社会责任感。确立社会责任感,其主要目的是要使公众相信媒体监督党政干部的动机是维护正义和程序。

最后,媒体在发挥监督职能过程中要保证立场的客观公正。客观公正是社会公信力的重要组成部分。任何评判都须辅之以扎实的资料、文件,在逻辑论证上经得起反复推敲。媒体一旦发现本身所使用之证词、文件有误,应及时自纠其过。❶

第五节　环境风险项目中的专家

一、专家信任在环境风险项目治理中的重要作用

专家是受过特定教育与训练而系统掌握环境知识,并运用专业手段和科学方法对环境风险进行评估和判断的专业人士,环境风险项目决策往往依赖相关领域的专家。专家制度是我国环境风险项目决策的重要制度组成部分。专家的知识作为行政机关决策的基础,通常被认为是中立、客观、正确和确定的,是决策合法性与正当性的重要依据。❷ 专家作为具有专业知识的群体,在环境风险领域相较于普通人具有更深刻的认知,政府和公众都将答疑

---

❶ 人民网. 专家: 媒体如何完善监督职能 [EB/OL] [2021 - 6 - 21]. http://theory.people.com.cn/n/2014/0512/c40531 - 25004912.html.

❷ 任卓冉. 合作解决预防性环境群体性纠纷模式分析 [J]. 河南大学学报 (社会科学版), 2015 (6): 78 - 83.

解惑的期望置于专家的身上。一方面,社会大众较为尊重具有高知识水平的精英人才;另一方面,一个态度中立、价值无涉的专家较为容易获得群众信任。

二、环境风险项目治理中的专家信任困境

在环境风险方面,我们面临着科学的不确定性、信息的不完整性、现实的迫切性、目标的差异性等困境。各领域的专家有着不同的专业擅长和不同的风险解读,这使某些专家的意见常常无法起到预想中的作用,专家的信任受到冲击。

(一) 外在困境

首先,环境风险项目的复杂性导致专家失灵。第一,不同领域专业的细化造就了专家的"科学无知"。由于专业不断细分,每个专家只了解其所熟知的领域。如大部分基因工程专家不了解环境中的基因工程产品的生态学,当然,许多生态学家也不懂基因工程。所以面对某一当代技术,没有人敢保证对其拥有足够的知识基础与驾驭能力。因为在某种意义上,专家的知识也是具有界限的,同样也会面临知识鸿沟。第二,同一领域的专家系统内部存在"变节"。所谓"变节",是指专家系统根据研究进展无法确定风险源,结论可能一变再变。第三,同一专家的知识不是一成不变的。通过不断学习,专家的理论知识和实践经验越来越丰富,对待同一问题的思维、研究方法等也有所不同。❶

其次,个别地方政府以科学凌驾于民意之上致使公众反感。有学者认为,我国社会出现专家信任危机的根本原因在于:在某

---

❶ 高盼,邢冬梅. 专家系统信任危机及其重建——基于风险社会语境的分析 [J]. 西南交通大学学报(社会科学版),2018 (2): 85 - 90.

些地方"人格信任"已经解体,而"系统信任"尚未形成,从而出现暂时性的"信任真空"。❶ 无疑,专家的意见是政府决策的重要依据,但是当个别地方政府以"科学依据"凌驾于民意之上,公众就会选择不相信其所谓的"科学"。在公众的心里,个别专家高高在上、置身事外,而真正利益受损的公众并未得到理解与关怀,从而产生对这些专家的不信任情绪。

（二）内在困境

首先,某些专家的独立性受到质疑。其根本原因,在于委托机制的不科学。一方面,某些专家的委托主体一般是项目的决策、建设、实施主体之一,这些专家的聘任资金的支付也由这些主体负责,这种聘任关系使这些专家与政府、企业之间存在着非纯粹的利益关系。另一方面,在某些项目中,专家本身就是项目的直接利害关系人。项目运营主体的工作人员作为具有专业知识的人,常常也作为专家参与相关论证,此类专家的中立性便会大打折扣。如在环评程序中,聘任主体一般为相关直接项目实施单位,在项目实施单位强烈的实施意愿影响下,第三方机构和评审专家一般不会让项目不通过。针对某些专家独立性不强的情况,首先应当切断这些专家与政府之间的利益关系。其次,受相关项目、企业、部门的主体资助的专家应当予以回避。

其次,某些专家的中立性也受到质疑。理想状态下,专家作出的结论应当是无偏见、中立的。但实际上,科学研究的数据可能出现错误,风险评估的结论可能是模糊的,甚至是可以调整的。❷ 风险

---

❶ 郭晓,张学义."专家信任"及其重建策略:一项实证研究[J].自然辩证法通讯,2017(4):82-92.
❷ 戚建刚.风险规制过程合法性之证成——以公众和专家的风险知识运用为视角[J].法商研究,2009(5):49-59.

判断的过程本身是价值判断和选择的过程,再加上专家并非符合完全理性的设定,因此专家也会受到相关因素的影响。一方面,专家并非完全理性的人,行政学家赫伯特·西蒙认为人的理性是有限度的,因为人是"自我意识",是精神的人和肉体的人的完美结合,会寻求"满意的"而不是"最优的"决策。❶ 专家本身具有一定的喜好和认知局限,因此专家得出的结论也非绝对中立。另一方面,专家的意见也容易受到影响。政府机构的态度、群众的反映、舆论的压力等都会影响专家的意见。

再次,某些专家的作用未充分发挥。一是专家的意见并非必然被采纳。行政机关是专家论证的组织者和行政决策的最终决定者,拥有广泛的自由裁量权,是否采纳专家意见取决于行政机关的价值判断❷。如《环境影响评价法》第 21 条规定:"建设单位报批的环境影响报告书应当附具对有关单位、专家和公众的意见采纳或者不采纳的说明。"可见,并非所有的专家意见行政机关都必须采纳,专家的意见更多地起到参考作用,在强大的行政权力驱动下,政府也可能罔顾风险实施项目。二是专家意见不能为公众所监督。在实践中,专家提供了怎样的意见,处理结果往往是不予公开的。

最后,专家责任有待进一步细化。一是专家的意见作为政府决策的科学依据,一旦被采纳,将成为政府决策的实体内容,直接产生行政效力,因此专家的意见应当具有高度的严谨性。二是专家追责方式不明确,为某些行政机关利用专家来规避责任提供了条件。当决策出现失误时,这些行政机关可以将决策归咎于专

---

❶ [美] 赫伯特·西蒙. 管理行为 [M]. 杨砾、韩春立、徐立,译. 北京:北京经济学院出版社,1988:20.

❷ 任菲凡. 重大行政决策专家论证制度研究 [D]. 太原:山西大学,2017:64.

家论证，最终导致责任追究落空。我国对于环境风险项目领域的专家责任规定得较为粗略，亟待细化。

三、专家在环境风险项目社会信任机制中的角色定位

环境风险项目的高复杂性和专家并非完全中立的情况，使公众普遍难以充分信任专家。为重塑公众对专家的信任，应当从以下几个方面对专家进行角色定位。

（一）环境风险项目落地的把关者

专家作为环境风险项目领域的专业人士，应当承担起环境风险项目落地把关者的责任。专家参与行政决策环节，能够弥补行政机关在科学技术、专业理论等方面的不足，专家尽己所知把知识、智慧、方法等引入决策过程，以理性化的意见为行政决策的作出提供科学合理的辅助，确保重大行政决策的科学化。环境风险项目涉及的范围广、规模大，相较于一般行政决策具有更大的风险隐患。在重大决策过程中引入专家参与，可以预测风险的潜在危险性，是预防和降低风险的有效手段。这就要求专家只能在科学范畴内提供意见，不能有利益倾向。

（二）专业知识的科普者

由于环境风险项目具有高科技含量及专业知识的高门槛，公众对特定项目存在认识鸿沟。最典型的例子就是PX项目，在对二甲苯是否具有毒性这一问题上，专家与公众的意见存在较大差异。专家一般认为对二甲苯属于低毒性物质，只要科学管理，就能将风险控制在较低程度。但近些年来，我国公众对PX项目闻之色变，大多极力反对上马PX项目，地方政府迫于压力基本放弃了此

类项目。❶ 这意味着专家对 PX 项目负有科普责任。在福岛核事故发生以后，我国一些地区的公众也曾发生抢购食盐来应对辐射污染的事件。公众对核电建设的抗议，很大程度上是公众对其不了解甚至误解造成的。此外，当前我国关于核电能源的科普工作也须引起重视。核电项目的复杂性和技术性，要求核电科学家和从业者必须同时承担科研和宣传的双重职责。一方面，核能科学家除了从事实验室的科研、指导核电站的建设工作，还需要分出一部分精力面向公众进行科普宣传，或者将核能科普工作纳入其工作范畴。另一方面，百闻不如一见，核电企业开展"公众开放日""公众科普周"等活动，在不影响核电正常运转的前提下，扩大邀请公众的规模，增强各阶层的代表性，通过公众与核电站的"亲密接触"，消除公众对核电站的神秘感和恐惧感，进而增强公众对发展核电的信心。

只有在具备科学素养的前提下，专家信任才有可能确立。而在这一过程中，专家承担着重要的科普责任。

（三）公众与政府对话的沟通者

首先，专家参与政府决策对于保障公众权益具有重要作用。一方面，专家是公众的一部分，在专业以外的领域，他们可以表达所代表的社会群体的愿望与主张，为公民争取利益需求提供更多渠道。另一方面，专家可以根据自己的价值态度作出判断，将高度的理性思维融入决策论证过程，以独立的思维和公正的态度监督决策过程，保障公民权益。其次，专家参与决策有利于打破行政权的垄断，将专家的专业知识贯穿到行政决策的整个过程，

---

❶ 蔡文灿. 论环境风险治理中公众与专家的分歧与弥合 [J]. 华侨大学学报（哲学社会科学版），2017（6）：88.

通过理性分析、科学评估和深入交流，使专家知识成为决策结果的技术支撑，为行政机关提供决策依据。最后，专家参与有利于监督行政权的行使。专家论证与公众参与有机结合，形成多元主体相互监督制衡、共同参与决策的分权决策模式。专家的有效参与，使科学理性在决策过程中得以体现，防止行政官员无视客观规律和社会公共利益，为不合法、不合理决策的出台设置了一道程序障碍。在这样一种决策权多元配置的新型结构中，在程序中加入专家论证这一法定环节，可以有效限制行政裁量权的扩张。

第六节 环境风险项目中的社会组织

一、社会组织在环境风险项目治理中的重要作用

社会组织作为参与社会治理的主体，在冲突化解中发挥了重要作用。在环境风险项目领域，我国的社会组织主要是指环保组织，即具有一定的专业性和组织性，经过合法程序登记，以环境保护为业务范围的组织。环保组织具有较强的专业性与组织性，通过帮助利益相关公众了解环境知识来建立共识，提高群体的组织性。

二、环境风险项目治理中的社会组织信任问题因由

社会组织具备一定的专业知识和资金支持，是社会监督力量的中流砥柱，理应获得公众和政府的充分信任。但是由于社会组织参与环境风险项目治理的积极性不高，参与资质获得困难，社会认可度不高等原因导致其信任度低。

(一) 参与积极性不高

1973年我国第一次召开了全国环境保护会议，这标志着我国环保事业的起步。1978年，在我国政府的倡导下，我国第一个民间环保组织——中国环境科学学会成立。2012年《民事诉讼法》首次明确了环保组织有权参与环境保护的司法诉讼，明确了环保组织参与诉讼的法律地位。尽管法律赋予了环保组织参与环境治理的地位和权利，但在实际操作中，环保组织参与环境治理，特别是环境风险项目治理的积极性并不高。总而言之，有以下几点原因：第一，环保组织参与环境治理的能力较弱。环保社会组织的成员中，法律、环境方面的专业人员总体较少，部分是志愿者，维权能力较弱。第二，环保组织成员自身发展空间较小，薪资较低，因此积极性不高。环保组织的资金主要来源于社会捐赠、会费、主管部门拨款，只有少数组织能够得到大额社会组织捐赠。总体上，活动经费较为紧张。第三，环境诉讼的取证困难，诉讼周期较长，也在很大程度上使环保组织的积极性受到打击。不同于普通民事诉讼，环境公益诉讼的诉讼成本通常较高，由于环境损害类鉴定技术难度较大，费用有时甚至可达上百万元。据统计，只有极少数的环保组织认为自身有能力承担诉讼成本，但同时也担心由于马拉松式的诉讼活动而引发财务危机；近半数的环保组织则表示自身的资金能力无法承受巨额的诉讼成本。❶ 环保组织参与环境诉讼，不能从胜诉利益中获利，却必须承担败诉的风险，这种失衡的运行机制极大地损害了环保组织的积极性。无论是从统计数据还是从司法实践来看，环保组织参与环境风险项目治理

---

❶ 栗楠. 环保组织发展困境与对策研究——以环境民事公益诉讼为视角 [J]. 河南大学学报 (社会科学版), 2017 (2): 60 - 66.

的积极性都有待提高。

（二）主体资质获取困难

根据《社会团体登记管理条例》第 9 条，申请成立社会团体，应当经其业务主管单位审查同意，由发起人向登记管理机关申请登记。环保组织的成立也需要提交相关申请，获得主管部门的同意，再前往民政部门申请注册和登记。在双重管理体制下，环保组织的设立面临着重重困难。

一是难以找到挂靠单位。现实问题是，环保组织的行为主要针对破坏生态环境的行为，而实施这类行为的主体多为政府关注的重点企业，因而很少有单位愿意担任环保组织的主管部门并承担责任。在这种情况下，环保组织，尤其是民间环保组织，很难找到单位挂靠，最终只能选择去工商部门注册登记。本来环保组织在一定程度上是帮助政府解决环境问题的，然而其行为并没有得到应有的扶持与帮助，这使得本就缺乏资金的环保组织更加难以生存。

二是难以达到相关的注册标准。根据《社会团体登记管理条例》第 10 条规定，社会团体的成立需要满足相应人数、固定场所、运营资金、专职工作人员、独立承担民事责任的能力等要求。对于地区性的环保组织来说，很难达到这些要求。就 2017 年的统计数据来看，我国环保组织规模普遍较小，平均每个环保组织的全职人员在 25 人左右，而且近 30% 的民间环保组织没有全职人员。除此之外，民政部门认为同一行政区域内业务范围相同或类似的社会团体一般只能登记一个，这一规定也导致环保组织登记困难。❶

---

❶ 栗楠. 环保组织发展困境与对策研究——以环境民事公益诉讼为视角 [J]. 河南大学学报（社会科学版），2017（2）：60-66.

(三) 社会认可度不高

我国环保组织在环境风险项目治理中的作用尚未得到充分发挥。一方面，我国环境风险项目的冲突呈现出弱组织性，通常表现为公众为了利益而自发聚集。在环境风险项目中，环保组织直接参与的案例并不多；另一方面，我国环保组织起步较晚，相关配套的法律法规存在滞后性，环保组织的存在感较低。起初，我国环保组织为了获得政府的认可与支持，经常将活动范围局限于"种树、观鸟、捡垃圾"的老三样，尽量避免涉及重大利益冲突事件，此种行为模式的选择进一步削弱了环保组织的影响力。

信任是环保组织参与环境风险治理的重要考量因素。在缺乏信任的情形下，政府、企业会倾向于认为环保组织站在对方的立场上，而不会认为环保组织是中立的；民众也很难相信环保组织是无私地、中立地维护环境权益的，更倾向于猜测政府、企业与环保组织之间存在利益勾连。因此，环保组织能否获得信任对推动环境风险项目冲突的化解是十分重要的。

三、社会组织在环境风险项目社会信任机制中的角色定位

社会组织作为关注公共利益的社会主体，是环境风险项目生命周期过程中政府和社会沟通的中介。因此，需要建立政府—社会组织—公众、企业—社会组织—公众的沟通渠道，从而建立起社会信任机制。具体而言，社会组织应当承担起以下角色：

（一）社会利益的维护者

在环境风险项目冲突中，常表现为各方力量失衡。在环境风险项目冲突中，冲突主要围绕政府、企业、公众三方展开。在三方主体的博弈中，一般认为政府处于最强势的地位；其次是企业；最后是公众。政府作为环境风险项目的决策者，其意志对于环境

风险项目的落实具有决定性作用。然而，现实中存在个别政府为了政绩而选择牺牲生态利益的现象。作为环境风险项目的建设者与运营者，企业掌握着环境风险项目的技术参数和真实信息，项目的真实安全水平往往只有企业内部人员才能知晓。但在现实中，企业可能因趋利性而选择隐瞒真实风险，或者抱着侥幸心理拒绝公布真实信息。公众作为环境风险项目的利益享有者和牺牲者，基于其呈现出弱组织性、缺乏专业知识、个体能量有限等因素，在环境风险项目中常处于弱势地位。

社会组织相较于公民具有专业的技术支持、较强的组织能力和一定的财政支撑，因此具有较强的抗衡能力。社会组织既可以引导公众理性主张权利，又可以作为中立的力量监督环境风险项目的实施，从而维护社会公共利益，提高其可信度。

（二）环境风险项目冲突的调解者

一般来说，政府是环境风险项目冲突中重要的调解者。但在环境风险项目冲突中，由于政府作为冲突中的直接当事方，可能引发干预者、调解者角色缺失的困境。在这种情况下，社会组织可以很好地充当政府、企业、公众之间的调解者。社会组织充当环境风险项目冲突的调解者，具有以下优势：一是相对于政府，社会组织在促进冲突化解的过程中，没有鲜明的牟利动机，因而也就更加公正，更容易为冲突相对方所认可和接受。二是环保组织的专业性更有利于问题解决。第一，环保组织的专业性意见更易获得政府的关注，成为决策的参考依据；第二，环保组织的专业性增强了通过行政和司法渠道解决环境问题的可能性；第三，有利于建立认同和权威性，调和分歧并成为各方认同的纠纷协调者。❶

---

❶ 任丙强. 以环保组织化解环境群体冲突：优势、途径与建议 [J]. 中国行政管理，2013（6）：64-67.

(三) 环境风险项目的监督者

社会组织作为具有专业知识的群体,相对于普通公众具有更强的监督能力。环保组织在信息的挖掘与搜集、信息的汇集与整理、信息的辨析与评估等方面发挥着实质性作用。特别是其利用专业优势,通过实地调研、科学论证,可以帮助公众扫除环境风险项目的信息障碍,促进公众的认知,使公众与政府之间从信息的不对称走向信息均衡,增加社会信任。在实践中,环保组织也发挥了较大的监督作用。如2006年绿家园志愿者制订了江河十年计划,每年派出20名左右记者和专家在云南的澜沧江、金沙江、怒江,四川的大渡河、岷江、雅砻江沿岸进行考察,观察我国西部水电开发与环境保护情况。再如2009年北京苏家坨垃圾焚烧厂事件中,北京民间环保组织达尔问自然求知社积极介入,多次前往苏家坨镇大工村实地考察,进行环境监测,最终得出政府所给出的环评报告存在多处失误的结论。并且他们通过专业性的环境质量检测设备,对苏家坨周边地区的水环境质量、空气环境质量进行测量,以及通过"独立民间检测"的方法,帮助公众了解身边的环境现状及其对健康的可能影响,这些对于增强公众对邻避设施负面效应的认识起着重要作用。❶

---

❶ 张勇杰. 邻避冲突中环保 NGO 参与作用的效果及其限度——基于国内十个典型案例的考察 [J]. 中国行政管理, 2018 (1): 39-45.

CHAPTER 04 >>

第四章
环境风险项目社会信任的实体保障机制

由于环境风险本身具有不确定性、系统性和危害性，环境风险项目在决策、建设、运行、终止等阶段难以顺利进行，同时环境风险项目涉及多元主体间的利益博弈，其治理需要政府、企业、公众、媒体、专家、非政府组织发挥协同作用。为从源头上缓解和治理社会信任危机，提高公众对环境风险项目的信任度，需要加强环境影响评价制度与社会稳定风险评估制度的衔接，需要完善环境风险项目的保险机制、责任机制、补偿机制、征信机制。通过整合和联动这些机制，建立起环境风险项目社会信任的实体保障机制，为环境风险项目的建设和公众信任搭建桥梁。

第一节 环境影响评价与社会稳定风险评估的衔接

近年来，环境风险项目在建设过程中引发的风险日益复杂，涉及多方利益群体，各方的环境诉求和社会利益各有不同。稍有不慎，就可能导致环境风险项目的信任危机，进而引发社会群体性事件，破坏社会秩序的正常稳定发展。为有效地预防和化解我国环境风险项目中可能产生的社会信任危机，从源头上加强管控和治理环境风险项目所引发的风险，我国先后制定了环境影响评价制度（以下简称环评制度）和社会稳定风险评估制度（以下简称稳评制度），两者在风险防控方面发挥了重要作用。加强两项制度的有机衔接、提升制度"合力"，能够更好地发挥协同预防环境风险的效果，完善多层级生态环境风险防范的制度体系。

一、环评制度与稳评制度的发展

环境影响评价通过影响识别、量化评估和影响管理，在决策早期避免、减少或抵消不良生态环境的影响和风险，是国际通行的生态环境源头预防的重要手段。[1] 我国于20世纪70年代引入环评制度，1979年颁布的《中华人民共和国环境保护法（试行）》对环评制度予以规定。而2003年颁布实施的《中华人民共和国环境影响评价法》（以下简称《环境影响评价法》）为环评制度提供了更加细致、明确的法律依据。《环境影响评价法》明确了环评的基本概念，即环评的对象是指规划和建设项目实施后可能造成的环境影响，环评的手段是对可能造成的环境影响进行分析、预测和评估，并跟踪监测可能造成的环境影响，环评的核心要求是针对不同的环境影响提出预防或者减轻不良环境影响的对策和措施。我国的环评制度随着《环境影响评价法》《建设项目环境保

---

[1] 杨轶婷，徐鹤. 我国环境影响评价制度实践与展望——环评法20周年回顾 [J]. 环境工程技术学报，2022, 12 (6): 1719-1726.

护管理条例》的修订出台而日益成熟和完善，环评管理结合宏观与微观管控，有效优化国土空间开发格局、预防生态环境破坏，助力发展方式绿色化转变、促进经济社会高质量发展，推动区域污染物减排、支撑生态环境高水平保护。❶与此同时，环评在项目建设过程中的决策地位越发重要，即通过环评来保障项目决策的科学性，更好地控制和监管在环境风险项目中可能产生的环境影响。

稳评制度始于四川省遂宁市。2004年四川省遂宁市出台了《重大工程建设项目稳定风险预测评估制度》，明确规定在新工程建设中社会稳定风险评估的地位，将社会稳定风险评估作为新工程开工建设的前置条件。此后，越来越多的省份借鉴四川省遂宁市经验，建立了各具风格的社会稳定风险评估机制，如江苏省的"淮安模式"、山东省的"烟台模式"、上海市的"上海模式"等。而稳评制度通过不同模式的探索，总结实践经验，逐步完善相关规定，在化解项目风险中发挥重要作用。如在《国民经济和社会发展第十二个五年规划纲要》中，提出要建立重大工程项目建设和重大政策制定的社会稳定风险评估机制，从源头上化解项目建设或者政策制定过程中存在的风险。党的十九大报告提出要加强预防和化解社会矛盾机制的建设；党的十九届四中全会进一步明确要完善正确处理新形势下人民内部矛盾的有效机制。根据2020年1月1日施行的《中华人民共和国土地管理法》（以下简称《土地管理法》）第47条，社会稳定风险评估被纳入法律条文，完善了稳评制度的法律依据。

---

❶ 汪自书，杨洋，谢丹，等．新时期完善全链条环评管理制度的建议［J］．中国环境管理，2023，15（6）：71-77．

二、环评制度与稳评制度适用于环境风险项目的必要性

环境风险项目中存在的风险主要是指由于发生邻避行为及其负面后果的可能性。邻避行为是指部分公众担心环境风险项目（如垃圾焚烧厂、核电站、PX 项目等）对居住环境、不动产价值或者生命健康等方面带来不利影响，基于"不要建在我家后院"的心理而产生的保护态度和对抗性行为。❶

从时间维度来看，项目风险一般始于环境污染风险，最终演变成一种社会风险，具体表现为，社会公众对环境风险项目可能造成的环境问题、经济利益损失或者更为严重的事件等不利后果产生的恐慌心理。总的来说，此风险存在于人们对环境风险项目潜在的环境危害的恐惧与不安心理，对政府决策产生了信任问题，进而转化成对政府、建设主体的对抗性事件这一时间段中。若项目或政策的风险演化成社会事件，就会进一步引发社会信任危机，影响社会稳定的秩序。因此，环境风险项目中的风险也可以指项目带来社会危机发生及造成损害的可能性。

由于环境风险分为产生时期、成长时期、危机爆发时期及危机衰退时期这一动态式的变化过程，在产生时期进行环境风险的预防和管理是最为有效的方式，通过事前的风险评估，可以了解各主体的主要关注点，通过分析不同主体间的风险点，制定不同的风险预防措施，防止各主体因认知误差而过度放大风险，从而引发邻避冲突或群体性事件。

如表 4 – 1 所示，根据我国《环境保护法》第 19 条、《土地管理法》第 47 条、《关于建立健全重大决策社会稳定风险评估机制

---

❶ 刘小峰，丁翔. 建设工程项目的邻避风险演化研究 [J]. 公共管理学报，2021 (1)：102 – 113.

的指导意见（试行）》等相关规定，环境风险项目作为直接关系到公众的切身利益、涉及面较广、可能会对环境产生污染的重大工程项目，需在前期进行环评与稳评，减少公众对项目环境风险演变为社会风险的担忧，预防冲突性事件发生，保障公众的合法权益，促进项目的顺利开展。

表 4-1　环评制度与稳评制度的相关法律规定

法条	内容
《环境保护法》第 19 条	编制有关开发利用规划，建设对环境有影响的项目，应当依法进行环境影响评价。未依法进行环境影响评价的开发利用规划，不得组织实施；未依法进行环境影响评价的建设项目，不得开工建设
《土地管理法》第 47 条	县级以上地方人民政府拟申请征收土地的，应当开展拟征收土地现状调查和社会稳定风险评估，并将征收范围、土地现状、征收目的、补偿标准、安置方式和社会保障等在拟征收土地所在的乡（镇）和村、村民小组范围内公告至少三十日，听取被征地的农村集体经济组织及其成员、村民委员会和其他利害关系人的意见
中共中央办公厅、国务院办公厅《关于建立健全重大决策社会稳定风险评估机制的指导意见（试行）》	凡是直接关系人民群众切身利益且涉及面广、容易引发社会稳定问题的重大决策事项，包括涉及征地拆迁、农民负担、国有企业改制、环境影响、社会保障、公益事业等方面的重大工程项目建设、重大政策制定以及其他对社会稳定有较大影响的重大决策事项，党政机关作出决策前都要进行社会稳定风险评估。需要评估的具体决策事项由各地区各有关部门根据上述规定和实际情况确定

三、环评制度与稳评制度的关系

环评制度与稳评制度都已在法律中作出了明确规定，在内容、程序、适用范围上既有重合又有互补，在环境风险项目中环评制度与稳评制度的有效衔接能够更好地预防邻避冲突、群体性事件的发生。但在实际施行过程中，制度设计不合理、工作边界不清、内容衔接不够及机构职责不清等问题，会对制度信任产生负面影响。

（一）联系

1. 对象上的重合性

从定义上来看，稳评制度是指主体在开展重大项目前，通过收集相关群众对该项目的意见，对其可能存在的社会稳定风险进行综合性分析，科学地列出涉及的具体风险点，预测风险发生的可能性和影响程度，并针对具体的风险点提出防范和化解风险的措施，明确采取相关措施后的社会稳定风险等级的制度。环评制度是对规划和建设项目实施后可能造成的环境影响进行分析、预测和评估，并提出预防或者减轻不良环境影响的对策和措施的制度。两种制度都是通过分析项目可能造成的风险，并提出相关的措施来预防和化解风险。而稳评的对象要比环评的对象更广，衔接两种制度的关键词为"环境"，即两种评价制度的对象都包含对环境因素的评价，对环境因素的考察也是稳评的重要内容之一，环评的对象则直接指向自然环境，两者在评价对象上存在重合。而环境风险项目不仅可能会对环境造成影响，还可能因环境风险演变为邻避冲突和社会事件。由此，环境风险项目可作为环评与稳评的评价对象，环评用以分析项目可能会产生的环境风险，稳评用以分析项目因环境风险而演变成社会事件的可能性，通过分析提出具体的预防措施，从源头上防止冲突产生。

2. 程序上的相似性

环评与稳评是环境风险项目建设审批中必不可少的前置程序。依据《环境影响评价法》的规定，环境影响评价应在项目规划草案上报审批前进行，并向审批该规划的机关提交环境影响报告书。而通过《中华人民共和国土地管理法》的规定可知，稳评是在拟申请征收土地时同步开展的，也是项目建设开展的前置程序。从程序上来看，出于保护广大民众根本利益的目的，在项目开工建设前，稳评和环评是必须履行的程序。换言之，若稳评评估资料或环评资料不完善，报告存在编造、伪造、弄虚作假的情况，则无法通过相关部门的审核，项目也不能取得立项批复。而要通过相关部门的审核，取得项目的立项批复，两者都需要经过"编制报告—审查报告（评审会）—认可批复"这几大主要步骤。由于环评制度与稳评制度在程序上的相似性，部分人认为两者可以合二为一。若将两种制度重合的话，环评更依靠技术对环境影响进行评价，而稳评更依赖于通过专家座谈、公众调查等方式进行社会风险评估，这不利于对环境风险项目的全面评估。评估结果的不完善也不利于发现环境风险项目的具体问题。

3. 内容上的交叉性

环评制度和稳评制度的衔接在于"环境"，若是公众因环境问题的恐慌心理而引发的社会群体性事件，两种制度在适用范围、内容设置、实施程序、公众参与等方面的规定具有交叉之处。从适用范围上看，两种制度均适用于PX化工、垃圾焚烧、核电站等具有较大环境隐患的风险项目。从内容设置来看，稳评在内容设置上借鉴了环评，两者均包含了影响因素识别、影响程度定级、避免或降低影响的措施等。通过分析可能产生的风险，提出具体的风险管控措施,并提出项目风险等级的建议,为相关主体提供更为客观可靠的指引。从实施程序来看,通常情况下,两者都是在项目实际开展前,由相关主体委托具有稳评、环评资质的第三方机构进行风险调查,提供预防风险的相关建议;同时,相关部门对于环评和稳评的批复是项目实际建设的前置条件。从公众参与要求来看,环评制度和稳评制度明确要求在政府决策过程中将公众参与工作纳入其中,并且在法律法规、制度规范中都有明确规定,强调将公众意见作为从源头上预防和化解各类矛盾的重要依据,多元主体通过共同参与行使对项目的监督权利,能够有效地保证党和政府决策的科学民主性。

(二)区别

1. 评价的侧重点不同

环评的最终目标是改善环境风险项目对周围环境的影响,评价对象是"物",利用科学技术的方式综合分析环境影响程度,提出具体的环境风险防护措施,环评具有较强的客观性和确定性。而稳评的最终目标是维护社会秩序的稳定性,着力点在于维护社会经济良好稳定的发展。稳评通过收集相关主体的意见,进行综合性的分析评价,列明具体的风险点,确定风险等级,提出风险防控措施,预防社会矛盾的扩大化,但主观性和随机性较为明显。对环境风险项目进行环评和稳评时,稳评考虑的风险因素受多元化的社会因素影响较为明显,常见的有征地拆迁、环境保护、公众利益、劳动保障和社会管理等。而与环境相关的影响因素是建设项目中环境影响评价考虑的主要因素,但考虑的因素较为单一。

2. 适用范围的不同

相较于稳评,环评的范围更窄,只侧重对可能造成环境影响的项目和规划，而稳评涉及的因素更为多元，环境因素的考量只是评价内容之一。对于社会稳定风险评估，根据中央办公厅、国务院办公厅的相关文件规定，稳评制度的适用范围包括直接关系人民群众切身利益且涉及面广、容易引发社会稳定问题的重大决策事项，也包括征地拆迁、社会保障、公众利益等多元社会因素影响的重大工程建设项目、重大政策制定等其他对社会稳定有较大影响的重大决策事项。而对于环境影响评价，其适用范围主要针对可能造成环境影响的项目和规划，既包括对环境风险项目实施后的环境影响预测评价、环境风险防范及新建项目选址布局等，也包括项目建设期的"三同时"管理。总体而言，稳评的适用范围较广，考量的风险因素也更复杂。而环评主要侧重对环境造成影响的评价，考量的风险因素较为单一。

3. 考虑因素和主管部门的不同

社会稳定风险评估考虑的风险因素具有复杂性，涉及社会领域、环境领域、文化领域及政治经济领域等不同领域，比较常见的有征地拆迁、企业改制、环境保护、公共利益、社会公益性设施、劳动及就业保障等方面，因此要求稳评的主体需要一个能够综合协调不同领域利益并作出客观合理建议的部门。而在环评中，环境因素的影响是评价的重点，常通过科学技术分析环境影响程度，根据已施行的《环境影响评价法》，环评的主管部门应当是有审批权的环保行政主管部门，环评更具专业性和确定性。

四、实现环评与稳评衔接的制度要求

（一）明确制度评价重心

明晰环评与稳评的评价重心，是实现环评和稳评制度衔接的前提条件。相较于稳评制度，环评制度出台更早，也更具体系化。

稳评可以通过借鉴环评的具体规定来完善制度体系，而环评也可以将重心聚焦于环境相关因素，确保其专业性，避免两种制度在资源上的浪费。一方面，项目的稳评必然需要考虑该项目的环境保护问题，但需着重考虑由环境保护问题引发的社会利益损失，将环境风险项目中与"社会"和"人"直接相关的内容作为影响因素进行评估。如若环境保护问题未得到有效预防，极大可能会引发环境污染问题，影响公众的居住环境，甚至可能造成公众利益损失，导致邻避冲突或群体性事件的发生。另一方面，项目在环评过程中，对相关主体的意见进行分析时，也需要考虑征地拆迁等可能造成严重社会影响的因素，正确区分环境保护方面和影响社会稳定方面的原因。建议在环评内容中，将影响社会稳定方面的因素中含有社会属性的内容剔除，使环评的考量因素更为专一，专注于评价项目本身环境因素的影响程度，增强环评的专业性。通过明确环评与稳评制度的评价重心，厘清两种制度的评价边界，更能保证环评制度和稳评制度的可操作性和合理性。

（二）加强制度层面的衔接

完善环评和稳评的相关规定，有利于各部门提高工作效率，提升政府公信力和企业信誉。环评与稳评是我国环境治理法律制度体系中为数不多的以行政审批方式开展的评价制度，需要不断优化制度设计。

首先，建立跟踪评价机制，变一次评价为项目全过程的多次评价，监测环境风险项目全过程中出现的社会风险变化，使稳评更具有时效性，能与项目建设进度保持一致。同时，将环境风险项目所作出的环评报告及环评结果进行共享，以此为后期的稳评提供有力的社会风险识别依据。此外，需要不断地完善环评机制，及时公开环评中的信息，完善环评信息公开制度。有效地收集公众对项目信息的意见并开展跟踪评价工作，保障公众参与的权利，提升环评中公众参与的效力。项目信息公开有多种方式，就环境风险项目而言，大多数公众不清楚其带来的风险大小，经常听信谣言而过度恐慌。可从技术角度向社会公众告知环境风险项目的基本情况、项目可能造成的影响、预防或化解风险的具体措施，使信息公开更具科学性和可靠性，也有利于保障环评工作和稳评工作的客观性和实用性。

其次，稳评和环境影响评价尚缺乏与之配套的问责制度，必须确立相关人员的问责机制。由于稳评和环评考量的因素复杂多样，涉及多个部门和环节，若要开展正确适当的问责工作，则需要查找出现问题的环节，明确问题部门，确保稳评制度和环评制度中各部门之间的职责明确。

最后，需完善环评与稳评制度的内容，一方面，由于环评改革致使稳评在评价时可能出现部分问题未考虑全面，需要加强项目开展过程中因环境问题而引起的社会风险的分析评估；另一方面，强化稳评公众参与的制度设计，制定相关制度办法，规范稳评信息公开、公众参与的一般要求、组织形式、开展内容和开展时间。❶

（三）保障公众参与的有效性

环境风险项目的风险评估不仅需要通过科学技术予以分析和评价，在评价过程中仍具有部分主观性和建构性。一方面，环境风险项目涉及的利益主体复杂，不同主体之间的利益冲突造成风险评估中信息杂乱；另一方面，政府在计划实施环境风险项目时，

---

❶ 黄迪，刘海东，王亚男. 我国环境影响评价与社会稳定风险评估制度关系的思考 [J]. 中国环境管理，2018（3）：44-47.

针对项目所采取的措施会影响公众的态度,在进行风险沟通时,专家作为政府与公众之间的沟通桥梁,往往代表了政府的意见,容易忽略公众的意见,这导致风险沟通的基础不牢固,引发公众不信任,使环评与稳评受到更大的阻力。相应地,风险防范措施的合法性和合理性难以得到充分保障,评估结果的科学性和权威性也会受损。因此,需要加强环境风险项目的风险评估能力建设,培养专业性人才,制订和细化第三方机构准入条件和从业人员资格条件,为公众提供客观而准确的信息,减少公众因听信谣言对环境风险项目建设产生的恐惧心理,确保公众参与的有效性。

稳评更加侧重于对"人"的调查,要增加稳评中收集公众意见的多元渠道,保证公众参与渠道的畅通,使稳评收集的信息更加完善,从而作出客观中立的稳评报告。并且要及时做好反馈工作,维护公众在环境风险项目中的征地、拆迁、居住环境等方面的权益,积极地在源头上化解项目风险,避免邻避冲突和群体性事件的发生。需要政府部门、企业加强对稳评工作的准确认知,树立风险意识,通过举办主题讲座、学习培训等形式,提升相关主体的专业知识储备,提升项目风险预测和管控的科学性,保障公众参与的有效性。由于环评与稳评在内容上有重合性,因此环评与稳评的资料可以共享。可将环评报告及相关审批意见作为编写稳评报告的参考意见,由项目建设主体统筹安排环评与稳评中公众参与的工作,重视在评价工作中收集公众意见,确保评估工作的效率,避免公众对项目信息产生误会,从而导致社会矛盾。

第二节 环境风险项目的补偿机制

为了预防公众对环境风险项目的不信任、抵触心理演变成社会群体性事件，可以通过建立完善的补偿机制，有效地消除、安抚公众对于环境风险项目的抵触情绪，通过多元的补偿机制弥补因环境风险项目造成的损失，提高公众对环境风险项目的接受度。

一、环境风险项目补偿机制的作用和意义

我国在"十四五"规划中提出，一方面，要坚持新发展理念，构建新发展格局，推动质量、效率变革，实现更高质量、更有效率、更加公平的发展。另一方面，要统筹推进基础设施建设，构建系统完备、智能绿色、安全可靠的基础设施体系。为使当前配套的公共设施跟上高质量、高效率发展理念的步伐，在此过程中，公共设施的新建可能会因引起污染或心理厌恶而成为环境风险项目，并引发邻避冲突或群体性事件，阻碍社会经济发展进程。但在环境风险项目中，由于多元主体间的利益分配各有不同，需要通过建立补偿机制实现利益共享，从而促进经济社会更加公平地发展。

从时间维度来看，早期公众因环境风险项目产生的邻避冲突中所提出的补偿方式较为单一，主要是一次性经济赔偿。随着公众生活水平的提高、环保意识的增强，考虑问题更加全面，考虑的不仅是经济利益，更多的是对居住环境、生命健康的要求。不仅要求政府、企业对自身所受损失进行治疗与补偿，越来越多的公众秉持着"不要建在我家后院"的想法，要求项目迁址或停建。另外，有部分公众在项目建设前期已经获得经济补偿并且承诺可以开工，但在建设过程中出现了与他们想象中不一致的情况，会对后期项目的开展产生疑问，阻碍项目建设，导致前期补偿工作无效。近年来，由于环境风险项目产生的邻避冲突诉求既包括环境治理、经济及相关损害赔偿，又往往涉及迁址、解决就业、医

疗保障等方面，需要进一步完善环境风险项目的补偿机制，对公众进行合理的补偿。

在环境风险项目实际开展过程中，为了预防公众因对环境风险项目的不信任、抵触心理演变成社会事件的可能性，可以通过建立完善的补偿机制，有效地消除、安抚公众对于环境风险项目的抵触情绪，利用多元的补偿手段来抵消环境风险项目对直接关系人或间接关系人的不利影响，弥补因环境风险项目造成的损失，提高公众对环境风险项目的接受度。而环境风险项目自身带来的利益是促使公众接受项目的根本原因，因此通过完善环境风险项目的补偿机制，提供有针对性的补偿方式，让公众直观感受到项目带来的效益，有利于化解邻避冲突，转变多元主体对环境风险项目的不信任心理。

二、建立多元化的补偿机制

环境风险项目补偿机制的建立健全需要聚焦于如何更好地实现利益分配这一基本问题。地方政府需要因地制宜，根据环境风险项目所造成的影响程度不同，有针对性地实行补偿机制，保障受影响公众的合法权益，有效缓解公众对项目产生的抵触情绪，防范邻避冲突。为了更好地保障公众的合法权益，政府需要通过保证利益主体的有效参与、建立专项资金补偿制度、协调多元主体的利益冲突、完善事后救济补偿方式等方式，建立多元化的环境风险项目补偿机制。通过合法、合理、合规的利益补偿方式缓解公众对项目产生的抵触情绪，防范邻避冲突的产生，能够更有力地推动环境风险项目建设。

（一）保证利益相关者的有效参与

环境风险项目涉及的主体复杂，如何保证利益相关者的有效参与是项目实施过程中需思考的问题。由于政府、企业、公众等主体获取信息的途径不一致，并且公众在项目实施中话语权较小，相较于政府、企业，公众处于相对弱势的位置，因此，需要根据不同主体之间的利益目标进行激励，从而保证利益主体有效地参与环境风险项目补偿。通过分析企业、社会组织、公众在环境风险项目中的利益动机，积极引导企业、社会组织、公众等参与环境风险项目补偿，建立健全环境风险项目的补偿机制，提高环境风险项目补偿方案的科学性和客观性，确立符合多方意愿的补偿方案，有针对性地进行有效的补偿，有利于缓解项目可能产生的邻避冲突。

企业参与环境风险项目补偿的动机包括经济利益、企业社会责任和环境规制约束等。政府可通过购买服务、营造有利于企业履行社会责任的环境以及提高环境规制强度等方式激励企业参与环境风险项目补偿[1]；而社会组织行使监督权利和企业出于维护社会公信力的目的，共同追求所涉公共利益的最大化，为企业和社会组织创造更为健康有序的社会信任环境，提升其参与环境治理的能力；公众主要基于经济利益、增强社会凝聚力、信任等动机参与环境风险补偿机制。要完善公众参与补偿机制的相关内容，则需通过形成良好的沟通机制，激励公众积极地参与项目补偿，搭建相互信任的桥梁。良好的沟通机制可通过及时公开项目环境信息，改善公众的生活条件，保障公众参与决策的权利。而政府作为环境风险项目的防控者和治理者，应及时公开环境补偿相关信息，保障公众的参与权和知情权，接受社会监督。在不同主体参与环境风险项目补偿机制中，政府与市场可作为协调公众、企

---

[1] 梁锷.完善我国市场化和多元化生态补偿治理机制研究［J］.环境生态学，2020（10）：26－28.

业、社会组织之间利益关系的重要媒介，通过政府与市场运行相结合的方式更好地保障公众、企业及社会组织的利益，形成良好的协调互动关系，完善多元主体参与的补偿机制。

（二）建立专项资金补偿制度

由于环境风险项目具有涉及利益群体多、资金投入大、周期长等特点，当环境遭到破坏后，项目需要投入巨额资金。借鉴国外的经验可以发现，环境保护的补偿资金来源渠道非常广泛，既有统筹资金，也有多种形式的专项资金。❶ 其表现形式主要包括生态税收和生态保证金制度。例如，将碳排放税、水污染税、噪声税等税收专项用于环境保护，发挥税收在环境保护中的保障作用；美国、德国、英国等均建立了矿区开采复垦保证金制度。就当前来看，环境风险项目也有必要设置专项补偿资金，通过国家和地方政府的引导性财政补偿，能在一定程度上缓解资金短缺问题，同时发挥"种子效应"，吸引更多资本投入。❷

为有效实施环境风险项目专项资金补偿制度，仅有财政资金来源保证和财政资金的支付是远远不够的，还必须建立与之相关的配套制度，如严格的资金用途监管和绩效评估制度。一方面，要对环境风险项目补偿财政资金的转移支付进行监管。建立和完善具体的资金管理办法，须收集公众和各方针对资金管理的不同建议，并获得相关部门的审核批准。可借鉴国外关于财政资金审计制度的管理方法，防止专项资金被挪用或弄虚作假的情况。另一方面，要对环境风险项目补偿的财政资金进行绩效评估。通过

---

❶ 吴越. 国外生态补偿的理论与实践——发达国家实施重点生态功能区生态补偿的经验及启示 [J]. 环境保护，2014（12）：21-24.

❷ 陈方舟，王瑞芳. 新安江流域生态补偿机制长效化研究 [J]. 人民长江，2021（2）：44-49.

对环境风险项目补偿资金的绩效评估,有利于更好地检验项目开展过程中补偿资金的投入是否实际达到了环境保护的效果。例如,环境风险项目周围民众的生活环境污染程度、基础设施的完整性等。

(三) 协调多元主体的利益冲突

在环境风险项目的决策、建设及后期运营过程中,存在"多行政区域居民邻避抵制、多利益主体难以有效协调"等问题,也存在多元补偿主体间责、权、利不清,互相推诿的情况,影响政府和市场在环境风险项目中的补偿作用发挥,使多元化补偿无法体现出效益和效率优势。此外,我国环境风险项目建设运营多采用政府与社会资本合作模式(PPP),涉及政府、企业、社会公众等多方利益主体,处理环境风险项目中的多元主体利益分配问题也显得尤为重要,通过建立科学有效的利益协调方式推进环境风险项目的顺利建设,预防项目因利益分配问题而产生社会事件。

一是要建立 PPP 模式下的利益协调机制。为了使环境风险项目的治理方式能够得到有效施行,保障公众的权利免受侵犯,不仅需要资金支持,更需要对环境风险项目运行模式进行分析,实现真正的绿色发展。环境风险项目多采用 PPP 模式建设和运营,社会资本可参与其中,政府可通过可行性缺口补助、专项补助等方式回馈附近居民。其给予的补偿方式将会依据环境风险项目设施所在的社区状况因地制宜,也应依据环境风险项目的自身特性进行补偿。但由于 PPP 模式存在内部关系复杂、所涉利益主体多、周期长等缺点,多元主体的补偿问题成为一大难题,这需要落实风险分担原则和 PPP 项目风险管理原则,区分不同风险的负责部门。如在环境风险项目开展过程中,政府部门应承担因政府决策风险而引起的补偿问题,私营部门承担项目设计和建设运营的风险而引起的补偿问题,政府和私营部门双方协商分担因利率、市场需求和不可抗力风险所引起的补偿问题。只有形成针对多元主体科学有效的利益协调机制,才能更好地解决环境风险项目因利益分担而产生的补偿问题。

二是要确保环境风险项目的补偿成本分担机制有效施行。首先,要协调好多元主体的利益和诉求。可从纵横两方面进行分析,纵向上,在资源分配上要协调好市、区、街道之间的层级关系。❶ 横向上,要保障受益方和受损方之间的补偿公平性。需加强对政府权力的监督,防止政府在开展补偿工作中出现不公平现象。一方面,要进行自我监督。在环境风险项目的补偿过程中需监督政府补偿责任的履行,监督项目补偿资金使用情况,以及监督项目中受影响主体的受偿情况。另一方面,要完善外部监督。加强社会组织、相关职能机构等第三方对政府开展补偿工作过程中的监督。保证信息公开透明,避免政府在支付补偿资金和筹集补偿资金方面出现违法违规现象,从源头上预防和化解环境风险项目的利益冲突。其次,完善和设计合理的环境风险项目补偿机制,将补偿费用纳入环境风险治理的成本之中,真正落实"谁污染,谁买单"。要完善环境风险项目补偿过程中的评估机制,引入第三方监督,分析评价政府和项目建设单位行为的合法性和合理性,及时对补偿工作开展过程中出现的变化进行动态调整。保障环境风险项目中多方主体的利益,增强相关主体实施环境保护行为的积极性。最后,强化环境风险项目补偿的使用管理,将补偿方案有效地贯彻实施,通过鼓励的方式保障民众的权利,如给予奖励金、税费减免或者是健康保险等物质补偿,或者是采用提供

---

❶ 何兴斓,刘相锋.垃圾焚烧项目邻避补偿的区域成本分摊机制设计及仿真研究[J].财经论丛,2020(10):105–113.

就业、改善居住环境和基础设施等非物质补偿方法。

三是完善环境风险项目补偿法律法规，维护环境公平正义。❶环境风险项目补偿标准、补偿范围等相关法律法规的不完善，导致环境治理效率低，对违法行为惩罚不严格，公众容易对政府、企业产生不满情绪，有可能进一步转化为社会事件。完善环境风险项目补偿相关法律法规，明确各方权利和义务，有利于提高治理效能；有利于约束政府、企业和公众的行为，使环境风险项目补偿有法可依，保障补偿工作顺利开展。

四是完善第三方技术，增强对第三方技术的信任。通过引入第三方技术监测能有效预防环境风险项目利益冲突，利用最新的技术科学手段和调研方法进行研究分析，从而给予环境风险项目利益补充的专业建议，并能够从不同的角度加深公众对于环境风险项目利益的认知，促进多元主体之间的协调沟通。

（四）完善事后补偿救济方式

通过完善事后补偿的救济方式，增加公众的信任感，保障公众寻求补偿的权利，增加公众选择救济方法的多样性。主要通过以下三个方面：

第一，针对由环境风险项目引发的公众健康损害、财产损失及邻避冲突等事件，事后救济途径的优化需要完善环境风险项目所引发的侵权救济方式。现有的环境侵权虽然在举证责任上已对受害者进行了倾斜，但是在赔偿数额认定上，由于环境风险项目所产生的环境影响对公众人身健康与财产损害有时具有隐藏性强、潜伏期长、影响程度深远的特点，公众很难申请到与损害程度相

---

❶ 刘青青. 基于多元主体的邻避治理实践困境研究——以 J 殡仪馆搬迁为例 [J]. 四川环境，2020 (5)：151 – 154.

当的救济赔偿。因此政府相关机构需要帮助受害居民聘请相关专业人士，结合具体情形就各类不同环境侵权的情况，进行专业的调查研究，形成一套科学的生态利益量化制度❶，而司法机构也应针对不同类型的环境侵权更新现有的损害评估机制，制定更加详细和准确的环境损害评估标准，在环境侵权损害评估的过程中针对受害者遭受环境侵权的程度不同，根据其经济状况和身体健康程度，提供更加完善和专业的司法救助。

第二，事后救济途径的优化需要重视环境公益诉讼。在环境公益诉讼制度中，针对污染环境、破坏生态的民事主体的民事环境公益诉讼制度较为完善，而对于行政机关通过行政行为损害环境公益的行为，行政公益诉讼制度还存在较大的不适应的问题。在环境风险事件中，环境风险项目设施对周边社区的负外部性影响除了归责于项目运营企业的配套措施不够完善，也与政府相关决策机构在规划、选址、许可、监督管理程序上的违法或考虑不周有直接关系。这需要建立完善可操作的环境行政公益诉讼制度，保障行政机关的行政行为始终受到法律规制，也可以为利益相关主体在利益受损时提供新的司法救济途径。

第三，一般建设项目对项目所在地周边公众的补偿数额通常在建设项目完成之前就已有确定的标准，但由于环境风险项目的特殊性和敏感性，其风险的产生具有动态性、隐蔽性，项目所造成的补偿数额难以确定。因此在满足项目决策、建设时期的补偿问题的同时，仍需加强项目运营时期对周边群众的补偿，可根据环境风险项目的实际运营情况给予周边公众一定程度的补偿，这种补偿方式与项目运营情况和受影响程度直接关联，可以采取按

---

❶ 阚小冬.构建环境污染责任保险制度——基于多元化环境污染损害赔偿体系的视角 [J]. 福建行政学院学报，2014（3）：106-112.

月给付或者按期给付的方式。通过适度的事后补偿手段有利于更好地保障公众的利益，减少因环境风险项目给周边公众造成的利益损失。

第三节　环境风险项目的保险机制

为贯彻我国经济社会更加公平的发展理念，保障环境风险项目的绿色发展，建立环境污染责任保险制度和不动产保值险制度是十分必要的。这两项制度可以对环境风险项目所在地的周边群众进行补偿，弥补项目造成的损失，有利于提高公众对环境风险项目的接受度，减少邻避冲突，增强公众对环境风险项目的信任度。一方面，通过实行环境污染责任保险制度，能够在环境风险项目发生事故或造成严重破坏时，以保险赔付的方式保障公众和企业的合法权益，并且能够发挥督促企业提高项目建设安全监督、加强项目风险管控的作用。另一方面，明确不动产保值险制度，将因环境风险项目的建设运营而对周边不动产所造成的价值损害进行评估，根据受损程度给予当地民众不同的补偿，为民众提供新的救济方式，降低民众因环境风险项目所带来的损失。

一、完善环境污染责任保险制度

2015 年《生态文明体制改革总体方案》明确要求在环境高风险领域建立环境污染强制责任保险制度。环境风险项目的开展易造成环境污染和生态破坏，导致巨大经济损失，危害群众健康，影响社会稳定和环境安全。完善的环境污染责任保险制度能够提升环境污染风险治理水平，消减公众对环境风险项目的不信任心理，降低邻避冲突、群体性事件发生的可能性。但由于环境污染责任保险引入我国保险市场的时间较短，目前仍存在承保范围较窄、环境污染责任风险操作性差、环境污染风险评估机制不完善等问题，需通过明确环境责任保险方式、明确保险费率的适用标准、制定环境损害强制性的财务担保机制、完善环境责任保险的法律法规等一系列手段保障环境污染责任保险制度的有效施行。

（一）环境污染责任保险制度的概念

环境污染责任保险（以下简称"环责险"）是一种基于市场机制的环境风险管理手段。它通过保险的方式，将企业面临的环境风险进行分散，实现低成本、高效益的风险管理。❶ 具体而言，环责险的标的包括两个方面，一是企业在开展环境风险项目时对生态环境造成的损害。环责险促使企业对其造成的损害积极履行赔偿责任。二是被保险人因环境问题而需承担的环境治理和损害赔偿责任。环责险作为一种市场手段，在预防和化解项目开展中的环境污染风险方面发挥着重要作用。其实施不仅要注意环境领域受经济制度的影响，也须严格遵守法律层面所制定的规则，以保障环责险制度的良好运行。当环境风险项目引发环境污染问题时，可通过环责险制度维护社会公众的合法权益，保障环境侵权主体能够及时得到赔偿。此外，环责险的有效实施能够提升政府部门的环境风险管理能力，企业投保后，保险公司可积极为企业提供隐蔽风险排查服务，帮助企业解决项目建设和运营过程中的环境隐患。并能够在发生环境污染事件后及时对利益受损者进行赔偿，增加公众

---

❶ 李文玉，郭权，徐明. 环境污染责任保险的美国经验及中国实践 [J]. 中国环境管理，2020，12（2）：50－55.

对项目的信任度，最大限度地降低发生邻避冲突或社会事件的可能性。

（二）环境污染责任保险制度存在的问题

1. 环责险承保范围狭窄

我国环责险制度已在不同地区试点了多年，但是企业的投保积极性仍旧不高，自愿选择环责险的企业较少，许多高污染、高风险行业的企业由于环责险的承保范围过窄而不愿意选择环责险。环境风险评估和生态损害赔偿认定是环责险的核心，其中应包含对突发性环境污染和渐进式环境污染进行风险评估和损害评估。但环责险在最初设计时主要针对突发性环境事故造成的损失，并不包括渐进式环境污染事件。❶ 然而，从企业承担环境污染责任的角度出发，环境风险项目产生的环境污染具有较长的潜伏期，长时间的排污积累产生的环境污染事件，具有明显的累进性和渐变性。如果环责险将这种具有累进性、渐变性的环境污染排除在承保范围之外，会降低企业投保的积极性，不利于实现环责险制度中分散环境风险项目造成的损失和防范化解项目风险的目标。

2. 环责险可操作性不强

一方面，缺乏完善的环责险法律法规。我国《环境保护法》第52条规定了针对环责险的指导性条款，属于自愿性的环责险条款，在实践中缺乏操作性。我国《保险法》中仅有一般规定。我国参加的国际条约中对环境责任保险有规定的，其实行性也不高。目前我国尚未有足以支撑环境责任保险的完整法律法规体系。❷ 另

---

❶ 姚贝，刘瑞珍. 我国环境污染责任保险立法的困境和出路［J］. 法律适用，2015（9）：41-45.

❷ 张众. 我国环境责任保险的现状及立法完善［J］. 河北农机，2021（4）：152-153.

一方面，环境风险项目所造成的环境污染损害赔偿责任追究难。

环责险的保险标的是赔偿环境污染所造成的损害，但在环责险具体实践中，因环境风险项目造成的环境污染损害赔偿的事件通常会在立案、诉讼、执行方面都存在一定的难度。相关主体的损害赔偿责任难以得到追究，使一些污染企业对司法追责存在侥幸心理，不愿意选择环责险，环责险制度的规定浮于表面，难以得到有效施行。此外，赔付率低、保险费用高也是企业不愿投保的原因。总之，法治的不健全以及司法的不完善，让企业看不到参保的好处，从而不愿花钱投保。

3. 环境污染风险评估机制不完善

由于环境风险项目所产生的风险具有不确定性、系统性、危害性，需要专业性的人员从事环责险的评估认定工作。但是保险公司中从事环责险的人员大多不具备环境污染风险评估相关专业知识，并且在公司内部尚未设立负责环责险的专门职位，无法针对项目开展有效的环境污染风险责任预防服务。与此同时，当前环责险保险产品的定价方式与项目可能造成的环境风险未完全匹配，保险标准不一，缺乏相关的指导性文件，对企业开展环境风险项目存在的环境污染风险难以进行科学、客观、准确的评估。

（三）完善环境责任保险制度的措施

1. 明确环境责任保险方式

就环境责任保险的发展趋势而言，强制保险是保障环境责任保险制度有效实行的重要手段。一方面，通过规定特定人必须投保，有效地避免污染者逃避在环境风险项目中，由环境问题所造成的损害，也可以避免因环境损害的特殊性，保险公司拒绝受理的现象，从而保障赔偿受害人损失的能力，降低社会风险激化的可能性，维护社会公共利益。另一方面，可以有效地保障受害第三者的直接请求权。由于一般的责任保险忽略了对受害第三者的损害赔偿请求权，通过强制性环境责任保险的方式能够有效保障受害第三者在法定保险金额范围内直接向保险人请求给付保险金的权利，减少受害者的利益损失，使受害第三者迅速得到赔偿。

可以通过如下路径推进环境污染责任强制保险：一方面，虽然在现行法律框架下还不具备全面实行强制保险的基础，但是可以通过运用市场手段、信息公开等手段约束投保行为。通过一定的强制措施推动环境污染责任强制保险试点，对不履行投保责任的企业，可以由环保部门对其进行限制，或者向社会公开未投保企业的名单，公布该企业环境风险相关信息，能够有效地促进社会公众对环境风险企业进行社会监督。另一方面，建议在环境立法中确立强制保险制度，将自愿保险和强制保险相结合，共同维护公众因环境污染而被损害的合法权益。依据环境风险项目建设的类型对企业进行分类，对于可能造成低环境污染的企业可以选择自愿投保，但是对于PX化工厂、核电站等高环境污染风险的企业应当强制其参加环责险，因为这些项目造成的环境污染责任巨大，环责险能够通过市场手段有效地分担风险。

2. 确定保险费率的适用标准

我国目前的环境污染责任保险费率较高，保险费率是指单位保险金额应交付的保险费。与其他险种的费率相比，污染责任保险费率要高出许多，加之环责险实践中赔付比例低，十分影响企业投保的积极性。"高风险、高保费、高赔付；低风险、低保费、低赔付"作为环责险应遵守的基本原则，在确定保险费率的适用标准时，需要考虑具体的风险影响效果和赔付金额最高限度这两个因素。但由于环境污染风险的复杂性，所造成的环境污染等级难以确定，并且选择合适的环责险保险费率需要以大量的环境侵权事件作为分析基础,环责险保险费率的确定更为困难。一般来说,环境风险项目中的污染状况分为重度污染区域、一般污染区域、轻度污染区域三个不同的区域,建议依据三个不同区域内的排污程度实施差别化的保险费率,确定每个区域中保险费率浮动的大致范围,尽可能地避免环境风险项目实施环责险时在不同区域内由于排污程度不同而产生不公平的现象。这也有利于提升环境风险项目开展的技术能力,防止环境污染问题产生,降低环境风险事故发生的可能性,更好地保护周边公众的居住环境和生命健康安全。

3. 建立环境损害的财务担保机制

根据损害的受偿主体、损害计量所采用的计算方法等因素的划分,我国法律上的环境损害可以分为三类:第一类为环境污染导致的传统损害,即人身伤亡与财产损害;第二类为生态环境损害;第三类为应急处置费用、事务性费用等。❶ 在建设、运营环境风险项目时,以上三种环境损害都有可能产生,为保护人身、财产等个人利益和社会利益免受损害,需建立环境损害的财务担保机制,妥善解决环境风险项目带来的不利后果,消除公众的不信任,发挥环境风险项目信任机制的实体保障作用。环责险制度的适用是以大量的环境损害事实为依据的,需针对不同类别的环境损害建立适当的财务担保机制。环境污染造成的传统损害、部分应急处置费用可通过环责险予以赔偿。而生态环境损害、部分事务性费用、应急处置费用则可以通过专项保险基金的方式赔偿,解决因环境污染产生的巨额赔偿资金缺口,维护受害人的合法利

---

❶ 李萱,沈晓悦,原庆丹. 我国环境污染强制责任保险试点改革思考与建议 [J]. 环境保护,2016(2):43-48.

益,也可作为环责险的补充手段。此外,环境风险项目开展中造成的环境损害可能出现历史因素积累的问题、损害金额特别巨大、责任主体无法承担,以及责任主体灭失等情况,可以通过运用保险资金建立基金机制去解决这类环境损害,能够更有效地减少因项目造成的环境污染和损失赔偿,防范风险的产生,保护受害人的利益。

4. 完善环境污染责任保险的法律法规

我国关于环责险的相关法律主要规定在危险化学品航运、海洋石油、船舶油污等领域,其法律地位不高,内容也多是鼓励、倡导的原则性规定,呈现数量少、原则性规定多、针对性不强、缺乏配套规定等特点,并未切实形成环境污染责任保险制度体系。[1] 并且在《环境保护法》的修改过程中,环责险的问题也未得到重视,最终仅在修订通过的《环境保护法》中列明环责险的宣示性条款,该条款实际操作性不强。

完善环境污染责任保险相关的法律法规,首先需要扩大环责险的承保范围。环责险的承保范围应当既包括突发性环境污染责任,也包括累进式、渐变式的环境污染责任,扩大环责险的承保范围,保障受害人的合法权益。其次,明确环责险的赔偿范围和比例,细化定损理赔的规则。通过规定环责险中因项目造成环境污染损害赔偿的最高额和最低额,这有利于相关主体提高投保的积极性,有效地分担可能产生的社会风险,防范和化解社会矛盾。最后,强化环责险制度中的法律责任,做到权责一致。环责险中属于强制险的部分需完善相关的法律责任,对不履行或未完全履

---

[1] 姚贝,刘瑞珍. 我国环境污染责任保险立法的困境和出路 [J]. 法律适用,2015 (9):41-45.

行环责险义务的主体,通过法律责任予以规制。

二、明确不动产保值险制度

依据《中华人民共和国宪法》《中华人民共和国民法典》《中华人民共和国城市房地产管理法》的相关法律规定,国家出于维护公共利益的需求,需要依照法律规定去征收或征用公民的土地、私有财产,并且需要补偿公民的损失。开展环境风险项目时也涉及对公民土地、财产的征收、征用,对其中的不动产进行合理补偿,就需要考虑不动产保值险问题。

(一)不动产保值险的概念

保险公司的投资领域不局限于金融市场投资,事实上,由于其具有稳健、持续的收益,基础设施等不动产项目正逐渐成为保险公司投资的重要组成部分。针对不动产的价值贬损,可以通过建立评估补偿制度,对环境风险项目设施负外部性影响范围内的不动产及动产,允许邻避居民在项目决策后向相关机构申请进行价值评估,❶ 在环境风险项目设施运行后的一年或两年内再次进行评估,如若不动产价值大幅下跌,则由企业和政府对相关的不动产进行直接的金钱补贴,或出台相关规定给予这类不动产交易一定的税费减免。

(二)不动产保值险面临的难题

1. 不动产保值险规定不统一

利益冲突是我国环境风险项目邻避冲突产生的根源之一,我国现有的利益补偿机制仅限于对动产与不动产的征收、征用,以及部分搬迁的补偿进行规定,对个人的补偿只注重已被权利化的

---

❶ 王一卒. 环境邻避现象法律规制分析[D]. 开封:河南大学,2018:36.

动产及不动产被征收、征用的补偿，而忽视了大量难以权利化的利益损失，如环境风险项目所在地周边民众房价的下跌、居住环境受损等。这些问题对于应对环境风险项目所引发的邻避冲突来说不够完善。不匹配社会发展需要的利益补偿机制将会加剧居民与企业、政府间的冲突，引起各类邻避事件，民众不满政府的补偿措施而通过非法手段进行意见表达以期获得更多补偿的现象时有发生。杜绝邻避民众在利益补偿过程中"小闹小补偿""大闹大补偿"的不正当获利现象，必须推动我国利益补偿机制的法治化进程。通过完善法律规制，协调各方利益，使邻避民众人身权、财产权等能够得到及时、公正、充分的补偿。但由于各地的做法和标准不统一，易出现攀比的心态，会给环境风险项目的顺利开展增加阻力，并且目前确定停产停业损失补偿无上位法依据，不动产保值险制度如同虚设。

2. 某些不动产评估机构缺乏专业性

在环境风险项目中，不动产评估需要委托第三方作出不动产价值评估报告，其评价管理体系是由金融机构建立的。但是在管理过程中，不动产评估规则不明确、评估费用不及时发放等问题，导致不动产评估报告质量低、评估效率不高，致使企业公信力大幅降低，更加剧了公众对项目的不信任心理，从而导致公众反对环境风险项目的建设。由于不动产评估具有很强的专业性，需具备大量的专业人才和专业团队。但是从不动产评估市场出发，我国不动产评估行业尚缺乏大量的专业人才，无法形成专业的不动产评估氛围，阻碍了不动产保值险在评估行业的发展。并且不动产评估方面的投资难以保障，没有良好的不动产评估资金的管理办法，目前也尚未形成统一明确的标准，难以培养极具专业性的不动产评估人才。

(三) 完善不动产保值险的措施

1. 完善不动产评估补偿制度

环境风险项目建设可能会损害个人利益及周边利益，针对不同的利益损失，应采取不同的措施，如何评估利益损失是我国不动产保值险的一大难题，明确不动产价值评估标准可以大大提高补偿的效果，提高公众、企业进行环境治理的积极性。除了个人利益受损，环境风险项目设施的建立也会对当地的其他公共服务设施布局产生影响，当地的旅游资源、交通资源、教育资源、医疗资源可能因此被挤占，也会引起周边居民的不满情绪。这类利益受损难以通过直接的金钱补偿制度得到补偿，需要完善我国现有的环境风险项目补偿制度，建立对环境风险项目选址地的特殊资源补偿机制，如针对多种类型环境风险项目的不同负外部性特征，在周边拟建不同的医院、学校、公园、运动场等公众乐于接受的设施，或建立让周边居民共享的文化娱乐设施。也可以给周边居民优先提供就业补偿，增强公众的信任感，缓和公众因环境风险项目而产生的冲突。

2. 建立健全不动产评估的法律法规

为了更为规范地对环境风险项目中涉及的不动产及其影响进行评估，也为了更全面地保障环境风险项目中相关主体的合法权益，需健全不动产评估的相关法律法规体系。由于我国目前不动产评估制度仍处于探索阶段，存在许多问题，因此可以借鉴国外相对成熟的不动产评估法律法规。一方面，保证不动产评估的真实性，通过法律条文的形式明确不动产评估报告弄虚作假、敷衍了事所应承担的法律责任，避免这种现象在不动产评估行业中盛行，保证不动产评估工作的科学性、真实性。另一方面，完善不动产评估的制度体系，根据其实施的具体情况细化在不动产评估行业中的规章制度,增加评估工作的可操作性。将环境风险项目在建设、运营过程中难以被权利化的利益损失通过法律予以规定,明确不动产评估的补偿标准。对不动产评估行业真正实现法治化,做到有更多的法律法规可以依据,完善在环境风险项目中受到影响的不动产价值的评估制度。

3. 提高评估机构的专业性

一方面是要提升评估人员的自身素质,能为评估过程质量提供更加可靠的保障。建议开设专门培训不动产评估专业知识的课程,提升评估人员的专业水平,有效地提升人员素质;行业内部要及时做好监督,对于有过不良记录的评估人员应当清除出不动产评估的专业队伍,保证评估队伍的纯洁性。通过专业知识的培训和自我监督提高不动产评估人员的自身素质,促进不动产评估过程更加科学、合理、准确。

另一方面是要保证评估机构的独立性,其本质是要求评估过程保证独立性。我国的评估机构在组织上具有独立性,并且在工作过程中也应不受外界因素影响,但在实践中,部分评估机构成立时间短,业务不够熟练,可能在工作时就会出现找熟人帮忙的情形,这就导致评估机构在进行不动产评估时出现利益偏差,缺乏独立性。为提升不动产评估的专业性,需保障不动产评估工作中监督权的行使,通过良好的监督促进不动产评估工作的顺利开展。确保评估结果的准确性和可靠性,保证不动产评估报告的质量。这有利于增强公众对环境风险项目的信任,保障环境风险项目建设的顺利开展。

4. 加强行业监管和风险管理体系建设

就我国保险行业整体而言,存在相关法律法规不完善、行业自律性差的问题。为促进不动产评估行业健康有序的发展,需要制定严格的监管制度,有效地监管因不动产评估所需资金运用而出现的安全性问题。首先,从监管理念和监管目标出发,需通过多元化的监管方式正确引导不动产评估中资金运用的发展,在环境风险项目建设运营时便需对其周边不动产及其他设施价值进行评估,需监督保险公司的资金用途,维护公众的利益。其次,需完善我国的监管法律法规体系,为不动产评估制度营造公平性、公正性的市场环境。最后,由于环境风险项目具有复杂性,涉及环境、经济、文化等领域,为确保对项目受损利益评估的科学性、准确性,需通过多元化的监管手段和监管方法提高不动产评估过程中的监管水平,做好不动产评估信息公开的工作,加快不动产评估制度的信息化进程。与此同时,需完善风险管理体系建设,健全不动产评估决策制度,建立一个高效管理、运营规范的风控体系,这有利于相关部门作出更加科学、完善的决策,提高补偿公众利益损失的效率。

第四节 环境风险项目的责任机制

无论是政府还是企业、专家、社会组织、个人或者媒体,只要出现失信行为和违法行为,都应受到责任追究。因此,需要统筹解决政府、企业、媒体等相关主体的责任问题,规定环境风险项目中各主体的责任,使其符合权责一致的原则,有效保障各部门发挥各自的职能。由于环境风险项目的复杂性,需要通过制定多元的监管机制来推动环境风险项目责任机制的实施。明确具体的监管程序和治理流程,并以法律条文的形式予以规定,以防范和治理可能出现的邻避冲突问题。同时,需注意在政府和企业履行责任的过程中，其他参与环境风险设施建设和治理的各主体也需履行相应的责任。例如，公众在获取项目信息和寻求救济途径时，应通过合法合理的途径和方式行使权利；非政府组织要履行对环境风险项目的监督责任，对不合法的行为及时反映；媒体、专家需保持中立的态度，为公众提供专业可靠的信息，保障公众的信息知情权。各主体要共同分担相应的风险责任，公平地享受发展权利，建立健全环境风险项目的责任机制，促进环境风险项目信任机制的完善。

一、环境风险项目的责任问题

（一）政府责任问题

政府在环境风险项目的相关决策中起着主导作用，其决策的质量和方式直接影响环境风险项目的顺利进行。但在具体操作中，由于政府责任不明确、责任追究不到位等问题，政府成为引发社会信任危机的风险点。

首先，政府针对环境风险项目作出的行政行为可能会对周边环境产生不利影响。一方面，个别政府相关决策机构在环境风险项目的规划、选址、许可、监督管理程序上存在违法违规行为，如个别政府人员与不法利益集团进行权钱交易和利益输送，环评报告弄虚作假、审批程序"暗箱"操作、监督管理敷衍了事等，这些行为极大地损害了公众对政府的信任。另一方面，个别地方政府为维护自身的政绩，过于注重经济利益而忽略了对环境利益的保护。在环境风险项目尚未开工之前，个别政府为了项目的顺利开展，向周边群众承诺经济利益补偿及其他补偿，但在实际操作中，政府往往无法兑现这些承诺，致使社会稳定风险增加，易引发邻避冲突。

其次，个别政府部门未充分履行风险监管责任，缺乏与民众的沟通。某些环境风险项目成为社会事件，主要是由于前期政府部门未监管到位，不重视公众参与，忽视公众对项目的意见。一方面，政府对环境风险项目的建设、运营负有日常监管的职责，并在不同阶段有不同的监管重点，由此达到有效的风险防范和治理的目的。个别政府部门对新媒体缺乏敏感性，当邻避冲突或社会事件传播时，缺乏相应的预警应对机制，致使舆情失控，放大了公众对环境风险项目的恐慌。另一方面，有些政府部门在已经发现邻避冲突事件的情况下，仍采取"封锁""隐瞒""压制"等手段掩盖事件的真实情况，抱着大事化小、小事化了的心态，不及时有效地解答民众的根本问题，致使邻避冲突事件呈现出愈演愈烈的趋势。政府部门的这种不作为严重影响了当地经济社会的发展，造成了不必要的损失。

最后，政府部门间的职责划分不明确。我国环境管理体制具有"条块结合，以块为主"的特点，生态环境部门不仅受上级主管部门的领导，同时也要受所在地区的政府领导。在环境风险项目的风险管理问题上，垂直监管部门与地方政府都需履行管理责任，两者存在重合的部分，目前尚未有明确的分界。两者应协调一致，并在此基础上形成及时、有效、充分的信息沟通机制与制度化的参与途径，降低信息不对称和政府失灵造成的社会稳定风险。❶

（二）企业责任问题

纵观中国环境保护建设发展的全过程，企业是造成环境污染

---

❶ 陈玲，李利利.政府决策与邻避运动：公共项目决策中的社会稳定风险触发机制及改进方向 [J].公共行政评论，2016（1）：26–38.

的重要来源。而企业在构建现代环境治理体系的过程中发挥着重要作用，只有完善环境风险项目责任机制，才能推动环境风险项目信任机制的形成。

企业通常以各种手段追求经济利益最大化，往往过度重视经济利益，忽视环境保护问题。一方面，从企业环境保护的实践角度来看，我国出台了有关环境规制的相关文件，规定了不同的环境规制手段，如控制排放标准、征收环保税、排污权交易等。企业往往会对这些命令采取针对性的反应策略，将经济利益作为考虑重心，采取末端治理、缴纳罚款等方式达到环境规制的最低要求。

另一方面，个别企业在片面追求经济利益最大化的过程中，降低环境风险项目的工程质量，违反相关规章制度，不顾环境利益恶意排污，采取弄虚作假的行为掩盖项目实际情况，如环评报告存在水分，篡改和伪造监测数据等。企业在建设环境风险项目时主观上更注重经济效益，不关心环保问题，不考虑环境风险项目周围民众的生命健康、居住环境，盲目追求成本最小化、利益最大化，错误地认为环保是政府和社会的事情，造成公众对企业的信任危机，导致了邻避冲突的产生。

（三）社会组织的责任问题

与发达国家相比，我国社会组织的发展尚未成熟，存在融资渠道单一、规模相对较小、社会地位较低等问题。但社会组织作为独立于企业和政府之外的第三方组织，具有非营利性、自治性、组织性、非政府性的特征，能够有效发挥社会组织的监督作用，促进经济利益和环境保护和谐发展。我国社会组织尚未形成成熟的体系，大部分公众对其了解和认识有限，这使得社会组织缺乏宽松的社会环境和民意认可，不利于社会组织的正常运行。同时，社会组织参与环境风险项目时也存在责任主体不明、责任程度不清的情况。由于社会组织获取的绝大多数资源依赖政府，所以环境风险项目影响的直接利益主体对社会组织的信任度低，往往会将其视为政府的一个治理工具。另外，我国部分社会组织内部治理也存在问题，没有形成有效的治理机构、运行机制和责任机制，这也是导致社会组织决策失误、信任度低的主要原因。

（四）公众、专家、媒体的责任问题

公众作为环境风险项目最直接的利益相关者，应增强主人翁意识，强化政治参与能力，理性表达诉求，实现从无序的"对抗者"向理性的"参与者"的转变。❶ 公众可以通过专家加强与企业及政府的沟通交流，也可以通过积极申请企业和政府开展信息公开工作，了解政府相关决策和企业的排污现状，有效地消解对环境风险项目所造成的信息误差。准确感知项目的风险，避免造成不必要的恐慌，降低发生社会风险事件的可能性。一些来源不确定的信息会增强公众主观上的风险意识❷，造成公众对项目产生恐慌和抵触情绪，甚至采取过激手段阻止项目的建设、运营。因此，需要专家提供中立且专业的信息有效地帮助公众正确感知项目建设过程中存在的环境风险，不能因为部分利益而传递虚假的信息和提供虚假的证明，使公众对环境风险项目的信息产生认识误区，损害公众对专家的信任，不利于环境风险项目信任机制的建立。

---

❶ 刘淑妍，李志博，丁进锋. 协同视域下当代中国环境邻避冲突治理模式探讨［J］. 南京邮电大学学报（社会科学版），2020（3）：35－43.

❷ Pidgeon N F. Climate change or nuclear power—Nothanks! A quantitative study of public perceptions and risk framing in Britain ［J］. Global Environmental Change，1995（18）：69－85.

与此同时，媒体作为传播项目风险信息的渠道，影响着公众对项目建设风险的感知。媒体代表不同的立场，也会受意识形态、商业利益的影响。❶ 个别媒体传播的不当极易引发公众的恐慌，加大公众对项目建设的抵触情绪。当某个环境风险项目存在争议时，媒体意见在引导公众舆论中起着决定性作用，媒体应保持中立、客观，不得弄虚作假，掩盖或者夸大环境风险项目的真实信息，以免给公众造成不必要的恐慌和风险放大。针对个别媒体的违法行为应及时予以处理，保证媒体的公正性，增强媒体的公信力。

二、环境风险项目责任机制的完善

（一）完善政府责任的法律规定

从环境责任的规范上来说，我国规范和约束政府行为的制度性规定尚显不足。虽然在《环境保护法》以及相关环境资源法中规定了政府的环境监管责任，但总体而言，多是规定企业、公众及社会组织责任问题，有关政府责任问题的原则性规定较少。

由于缺乏完善的政府环境法律责任的规定，环境问责制度难以有效实施，政府在开展环境保护工作的过程中易出现行政执行力不足的现象，甚至可能会出现行政违法行为。因此，需要不断加强环境立法，强化政府的环境义务，促进环境问责工作的开展。政府在开展环境保护的实践中，责任机制存在的不足主要表现在：第一，未重视对环境保护行政决策者和审批者的法律责任规定。在环境保护的具体实践中，通常规定承担环境保护责任的主要责

---

❶ 龚文娟，杜兆雨．环境社会治理中的风险感知与风险接纳研究［J］．中央民族大学学报（哲学社会科学版），2022，49（1）：89－92．

任主体是负有环境保护监督职责的直接负责主管人员和其他直接责任人员,忽略了对环境保护作出决策和审批的人员的追责,而政府行政行为中的决策和审批环节至关重要,因此需遵循"谁决策谁负责、谁审批谁负责"的理念,以法律条文的形式明确政府决策者和审批者作为责任主体。第二,要明确规定政府承担环境法律责任的适用标准,完善对政府不适当行政行为的责任形态,不仅要规定对有关责任人的行政处分,还须明确不适当环境行政决策行为的撤销义务,加强政府强制履行相关环境保护的职责。第三,随着我国生态环境立法机制的不断改革,下放了地方生态环境立法权限,在环境责任方面更要注意做到企业环境责任与政府环境责任的协同,不能借地方立法权限,人为地规避政府环境责任而加大企业环境责任,人为造成企业环境责任与政府环境责任的不协调。❶ 第四,政府是否承担环境损害赔偿责任在学理上一直存在争议,但是在实践中政府一般不承担环境损害赔偿责任,往往由污染企业承担责任。但也有学者认为,在一定的范围和条件下,政府对环境污染致生命、身体、健康等重大利益遭受损害的,负有国家赔偿责任。❷ 为保护社会公共利益,需限制政府责任的赔偿范围,避免政府赔偿责任过度扩大而影响公共利益。如在环境风险项目中需政府履行赔偿责任,其赔偿范围一般不包含生态损害或者公共财产损害。所以公众和第三方组织不得请求政府履行赔偿这类损害的责任,但可以请求政府承担改善项目环境污染现状的职责。

---

❶ 颜运秋. 企业环境责任与政府环境责任协同机制研究 [J]. 首都师范大学学报(社会科学版),2019(5):56-67.

❷ [日] 黑川哲志. 环境行政的法理与方法 [M]. 肖军,译. 北京:中国法制出版社,2008:6.

（二）健全企业责任体系

在企业长期环境治理的实践中，我们发现企业在治理环境时，缺乏严格的环境治理法律责任规定以及对项目环境治理的社会责任意识淡薄，导致企业出于经济利益的考量而忽视了对项目建设过程中的环境效益保护。而企业作为环境风险设施的直接建设方和运营方，应坚持经济利益与社会责任协调发展的原则，积极承担环境治理责任，成为环境风险项目治理体系中的承担者。为此，企业需要牢牢树立生态文明理念，建立健全企业环境治理的相关法律法规，完善企业环境治理的法律责任体系，规范企业社会责任的运用，增强企业的责任心，提高企业履行环境治理责任的行动力。

企业要依法承担项目环境治理的法律责任。要健全企业环境治理责任体系，加强企业在环境风险项目中的全过程管理，企业对环境风险项目所造成的损害要依法承担赔偿责任。其一，明确企业严重违法行为应承担的刑事责任。在建设环境风险项目时，企业可能会出现降低工程质量、违反相关规章制度的情况，从而加剧环境污染状况，易引发严重的安全事故。依据我国《刑法》的相关规定，企业若出于经济利益的考量，降低环境风险项目工程质量，造成重大安全事故的，企业的直接负责人需承担相应的刑事责任。或者是在环境风险项目生产、作业中，因违反有关生产安全的法律法规、规章制度而发生重大伤亡事故或者其他严重后果的，相关人员和企业都应承担相应的刑事责任。其二，落实企业的环保行政责任。部分企业为了实现自身利益的最大化，往往不顾环境利益，恶意排污。依据《环境保护法》的规定，企业在建设、运营环境风险项目的过程中超标排放的，环保部门可以采取限制生产、停产整治、停业关闭等措施；企业在建设环境风险项目时未依法提交建设项目环境影响评价文件或者环境影响评价文件未经批准，擅自开工建设的，可以责令停止建设，处以罚款，并可以责令恢复原状。其三，明晰企业环保的民事责任。企业在建设运营环境风险项目时，因污染环境和破坏生态造成人身、财产损失的，应当依据《民法典》的有关规定承担民事责任，赔偿因环境风险项目造成的损失。

环境风险项目区别于一般的建设项目，与公众的生活密切相关，一方面具有公共服务功能，另一方面又会带来不利影响。为了让民众接受其周围的环境风险项目设施，企业不仅要承担项目全过程中环境治理的法律责任，还需要通过多元途径规范企业环境治理中社会责任的履行方式。具体措施表现在以下几个方面：一是为了发挥企业自身的经济效益和环境效益，可以将节能减排、降低环境污染、营造生态环境作为发展企业的限制性责任，在实现自身经济利益的同时，也要获得良好的社会效益，担负其应承担的社会责任。二是企业可以通过即时公开排污信息、设立企业开放日等方式与居民进行平等的交流❶，保证公开信息的真实性，进一步了解对方的需求，在知识与信息层面上减少认知误差，增强公众信任度。三是可通过帮扶困难居民、就近提供就业岗位安置下岗居民等方式保障低收入人群的合法利益，增强企业与公众之间的社会责任感。四是企业可以通过科普环境风险项目相关的信息、介绍防治环境污染的配套措施、制定严格的运行及管理章程等方式解决周围民众的担忧，减小民众风险认知的误差，避免引发社会矛盾。

---

❶ 毛庆铎，马奔. 邻避风险认知偏差与沟通：社会判断理论的视角［J］. 北京行政学院学报，2017（5）：93-100.

(三) 规范媒体的责任

在当今"互联网+"时代，新媒体具有传播信息速度快、范围广、影响大的特点。媒体在环境风险项目开展时既发挥传播环境风险项目相关信息的作用，也能起到监督作用。但在实践中，媒体可能会为了获取不当利益而捏造、歪曲项目事实，影响他人名誉，或者为了业绩对他人提供的有关环境风险项目严重失实内容未尽到合理核实义务，甚至在网络上散布环境风险项目的不实信息，损害他人的民事权益，相关媒体必须承担民事责任。此外，如果媒体通过捏造并散布环境风险项目虚假事实的方式损害企业的商业信誉，给企业造成重大损失，也应承担相应的刑事责任。

媒体肩负着稳定社会情绪，引导公众相互帮助，营造积极向上、社会道德风气良好的社会氛围的责任。习近平总书记针对新闻媒体的履责也提出了要求，强调宣传思想部门必须"守土有责、守土负责、守土尽责"，并嘱咐新闻工作者牢记社会责任，不断回答好"为了谁、依靠谁、我是谁"这个根本问题。新闻媒体社会责任的有效实践，可以通过行业自律和外界约束的途径去实现。

一方面，行业自律主要体现在通过新闻职业道德规范来约束自己的新闻传播行为，做到自我监督。媒体自律要从内心自觉性开始，这是一个长期且艰难的过程，需要不断地认知和实践。另一方面，新闻媒体可以通过外界力量的约束来规范行为，通过他律途径使媒体遵守其社会责任，主要体现为法律对媒体的规范。社会责任的履行不能缺少法律依据，通过法治化治理，实施公开透明的监督，可以保证媒体履行社会责任。

(四) 完善社会组织的责任规定

社会组织在发挥社会功能方面具有公益性、专业性和民间性等优势，同时还具有良好的舆论影响力和社会公信力，能够迅速动员社会资源参与到公益事业中来。为了充分发挥社会组织的社会治理功能，可以先从以下几个方面着手：首先，建立健全相关法律法规，完善《社会团体登记管理条例》《民办非企业单位登记管理暂行条例》中社会组织的资格认定制度，确保社会组织开展活动时合法合规。对于社会组织的违法违纪行为，需通过法律法规作出惩罚，维护社会组织的公信力，为社会组织的稳步发展营造良好的制度环境。其次，完善社会组织的法律责任。通过完善法律责任，引导和促进社会组织依法依规进行环境风险项目的监督和参与，防止出现利益勾连和非法行为，从而损害环境公共利益的现象。最后，完善社会组织内部责任机制。一方面，要完善社会组织的内部治理结构。在社会组织内部，应确立权力、决策、执行和监督等机构，形成科学规范的决策、执行和监督机制，以此促进构建社会组织有效参与环境风险项目治理的制度保障，明确社会组织在开展工作业务各个阶段中的责任。另一方面，要完善社会组织的自律机制。公众往往会担心政府相关部门会因获取利益而包庇企业的违法行为，所以在完善企业自我监督和政府监督管理机制的基础上，通过引入独立于政府环境保护机关和企业自身的社会组织的方式去监督相关环境风险项目的运行情况，确保其始终符合环境保护标准。为更有效地发挥社会组织的监督作用，还需通过一系列的法规政策来完善社会组织的自律机制，规范其发展，提高其自治能力，获得公信力的保障，增强公众对社会组织的信任度。

（五）完善社会公众问责制度

问责制度是完善环境风险项目法制建设必不可少的制度，该制度与权力密不可分，主要依据是行使权力就必然要承担责任。问责制度通过强有力的监督，能更好地使责任落实到位，追究失职人员或者失职企业的责任，树立良好的社会责任意识，从严治企。而目前我国环境风险项目存在社会公众问责力度较弱的问题。公众作为环境风险项目涉及的直接利益者，强调社会公众问责将有助于促进追责过程的透明化、公开化、法治化。与此同时，还要加强对监管者自身的监督。

在环境风险项目领域中，社会公众问责制度是指以公众为主体，以实现环境民主政治、保障公民环境权利为目的，以政府及其工作人员为对象，以批评、建议、检举、揭发、申诉、报道、复议、诉讼等权利的行使为手段，以具体的环境法律监督活动为内容，对政府是否履行环境责任所实施的监督和追究。❶ 社会问责制度与立法、司法、执法机关的权力问责有所区别，社会公众的问责不具有强制性，是一种非权力监督与追究，无法强制约束被监督者的行为，但与立法、司法、行政机关相比，它仍具有一些优势，如环境风险项目直接影响着社会公众的切身利益，社会公众对政府履行环境责任的监督问责更具有主动性和自觉性。要使社会公众问责发挥作用，一方面须补充和完善社会公众问责的法律条款，明确社会问责的内容和标准，制定一套普遍、公开且细致的问责事由标准。另一方面须严格规范问责主体，明确由谁承担环境社会问责，在环境风险项目建设中充分发挥环境问责作用，全方位、多角度地发现环境问题。同时，还须完善公众监督和举报反馈机制，使公众能及时处理项目建设、运营过程中出现的问题，减少环境问责不公、不实现象的出现，对监督环境治理起到积极的作用。

---

❶ 张建伟.论政府环境责任问责机制的健全——加强社会公众问责 [J]. 河海大学学报（哲学社会科学版），2008（1）：14-17.

第五节　环境风险项目的征信机制

在我国信用社会快速发展的背景下，征信作为信用体系建设中的核心环节，在推动信用社会发展中发挥着重要作用。在环境治理领域，完善征信机制能够有效缓解因环境风险项目引发的环境风险担忧。若是在环境风险项目建设时或者项目修建过程中，因处理方式不当而引起环境污染、环境被破坏，与项目密切相关的利益者应履行环境修复、经济性赔偿以及赔礼道歉等责任。但在实践中，利益相关者有可能会出现未完全履行责任的情形。此类现象需通过征信机制予以规范，增强利益相关者的责任心，有利于形成诚实守信的社会氛围，促进社会信任，保证环境风险项目的顺利开展。

一、环境风险项目征信机制的发展困境

党的十九大提出，社会信用体系是我国社会治理的重要基础，征信体系的建设有利于构建国家治理体系和提升社会治理能力。但由于征信行业存在缺乏统一规范、征信法律法规不完善、征信管理机制不健全、社会信用服务机构培育和发展不充分等问题，征信机制在环境治理领域难以得到有效施行。

（一）征信行业缺乏统一规范

我国社会信用体系建设正处于起步阶段，长期以来重视经济发展的理念使企业和个人的信用意识薄弱，仍将信用问题视为道德层面的问题。一方面，企业在环境风险项目建设运营过程中对环境污染情况负有主要责任，需定期公开项目开展情况、环境责任履行情况。但由于企业的信用与其企业发展前景相关联，出于

对自身发展前景考虑，企业不愿公开经营和财务状况，甚至可能向征信部门提供虚假信息。另一方面，征信机制的完善涉及经济、文化、环境等各个领域，其信用信息过于分散、混杂。而在征信行业内部，征信报告尚未规定统一的标准，征信数据库建设有待加强，征信行业无法完全保障征信相关利益主体的利益，也不利于督促各利益主体履行责任，制约征信产业的发展。

（二）征信法律法规不完善

我国关于征信的法律建设相对滞后，目前仅有一部《征信业管理条例》。随着我国互联网的快速发展，征信行业也不断呈现出多元形式，相关法律规定也应随之更新。当前，征信行业的业务规则尚未明确，导致征信范围模糊、信息主体权益保障不到位等问题出现。如征信机制需要收集各利益主体的信用信息，但当前我国对信用信息的保护还不够严密，在信用信息保护方面缺乏有效的征信技术手段和法律规定，容易出现信息泄露问题，泄露的信息可能被不法分子利用，严重损害利益主体的合法权益，影响社会秩序的稳定。

（三）征信管理机制不健全

随着信用社会的不断发展，征信考量因素越来越丰富，涉及多部门之间的管理。一方面，征信市场化发展与政府部门设计之间存在矛盾。根据《征信业管理条例》规定，中国人民银行是国务院征信业监督管理部门。依据《市场准入负面清单（2020年版）》的相关规定，非金融机构、不从事金融活动的企业在注册名称和经营范围中不得使用"征信"等与金融相关的字样。❶ 征信市

---

❶ 从宝辉. 对基层"征信乱象"问题的调查与思考［J］. 银行家，2021（5）：131-132.

场治理的影响因素复杂，涉及多个领域，需充分发挥人民银行、发展改革委、市场监督管理部门等的协同作用，不断完善我国的征信管理机制。从我国征信行业的具体实践情况来看，仍缺乏一套高效率、高质量的征信行业管理机制，存在职能部门管理职责不明确的问题，难以实现对征信机构的动态化管理。另一方面，我国尚未建立征信行业协会，难以形成有效的企业内部监督机制，致使征信体系建设效率低下。在环境风险项目开展过程中，征信机构负责收集企业履行环境保护的信用记录，如果其独立判断信用记录真伪的权力过大，难以确保信用信息的可靠性，也会导致征信机构内部出现篡改信用信息的风险。这种情况如果出现，将致使企业逃避法定责任，未能有效控制环境风险项目产生的风险。

（四）社会信用服务机构培育和发展不充分

当前，我国信用服务市场规模不断扩大，信用服务行业向多元化发展，对数字化、智能化的要求也日益提高。但是我国的征信机构仍存在一些不适应的问题：一是我国社会信用服务机构与欧美国家和地区相比，存续时间较短，配套服务尚未形成规模化，与当前征信行业的发展需求不匹配，社会信用服务机构的市场化程度较低。如参与环境风险项目中的企业多规模大且环境管理信息复杂，而环境信用评价机构规模相对较小，无法保证环境信用评价的专业性和科学性。

二是缺乏对社会信用服务机构的立法规定。目前我国尚未出台一部专门调整社会信用服务机构的法律法规。《征信业管理条例》对市场准入门槛的规定过高，导致多数信用服务机构无法盈利，降低了服务的积极性，也在一定程度上挤压了小规模社会信用服务机构的生存空间，阻碍了我国社会信用服务机构的发展。

三是多头监管和监管缺位的情况时有发生，市场竞争不足。

由于征信领域法律规制供给不足，出现了多头监管和监管缺位的现象，从而影响了征信服务行业的发展。为此，一方面要理顺监管机构的关系，另一方面要推动不同类型的信用服务机构的成立。

目前社会信用服务机构主要是由政府相关机构或金融部门组建的，已经具有了一定的规模和公信力，有力地促进了社会征信行业的发展。由于当前开展的多个环境风险项目都是通过政府与社会资本合作的方式进行的，所以在推进征信行业工作中，需发挥社会资本的作用，鼓励和提倡社会资本参与有关行业和区域信用服务市场建设，并积极创造市场条件，确保这些企业具有参与市场的竞争能力并作为市场主体应当享有的公平性。❶

二、完善征信机制的应对措施

（一）完善征信行业法律体系

完善征信行业的法律体系建设，有利于加强我国社会诚信文化建设，形成诚实守信的良好社会氛围。其一，明确征信主体提供真实信用信息的义务，确保征信主体提供的信用数据准确真实。如在环境领域，企业在建设环境风险项目时产生了环境污染或其他人身财产损害，在对企业进行征信时，应提供真实、准确的环境责任和赔偿责任的具体履行情况。其二，加强信用数据提供者的法律责任。部分企业基于经济利益和发展前景的考量，会向征信机构提供虚假、伪造的信用信息，应在法律中加大对此类行为的处罚力度，减少当前征信行业信用数据造假的情况。其三，为加强征信行业"央行主管、行政部门配合"管理

---

❶ 胡登峰. 我国社会信用服务市场体系建设研究 [J]. 中国高校社会科学, 2018 (2): 111 – 118.

机制的建设，解决征信数据分散、杂乱的问题。应在法律中明确规定央行和其他征信管理部门在征信行业中的权利和义务，如央行的行政许可权、处罚权、检查权，工商部门的信息报送义务等，明确各部门的职责和地位，实现对征信业的共同管理。

（二）完善环保信用评价建设

环境风险项目具有的环境信用评价是指环保部门对企业环境行为根据相关规定作出信用等级评价并予以公开的评价。一方面，由于信用评价主体是公权力主体，另一方面，因为环境信用评价是一种环境规制与管理的方式，其最终关系到社会公共利益[1]，所以环境信用评价制度在一定程度上受公法调整。它是将企业主要环境行为以清晰、直观的方式呈现在社会大众面前的一种主要社会监督途径。

在开展环境风险项目征信工作时，环境领域的征信问题极为复杂，再加上我国环境信用评价制度发展时间较短，许多规定尚不完善，未形成系统化的法律体系。因此，需从法治角度出发，不断优化环境风险项目中的环境信用评价制度，为其提供良好的法治环境。

首先，要完善相关的法律法规。一方面，需要制定一部切实可行的环境信用评价法律，保证环境信用评价法律的效力级别。另一方面，环境信用评价制度可能与其他制度存在内容重复、部门管理职责不清等问题，要明确和细化制度之间的衔接工作。其次，要完善国家政策中有关环保信用评价的内容。遵守"守信激励，失信惩戒"的原则，通过经济利益的激励去积极引导企业实施守信行为，而对于企业不合法的环境行为进行严格惩戒。最后，

---

[1] 王瑞雪. 作为治理工具创新的环境信用评级 [J]. 兰州学刊, 2015 (1): 103 – 110.

要明确环境信用评价的技术标准。通过制定统一的技术标准，保证环境信用评价工作的专业性。目前我国采用的指标评分方式较为机械，不利于环境信用评价方式的多元化发展，需通过法律不断完善和丰富环境信用评价的技术标准。

我国环境信用评价范围较为单一，无论是参与主体还是评价内容都应当适度扩展。环境信用评价的参与主体包括评价主体与被评价主体。生态环境部门作为最主要的评价主体的理念应当继续贯彻，但需要扩大评价主体的范围，鼓励大众、第三方评价机构等社会群体积极参与，形成以政府为主导的环境信用评价体系❶。企业作为环境信用评价的主要被评价对象，往往过于重视企业环境行为的评价，而忽视对企业之外主体的环境信用评价。

（三）构建环保领域多样化征信机制

首先，在环保领域要着重培育市场化征信公司或行业征信组织。一方面，建议鼓励多种社会资本进入征信行业，激发征信行业的活力，形成政府征信、社会征信、商业征信等多元化的征信种类，避免形成一方征信机构垄断的局面。多元化的征信则需具备专业能力的征信机构，细化征信机构进行项目征信工作时的具体规则，内容包括征信目的、征信所需的材料、征信方式、征信流程等。提高征信行业的服务水平，提供更高质量的征信产品，创新信用服务机构的运行模式，为征信主体提供更便捷、更丰富、更高效的征信服务。另一方面，政府要协助推动征信信息公开工作，通过引入专业化的数据运营公司，有效地推动各主体征信信息数据的公开。在环境风险项目中，相关主体在公开征信信息数

---

❶ 肖镖航，陈玲芳. "双碳目标"下的企业环境信用评价体系建设［J］. 环境保护与循环经济，2023（5）：110-114

据时，应保证信息公开的安全性，实行严格有效的监管，完善征信管理制度。

其次，成立环境风险领域的征信行业自律组织。明确自律协会中生态环境局等政府部门的地位，这些部门在自律协会的成立中发挥着重要作用，通过公权力的介入，能够更好地强化自律协会的自律性，也有利于各职能部门发挥监督管理作用，保质保量地扩大自律协会的规模，维护自律协会良好运行的秩序。

在环境领域，征信行业的发展涉及诸多因素。自律协会的成员不应局限于涉及环境污染征信工作的企业和从事环境保护工作的社会组织，还需考虑提供信息数据的相关部门。同时，要处理好各成员之间的关系，明确成员职责，避免因职责不清而产生相互推诿的现象，降低征信行业的自律水平。

最后，完善环境保护信用行为的奖惩机制。一是要完善环境保护信用行为的社会监督机制。社会监督机制包含公众监督、社会组织监督、第三方评价机构监督等。不同主体的监督能够有效地营造良好的社会诚信氛围，需充分发挥各主体在环境保护信用中的作用，积极地参与环境信用行为的奖惩机制。公众也可通过奖惩机制提高监督积极性，投诉、举报不当的环境信用行为，经查实可以获得奖励，但如提供虚假、伪造的信息，则会受到惩罚。目前新媒体行业发展迅速，社会舆论监督也显得至关重要，媒体行业应遵守行业自律，客观且真实地报道环境保护信用行为的履行情况，加强对守信行为的褒扬和宣传、对失信行为的披露和曝光。这有利于形成诚实守信的社会氛围，增强社会信任度。二是对于企业或者个人针对项目造成环境污染的失信行为，可以采用信用评分的方式予以警告，若企业或者个人的失信行为未得到及时有效地履行，可以通过下调信用评分，向企业或个人提供相关的信用风险信息提示，使相关主体提高对环境污染失信行为的重视程度。若屡教不改造成严重影响，可完善相关的黑名单制度，将其纳入并规定限制性义务，如限制企业从事类似项目。若相关主体按时按量完成约定，可通过提高信用评分的方式保障相关主体从事环境风险项目工作的权利，也可以通过激励手段来提高相关主体履行责任的积极性，如在贷款利率方面给予适当的优惠。通过环境保护信用行为的奖惩机制，能够更有效地实现环境保护的目标，也能更好地维护整个征信行业市场交易的稳定性。

CHAPTER 05 >>

第五章

环境风险项目社会信任的程序保障机制

环境风险项目的社会信任维系,既需要构建实体保障机制,又需要建立程序保障机制。这需要通过充分的信息公开和风险沟通、全面的公众参与、周密的科学决策、系统的监督约束以及多元化的纠纷解决方式来推动环境风险项目社会信任的建立和维持。

第一节 环境风险项目的信息公开和风险沟通

信息是信任的基础,因信息不公开和风险沟通不到位导致的信息不对称,是环境项目信任差距形成的重要原因。因此,信息公开和风险沟通制度的设立是维系环境项目信任关系的基本前提:第一,促使责任主体主动公开信息以保障公众的知情权。

社会公众是环境风险项目的利益主体，也是项目环境风险的直接承担者，具有对项目的知情权，信息公开是实现公众知情权的方式。目前法律对必须公开的信息规定较为笼统，更多信息项目是否公开成为政府和企业的自由选择，而非责任和义务，只有构建信息公开的制度，才能推动责任主体主动公开信息，保障社会公众对环境风险项目信息的知情权。第二，推动公众对项目的监督和约束。信息公开的目的不仅在于让公众知晓信息，环境风险项目多方主体的风险沟通也不仅在于简单交流，更在于公众通过对信息的了解和沟通，实现对项目的公开监督和对项目主体的约束，以提升公众对于项目实施的信任度。充分的信息公开和风险沟通制度的具体构建，应当包括以下几方面：

一、明确信息公开和风险沟通的责任主体

责任主体是实施信息公开和风险沟通的直接义务人，通过明确责任主体，能够理顺职责范围，避免互相推诿而使制度无法实施。

首先，环境风险项目一般都涉及社会公众的重大利益，是社会经济发展必需的公共设施，政府作为环境风险项目的决策者和项目的许可者，是项目信息的主要来源，政府应当作为信息公开的责任主体，这也与当前我国实施的《政府信息公开条例》的规定一致。当然，环境风险项目可能涉及多个政府部门，如果多个政府部门分别公开项目信息，可能导致信息不集中。因此，政府应当指定专门的工作部门，负责集中公开环境风险项目信息。

其次，企业作为政府引进的投资人和项目的具体实施人，掌握了项目的方案设计、环境风险、技术要求等相关信息，也是项目的盈利主体，有义务向社会公众公开这些信息。当公众出现疑

问时，有义务及时做好风险沟通，企业也应当成为该项制度的责任主体。

当然，政府和企业在信息公开和风险沟通的范围上应当有所区别。政府应当就项目相关的所有信息进行公开和沟通；企业作为项目的实施方，应当就其工作范围内知晓的项目信息进行公开和沟通，如项目污染物的排放、处置、污染设施的建设、应急处理措施等。

二、完善环境风险项目信息公开规定

信息不能停留于为了公开而公开，而应当以信息公开为手段，让公众对信息有实质认知和收获。因此，应当完善环境风险项目信息公开规定，对信息公开的标准、程序提出更为具体的要求。

（一）明确信息公开标准

1. 促进公开信息有效性

在这个信息爆炸的时代，有效信息的辨别对于公众而言非常困难，因此，这里的信息公开应当保障信息的有效性，而不能以大量的冗余信息来混淆公众视听，掩盖真实意图。这样不仅不利于环境风险项目信任风险的化解，还会使政府和企业的信用大打折扣。公开信息的有效性包括：

第一，信息公开的全面性。全面性要求信息公开贯穿于项目选址、项目兴建、项目管理和项目终结的全过程。只有保障信息公开的全面性，避免社会公众对项目信息的断章取义，使公众形成对信息的完整理解和客观认知，才能确保每一道程序的合法性。

第二，信息公开的真实性。虚假信息会对政府和企业的信用造成致命伤害。因政府或企业虚假信息引发公众的误判和误解，既是对公众知情权的侵犯，也会为之后信任危机的爆发埋下隐患。

因此，向公众公开的信息应当是真实存在、没有虚假夸大的信息。

第三，信息公开的准确性。信息公开的准确性要求公布的信息是没有歧义的确定信息。一方面，没有歧义使公众对公开信息的认识和判断是统一的，否则会因环境风险项目利益主体众多而引发多种理解和猜忌，不利于信任的构建；另一方面，信息的确定是指公布的信息不应当是朝令夕改的，除征求意见阶段和试行阶段的信息外，已经形成的决议或决策发布后不能随意变动，具有确定性，否则会因信息不确定引发公民的不信任和不稳定情绪。

2. 提升公开信息的通俗性

环境风险项目的专业性非常强，即使公开了信息，社会公众仍然可能会因不懂专业术语、技术参数等原因读不懂信息，影响了信息公开的目的实现，舆论习惯于要求政府以尽量多的注释和说明方式提高可理解性，但忽视了专业性，政府治理与公众理解之间存在难以跨越的专业鸿沟。[1] 为了避免因专业鸿沟而引发公众对信息的误判，应当将信息的通俗性作为信息公开的标准，对涉及专业性的信息进行公开时应当进行释明或解读，使信息释明和解读成为政府和企业开展信息公开工作的强制性义务，让公开的信息真正能够使社会公众读懂、弄通。

(二) 完善信息公开程序

科学的信息公开程序是信息公开实效的保障。环境风险项目信息公开也可以参照《信息公开条例》的规定，结合环境风险项目本身的特点设置信息公开程序，具体包括信息主动公开程序和申请信息公开的答复程序两方面。

---

[1] 秦小建. 政府信息公开的宪法逻辑 [J]. 中国法学, 2016 (3): 25-47.

1. 完善信息主动公开流程

就环境风险项目信息公开流程而言，信息公开程序包括确定信息公开的时间、制定信息公开的目录和明确信息公开的方式。

首先，信息公开的时间应当具有即时性。在信息确定后的较短时间内及时将信息发布，因为环境风险项目信息的主要受众是与自身有切身利益的社会公众，信息公开之前他们对信息是高度关注和不断猜疑的，信息的发布则能起到稳定剂的作用，使一切的猜疑归于明确。

其次，根据环境风险项目的情况，制定应当公开的信息名目。政府职能部门和企业都应当遵循这一目录开展信息公开工作，这既是政府和企业公开信息的指引，也是对政府和企业的强制性要求，以保障环境风险类项目信息公开的一致性和全面性。当然，由于环境风险项目存在风险、涉及社会公共利益，因此，公开信息目录的制定不应仅限于政府的行政许可、审批等行为，还应当包括项目本身的风险信息、控制风险信息等。

最后，明确信息公开的方式。要求政府和企业的信息公开方式应当结合环境风险类项目的特点来开展，特别是应当注意项目利益主体的范围，尽量通过所有利益主体可接收的方式公开信息，比如，除在政府和企业的常用网站等平台发布信息外，还可以依托项目所在地的基层组织，在一定区域内通过宣讲、报告、张贴公告等方式，让更多的利益相关公众知晓信息公开的内容。

2. 完善申请信息公开的答复流程

申请信息公开的答复也是信息公开程序的一部分，是指政府或企业没有公开或是社会公众没有查找到有关信息，社会公众可以申请信息公开，政府或企业应当对社会公众的申请作出答复。

一方面，在环境风险项目中，信息公开的答复不仅是政府的义务，也是企业的义务，对于社会公众向企业申请信息公开的，企业应当及时作出答复；另一方面，应当明确作出信息答复的时间、答复的方式，尽量为公众申请获取信息提供便利。当然，涉及项目的商业秘密等信息不属于信息公开的范畴，不能因公众申请信息公开而公开。

三、建立风险沟通机制

风险是影响环境项目信任构建的重要因素，沟通是不同主体之间的意见互换和交流，环境风险项目的风险沟通机制建立有利于消除对风险认识的差异，促进环境风险项目信任机制的构建。

（一）树立政府和企业的沟通理念

当前，引发某些环境类项目邻避冲突的一个重要原因是个别地方政府和企业缺乏与社会公众沟通的意识。政府作为项目的决策者和推动者，容易忽视社会公众的意见；而企业受经济利益的驱动，依赖于政府的权威，通常怠于与民众沟通。

一方面，民众对环境风险项目的认识通常具有局限性和片面性，如果没有形成良好的沟通，部分社会公众将会按照自我强化和偏激的想法认识环境风险项目，对项目不满。在形成环境风险项目冲突后，个别地方政府和企业仍然不选择沟通的方式，反而试图采取强制、命令等为广大社会公众所反感的措施，进而矛盾升级，化解环境风险项目的信任危机更为困难。

另一方面，沟通是联系情感最好的方式，环境风险项目的开展需要社会公众的情感认同和支持。沟通可以向社会公众传递环境风险项目的相关信息和指标，更重要的是加强政府、企业和社会公众之间的感情联系，真正以沟通的方式使社会公众对项目予以理解、认可甚至支持。只有社会公众内心接受才能推动项目的顺利实施，否则社会公众内心不认可、不理解，即使一次强制手段可以暂时平息纠纷，但项目的施工和运营是长久的，由此带来的矛盾随时可能会爆发。因此，沟通是解决环境信任危机的关键，能够带来社会公众情感上的认同和理解。这就需要政府和企业主动作为，树立沟通理念，每一项工作的开展、每一件纠纷的发生，都认真倾听社会公众的意见，积极以沟通交流的方式与民众协商、交流，真正获得民众的尊重、认可和信任。

（二）建立政府、企业、民众、非政府组织、专家和媒体的多向交流平台

政府、企业、公众、非政府组织、专家和媒体都是环境风险项目社会信任机制的主体，应当以此为基础建立多向交流平台，实现取长补短、合作共赢。如政府和公众的交流发生障碍时，可以由非政府组织参与沟通交流，以消除对抗局面，形成沟通氛围。当民众沟通交流能力不足时，可由专家参与以弥补民众专业知识不足的缺陷。媒体作为社会大众日常生活的一部分，通过媒体平台对环境风险进行沟通交流，能够推动更多人群参与，让风险信息变得可视化和立体化，也更能为社会公众所接受和认可，有助于快速地化解分歧和误解。因此，多向交流平台的建立对于风险沟通交流具有重大积极意义。多向交流平台的建立应当以政府为主导，政府是环境风险项目的参与主体，同时也是环境利益保护的责任主体和公共利益的代表。因此政府不应当成为环境风险项目社会公众的对立面，而应当主动作为，建立多向交流平台。一方面，在政府内部建立多向交流平台，邀请企业、民众、非政府组织、专家、媒体等人员参加；另一方面，政府也可以在非政府组织、基层自治组织建立多向交流平台，指导并支持这些平台的建设，如在专门的环境风险项目研究或纠纷化解的社会组织中建

立交流平台，依靠第三方社会组织的力量来推动环境风险项目的交流和沟通，也便于在环境风险项目需要沟通时，能够更为便利地为企业和社会公众提供交流机会。

（三）畅通环境风险项目沟通交流的方式和程序

畅通沟通交流的程序和方法是沟通理念的有效落实，更是促进沟通常态化、规范化的必备条件，否则沟通交流机制就是纸上谈兵，没有发挥实际作用。

第一，沟通交流的前提是政府和企业作为项目的发起人，应当初步设定沟通的内容和方向，这样沟通主体双方有沟通的基础，使得沟通能够有的放矢，更具效率，双方也可以在此基础上提出相应的意见和建议，形成沟通结论。

第二，沟通应当包括即时沟通和特定沟通，对于刚刚萌芽或是突然发生的信任问题，相关主体应当采取即时沟通的方式，尽量及早地消除疑问，避免矛盾的扩大化。特定沟通一般针对普遍性问题或专业性问题等，可以采取特定沟通的方式，明确沟通的联系方式和地点，以方便沟通主体提出意见和建议。由于环境风险项目的复杂性和专业性，特定沟通也可以邀请专业人员参与，以在促进沟通和促成沟通结果上发挥更大的作用。

第三，沟通的渠道包括对沟通主体提出的意见在特定的时间内及时反馈，对沟通主体提出的建议采纳与否进行说明，以营造沟通的良好氛围，争取沟通主体的理解和支持；另一方面，还可以以专家论证会、听证会、媒体沟通、集体会议等方式进行参与式沟通。这样的沟通方式是公开和阳光的，也能让更多的主体参与到沟通程序中来。听证会是当前我国行政程序中的重要内容，涉及社会公共利益的项目一般都需要举行听证会，听取社会公众的意见。听证会实际上也是一个沟通的过程，听证会的参与人员既有普通社会公众,也有专业技术人员,还有利益密切相关的企业代表。在这一过程中,各方将站在自己的立场上提出对项目的看法,通过交流让各方在听取多方意见后再次权衡自己的立场和看法,也有益于促进项目的改善和通过。

第二节 全面的公众参与程序

党的十九大明确指出:"中国环境治理需要构建政府为主导、企业为主体、社会组织和公众共同参与的环境治理体系。"我国环境治理和环境保护的基本原则就包括公众参与。环境风险项目的社会信任机制的构建基础就是社会公众对项目的信任,公众参与是提升项目信任度的有效途径。在环境风险项目中设置全面的公众参与程序,既是法律的要求,也是环境风险项目的实际需求。

一、环境风险项目全面公众参与的必要性

现代公众参与公共决策的理论逻辑主要依赖于民主、政治和经济三大原则。基于民主原则,公众应该知道政府治理追求的目标,有权要求在决策过程中具有代表性;基于政治原则,公众参与的公共决策才能反映公众利益,这是负责任政府的执政根基;[1]基于经济原则,公众作为剩余索取人有权知晓契约执行的信息,并作出决定是否缔结新的契约以维护公平。[2]就环境风险项目而言

---

[1] Anne Shepherd, Christi Bowler. Beyond the Requirement: Improving Public Participation in EIA [J]. Journal of Environmental Planning and Management, 1997 (6): 725 – 738.
[2] Williamson O E. The Mechanisms of Governance [M]. New York: Oxford University Press, 1996: 19 – 28.

同样如此。环境风险项目社会信任的断裂主要原因在于政府在环境风险项目的决策中,社会公众的代表性不够,公众利益没有通过有效方式得到反映,由此造成社会公众对环境项目决策的不信任。这种不信任可能引发各种激烈的维权活动,最终严重影响项目的进展,甚至导致项目停摆。环境风险项目开展与社会公众的利益密切相关,公众参与原则对于构建环境项目社会信任机制具有重要意义。

(一)公众参与是环境风险项目的民主体现

公众参与是环境风险项目的民主体现,这种民主能够为政府、企业和公众信任机制的构建提供良好的基础。当前,随着社会民众的法律意识和风险意识普遍增强,对于与民众自身利益相关的政府决策,他们不会沉默接受,而需要通过有效的途径和方法表达自身的利益诉求。在这样的社会背景下,试图通过强制命令的方式推动项目的开展显然是不可行的,只有以民主的方式让公众参与进来,让社会公众成为环境风险项目的决策者、建议者、传播者,公众的利益诉求才能有表达的机会,项目的决策才能体现更多利益相关者的需求,公众也能提升在环境项目中的参与感,进而为环境风险信任机制的构建奠定良好的基础。

(二)公众参与能够有效化解环境风险项目中的冲突

环境风险项目社会信任的培育与政府信任紧密相关,社会公众对政府的不信任引发的信任危机层出不穷。当前环境风险项目的有关决策都是由政府作出的,项目的实施由政府与企业签订合同确定方案,项目的开展由政府进行监督,项目一旦出现矛盾和纠纷,也由政府出面解决,政府在环境风险项目中的垄断地位,使得公众很难在环境风险项目中发挥作用,这样也引发了社会公众对政府的不满和对抗。公众参与能够有效化解环境风险项目公众与政府的冲突。公众参与环境风险项目能够有效化解环境风险项目中公众和政府之间的冲突。一方面，社会公众能够及时、主动地了解项目的相关情况，不再是信息的被动接受者。为了在参与过程中争取到最大利益，他们会主动了解项目的信息，对项目的风险有清晰的认知和把握，不再断章取义、人云亦云，这促使社会公众更加理性地对待环境风险项目；另一方面，环境风险项目也能从政府包揽项目转变成公众参与项目，政府不再大包大揽项目的主要工作，环境风险项目相关事项均有社会公众的参与，政府不再是社会公众的对立面，而是成为社会公众和项目企业的协调者，有效消减公众对政府的敌意，培养公众对政府的信任。

（三）公众参与能够对环境风险项目起到监督作用

虽然公众参与的主要动力是维护自身的权利，通常可能以获得经济补偿等方式来弥补损失，但公众的参与同时也能发挥较好的监督作用。任何企业都具有逐利性，利益最大化是企业追求的目标，尤其对于技术要求高、投资较大的环境风险项目，更是如此。在没有监督的情况下，企业很难主动采取有利于社会公众、有利于环境保护等对社会公共利益有益的行为，这就涉及环境风险项目的前期设计、中期实施和后期运营等多个方面。而一般环境风险项目一旦确定，实施和运营的时间都会较长。如果企业采用落后的淘汰的技术或产品，在设施的建设和运营中偷工减料、疏于管理，对企业而言将极大地压缩支出、节约成本。但对社会公众而言，就是一个极大的环境隐患，一旦发生环境事故，真正受损害的将是项目周边的居民。因此，通过社会公众的参与来发挥对项目的监督作用，能够促使企业更加关注环境风险设施、项目本身的质量和社会公众的利益，推动环境风险项目的良性运作，从而构建起社会公众对项目的信心。

二、我国环境风险项目公众参与机制的构建

环境风险项目应当是公众具有全程参与权的项目，包括预案参与（环境风险项目的论证阶段）、过程参与（项目建设实施过程中）和末端参与（项目投产之后的监督和举报），公众参与对于环境风险项目信任机制的构建具有重要意义。谢莉·安斯坦以实证研究的方法对公众参与进行了调研和分类，结合公众参与的程度和影响等提出了公众参与阶梯理论。该理论将公众参与划分为三类情形。其中，第一类情形体现为公众非参与，即政府没有真正让公众参与到社会公共事务中；第二类情形是象征性参与，包括告知、咨询、安抚三种形式；第三类情形包括合作、代理权利和市民控制，使得公众能够获知信息、表达意见并提供建议，甚至拥有一定程度的影响力。[1] 环境风险项目公众参与机制的构建，也是通过提升公众参与的组织化程度、丰富参与的形式、完善参与的回应制度来推动第三类情形的公众实质参与。

（一）提升公众参与的组织化水平

在公众参与实践中，确定公众参与的主体范围至关重要。环境风险项目将会辐射到一定范围内的社会公众，而社会公众都是分散的个体，个体的意见往往存在差异，这种不同的意见逐个反映，反而不能真正反映公众利益需求，特别是环境风险项目周期很长，单独的主体很难保障参与的持续性和稳定性，无法实现实质参与的目的。对于政府和相关企业而言，处理这些分散的、冲突的利益主张是一项烦琐的工作，甚至可能阻碍公众有效参与的

---

[1] Arnstein Sherry R. A Ladder of Citizen Participation [J]. Journal of the American Institution of Planners, 1969 (4): 35.

进程。为确保相关决策顺利通过，政府和企业在听证会和座谈会进行公众选择时，通常倾向于将事实上与讨论的环境决策没有密切利益关系的公众纳入论证范围，以期在形式上满足法律的制度化要求。因此，公众参与的组织化对于环境风险项目非常重要。公众参与的组织化实质是将抽象的公众群体特定化，明确可以代表不特定公众利益和意志的代表参与评价和决策。鉴于环境风险项目的专业性和地域性，公众参与可以依托社会组织和基层群众自治组织来开展。

首先，公众参与可以依托社会组织来实现组织化。在环境风险项目辐射范围内，由于社会公众存在个体认知差异且专业能力有限，完全依靠自身形成组织化程度较高的公民团体还是比较困难的。而社会组织长期从事特定业务，已经形成了一定的专业团队和专业方向，具备稳定的人员、良好的认知和专业能力，还掌握了较多的专业资源，因此公众参与的组织化可以依托社会组织来实现。公众可以通过灵活的选定机制，选择自己信任的组织或组织联盟作为公众代表，同时也可以避免相关组织沦为政府或企业的附庸。当然，公众选定的组织也应当具备法律资格，当地政府可以根据环境风险项目情况出台相关组织选定指引，确定公众选定组织的范围和规则，引导公众根据自身的需求并符合合法性要求来选择组织。政府还应当加大资金支持力度，制定相应的制度鼓励和支持社会组织的发展，提升社会组织代表社会公众参与环境风险项目的能力，促进环境风险项目公众参与的组织化进程。

其次，公众参与的组织化还可以充分发挥基层群众自治组织的作用。在我国，基层群众自治组织包括居民委员会或村民委员会，它们与公民的关系密切，代表了组织内广大群众的利益。而环境风险项目一般处于自治组织的管辖范围内,项目方的很多工作也有赖于自治组织的支持和协作。因此,应当发挥基层自治组织的作用,通过基层自治组织引导公民参与、发表意见并进行意见收集,然后反馈给项目方,以促成社会公众与项目方的良好沟通。特别是社会公众无法选定或是相关组织不愿意接受公众的委托时,应当明确由项目所在地的居民委员会或是村民委员会作为当然的利益代表组织,参与环境风险项目相关事项。当然,当代表组织不履行职责时,社会公众可以进行监督,并采取罢免等措施督促代表组织履行职责。❶

(二) 丰富公众参与的形式

公众参与的方式和程序的安排,将直接影响公众参与机制的效果和制度价值的实现。当前,我国公众参与的主要方式有问卷调查、座谈会、论证会、听证会等。例如,调查问卷作为一种普遍的公众参与方式,其实际参与程度较低,无法保证问卷的有效性。目前,公众参与环境风险项目仍以线下参与方式为主,无法为更多的社会公众提供充分表达意见和建议的机会。

环境风险项目应当进一步丰富公众参与形式,特别是在当前信息技术发达的背景下,公众参与不一定需要完全面对面地进行,通过网络组织线上的交流、座谈、听证等方式是很容易实现的,特别是在环境风险项目的社会公众参与愿望强烈的情况下,应当主要通过线上的形式来开展,才能让更多的人有表达意见的机会。因此,丰富公众参与的形式可以依托互联网来开展,既能提升社会公众的参与度,也能提升公众参与的便捷性。

---

❶ 吴勇,扶婷. 社区利益协议视角下邻避项目信任危机与应对 [J]. 湘潭大学学报(哲学社会科学版),2021 (2):19 – 25.

(三) 完善公众参与的回应制度

公众参与不应当只是一个程序性的过场，这就要求项目企业和政府能够重视并认真对待公众的意见，而公众参与的回应制度能够契合这一需求。通过对回应制度的规定，将倒逼政府或企业认真审查社会公众所提出的每一条意见，并严格依据法律规定和技术资料进行严谨的回答，这是一个尊重公众、自我反省的过程，有利于推动社会公众与政府、企业之间的信任的构建。当然，在公众意见较多的情况下，也应当借助网络平台，进行集中或统一回复，将最终反馈结果通过官方网站、微信公众号等多平台进行公开，这样也有利于效率的提升和社会公众的查看。另外，政府部门的回应要明确公众参与回应的时间，以确保回应的高效履行，回应的内容应当包括公众意见的内容、是否采纳的决定、理由的阐述等方面，如果政府的最终决策没有采纳公众意见，应当予以书面说明。这有助于公众理解环境决策作出的缘由，也有助于敦促政府部门作出环境决策时保持谨慎和负责的态度，有效解决当前环境风险项目所引发的信任危机。

第三节　周密的科学决策程序

环境风险项目的决策不同于普通项目决策，由于环境风险具有不确定性、评价的技术性等特点，且环境风险项目是一项社会公益项目，可能会损害到部分社会公众的利益。因此，环境风险项目的决策必须进行周密的部署和安排。这一过程既要考虑到环境风险本身的特性，也要保障项目实施的可行性，更要考虑社会公众的普遍接受度，绝非易事。如果决策程序不合法、不适当，可能会导致环境风险转化为环境损害，项目投资后停滞，引发社会公众的不满情绪，造成环境风险项目社会信任的断裂。因此，周密的科学决策对于环境风险项目是不可或缺的，也是构建环境风险项目社会信任的重要因素。

一、严谨的评估程序

环境风险的科技性催生了现代社会对科学知识的依赖，由专家主导的风险量化评估是环境决策的早期阶段。❶ 因此，环境风险项目决策程序的科技性决定了风险评估阶段是其决策程序中首要且必不可少的阶段。以相对客观的科学化决策程序来评估环境的风险情况，也就是采用科学的可量化标准，对环境风险发生的可能性、发生的状态以及风险发生带来的后果进行客观评价，为后续的决策提供参考。因此，在风险评估阶段需要保持中立的科学态度、观点与结论。换言之，环境风险项目通过风险评估程序，让项目的参与主体来判断项目能否实施、如何预防项目风险、如何弥补项目带来的后果、项目能否为社会公众所接受。

当然，环境风险项目的评估由专家主导，公众对于专家信任系统的信任成为现代社会信任的重要内容。专家系统能否取得并维持公众对其的信任，成为整个社会的信任系统稳定与否的"晴雨表"，严谨的风险评估程序非常重要。❷ 但当前环境风险评估大多取决于专家的认知程度，可能与真实情况存在一定的脱节，缺陷依然存在。另外，环境不是一成不变的，而科学化评估大多是基于特定环境在具体的环境实验中得出的，不同的具体实验可能

---

❶ [英] 珍妮·斯蒂尔. 风险与法律理论 [M]. 韩永强，译. 北京：中国政法大学出版社，2012：178.
❷ 杨雪冬. 风险社会与秩序重建 [M]. 北京：社会科学文献出版社，2006：31.

会产生不同的结果,无法作出唯一而有效的判断。并且不同的专家有自己的价值判断和立场,所带来的差异也不容忽视。一方面,环境风险评估应当充分考虑到环境风险评估程序中科学化所带来的不确定性、生态环境本身的变化以及专家个体的主观想法,应当严格筛选评估和决策专家,成立专家团体,保证专家的专业水平;对利益相关专家进行强制回避,保证专家的利益无涉和价值中立。另一方面,应综合评估专家意见,避免环境风险评估的单一性。通过建立公开透明的风险评估程序,广泛听取社会从专业角度、社会经验角度对环境风险的建议,同时开展专家评议和审查制度,尽量减少评估专家的主观认识带来的评估局限性。

二、平等的沟通程序

如前所述,应当建立风险沟通交流机制。在此需要着重强调的是,应当将风险沟通环节作为环境风险项目决策的第二个环节。评估程序的主观因素决定了其存在诸多局限性,从而应当将各种相关观点和结果在公开透明的环境中进行沟通交流。因此,决策程序中的沟通阶段的目的是打破前置程序之风险评估中各类专家的知识垄断地位,让专家和公众进行对话,让科学理性和社会理性进行交流。同时,民主的沟通环节也是形成公众理性以应对风险恐惧感的重要渠道,是改变风险发生轨迹、防范风险爆发的有效手段,也是进行风险决策的前提条件和必经环节。[1]

据此,在环境风险项目决策中构建平等的沟通程序非常必要,应当将风险沟通程序作为环境风险项目决策的必经程序,只有经过风险沟通程序,才能开展下一步的决策程序,避免风险沟通的

---

[1] 秦天宝. 风险社会背景下环境风险项目决策机制研究 [J]. 中国高校社会科学, 2015 (5): 136-140.

选择性。当然，风险沟通基于环境风险本身的不确定性和认知的差异性所产生的多种观点的交流和碰撞，沟通的过程也是对项目所处社会文化背景进行考量的过程。而环境风险项目的决策与社会公众具有极大的关联性，如果沟通环节过于复杂，会有碍于决策的作出，甚至造成社会不稳定因素。因此，环境项目决策的沟通程序应当紧紧围绕决策本身的内容展开，不能无限扩大和延伸，应当注意风险沟通的高效性。

三、民主的决策程序

环境风险项目经过评估、民主协商后，最终要进入决策程序。决策程序是一个复杂的过程，环境风险项目往往有多种方案可供选择，而选择就意味着利益的分配和风险的承担。正如贝克所言，"工业社会的中轴原理是分配财富、分配好处；而风险社会的中轴原理是分配风险、分配坏处、分配危险"。❶ 具体到环境风险项目决策，决策的过程就是对环境风险项目潜在风险进行分配的过程。

在环境风险项目中，风险的分配绝不是由一个专家得出结论这样简单的过程，绝不能偏重技术层面，缺乏社会、政治、法律和文化层面的考量，否则决策程序所作出的决策结果可能无法被公众广泛接纳。它还需要充分考量多种因素，如社会发展、人文环境、资源状况、相关规定、习惯风俗等，要考虑到整个社会对环境风险不确定性和潜在危险的接受程度，并在各种不确定性中作出最终选择。因此，环境风险项目的民主决策程序要求树立正确的决策理念，"在保持国家有效性的同时，明确界定个人、公民社会、市场以及国家的职能，合理地分配风险，建构多中心、合

---

❶ [德] 乌尔里希·贝克，等. 自反性现代化：现代社会秩序中的政治、传统与美学 [M]. 赵文书，译. 北京：商务印书馆，2001：13.

作式的复合治理成为可供选择的理想模式。"❶在环境风险项目中，需要合理界定政府、企业和社会公众的职能，每一次的环境风险项目决定都需要听取不同声音，不能仅由专家或政府决定，而应让政府和公众、企业和公众形成合作式的项目决定程序。正如沃特·阿赫特贝格所言，风险社会要成功迎接其自身带来的道义和其他方面的挑战，就亟须沿着生态民主政治的方向发展，大体说，这种发展就是要建立在公民广泛参与基础上的协商式民主。❷ 以民主协商的方式来作出环境风险项目的决定，由社会共同体作出价值选择，以消除公众的疑虑，建立政府、企业与公众之间的信任关系。

第四节　系统的监督机制

环境监督体制作为环境风险项目社会信任的重要程序保障机制，系统的监督机制包括环境行政机关和企业的内部监督，以及公众、媒体等外部主体对环境风险项目的监督。通过构建环境风险项目系统的监督机制，有利于政府和企业不断完善自身，也有利于外界参与到环境风险项目中，了解项目情况，督促政府依法行政和项目企业合法经营，有利于促进环境风险项目的社会信任机制构建。

一、强化环境风险项目的内部监督

（一）环境风险项目中政府的内部监督

近年来，随着我国机构改革的逐步推进，我国的监督机制也

---

❶ 杨雪冬. 风险社会与秩序重建 [M]. 北京：社会科学文献出版社，2006：45.
❷ 沃特·阿赫特贝格，周战超. 民主、正义与风险社会：生态民主政治的形态与意义 [J]. 马克思主义与现实，2003（3）：46－52.

在不断规范和完善,形成了相对健全的政府监督体制。一般而言,行政机关对自身问题的反应较快,行政内部监督也具有效率高、灵活性强等特点。在行政机关内部,一般都会设有专门的监督机构或其他单位派驻的监督组织,在日常的行政管理中,上级部门的检查、交流也会形成内部监督。因此,政府的内部监督对于环境项目的风险防范也具有重要作用。

另外,环境行政机关的监督方式还可以分为直接监督和间接监督。其中,政府对职能部门的监督、上下级行政机关的监督就是环境行政机关直接监督的重要体现,这是依据我国环境保护行政管理体制形成的监督结构体系。《环境保护法》第13条规定:"县级以上人民政府应当将环境保护工作纳入国民经济和社会发展规划。"我国实行的是环境监测、监察等垂直管理制度。因此,上级政府对环境行政主管部门、上级环境行政主管部门对下一级部门关于环境风险项目的监督责无旁贷,这既是发挥政府对环境风险项目监督作用的体现,也是政府履行环保职责的要求。

间接监督不同于直接监督中行政机关内部的直接监督,其主要缘由是来自行政相对人的申请或申诉。例如,行政复议就是一种间接的监督方式,行政相对人就具体的行政行为向复议机关提起复议,复议机关在对行政争议进行审查的同时,也对行政行为进行了间接监督。❶

以上两种行政监督机制在环境风险项目中也十分常见,并且是监督行政机关依法正确做出决策的重要保障。

因此,强化参与环境风险项目事项的行政机关监督,既要强化日常监督,也要强化专项监督,推动行政机关自我审视。既要

---

❶ 李爱年,陈颖. 我国环境保护监督管理体制的现状及完善对策 [J]. 环境保护,2013 (23): 32 - 34.

强化直接监督，即上级行政部门应当通过听取汇报、实地考察、现场调研等方式加强内部监督，政府法制部门也应当重视对环境风险项目的间接监督，在行政复议案件中对个案纠错的同时，发现环境风险项目中的其他问题，可以通过发建议书、约谈等方式，促进行政机关及时纠错和整改，确保广大人民群众的利益。

（二）环境风险项目中企业的内部监督

就参与环境风险项目的企业而言，其内部监督也是非常重要的。只有强化企业内部监督，培育企业遵纪守法的自觉性，才能有效建立企业与社会公众的信任，维系社会公众对环境风险项目的信任度。构建环境风险项目企业内部监督机制应当包含以下几个方面：第一，制定环境风险项目内部监督制度，明确监督人员、监督事项和监督职责，确保监督有依据、有内容、有对象，促进监督工作的顺利开展。当然，内部监督制度的确定应当广泛听取意见，贯穿环境风险项目的各个流程和环节，并根据不同流程和环节的特点和风险点，确定具体的监督内容和方式。第二，构建内部缺陷认定和审查的标准。企业开展内部监督不止于走走看看，而是要真正落实到环境风险项目的实施过程中。因此，应当构建内部缺陷认定和审查的标准，即在环境风险项目的监督中发现问题时，对于问题产生的原因、问题可能产生的风险以及风险等级进行评判和认定，推动企业内部监督的具体化，促使企业内部完善。第三，监督模式应当多样化。一方面，可以采取日常监督和专项监督相结合的方式，对于日常事项，由监督小组成员通过一般的监督方式完成即可；对于特定的事项或是与社会公众利益影响重大的风险事项，企业应当开展专项监督。另一方面，在专项监督过程中，可以聘请企业外部的专业人员与企业内部人员共同参与监督事项，确保监督到位，也确保监督工作的客观性和科学性。

二、推动环境风险项目的外部监督

环境风险项目的外部监督也是最重要的监督形式之一,其形式多样化,包括国家层面的外部监督和社会对环境风险项目的监督。

(一)环境风险项目的国家监督

国家监督应当是比较大的层面开展监督,就环境风险项目而言,主要包括环保督察、监察监督和司法监督。

1. 强化环保督察

近几年来,环保督察对于生态环境的治理发挥了重要作用,党中央、国务院赋予环保督察更高的权威与"刚性",强调环境保护工作的"党政同责""一岗双责",将地方党委与政府的环保责任作为重点监督范围,是我国环保督察制度继"督政"转型后的又一次制度变革。❶ 环境风险项目中对于政府环保行为的监督需求与环保督察的功能不谋而合,亟待在环境风险项目中强化环保督察。

生态环境项目的长期性决定了环保督察不应当是一次性的督察活动,而应在项目建设、运营等过程中接受环保督察,构建常态化环保督察机制,确保政府在环境风险项目中依法行政、积极履职。另外,常态化的环保督察会给政府带来压力,也促使政府对环境风险项目中的"风险点"进行严格管理,进而促进企业行为合法、规范。当政府和企业行为合法、规范时,将最大限度地消除或避免项目带来的环境风险,也将获得社会公众的认同和支持。

---

❶ 陈海嵩. 环保督察制度法治化:定位、困境及其出路 [J]. 法学评论, 2017 (3): 178–180.

2. 加强监察监督

监察委员会的职责是对国家公职人员进行监督，环境风险项目的审批、实施都涉及国家公职人员的职责，且环境项目具有高风险、高收益的特点，对国家公职人员的诱惑较大。一旦公职人员作出错误的行为或决定，也会对社会公众造成不良影响。因此，监察委员会应当将监督职能适当前移，将监督视角着重于环境风险项目公职人员的违法行为预防，而非仅追究国家公职人员的责任，这样既能促进公职人员依法行政，不受项目企业的利益引诱，有序促进环境风险项目的实施，也能提高国家公职人员与社会公众的信任度。

3. 发挥司法监督的作用

司法监督是检察机关和法院对环境风险项目的监督，而司法监督最主要的方式应当是环境公益诉讼。就检察机关而言，应当重点关注环境风险项目的各个环节。当行政机关存在不作为和乱作为现象时，检察机关应当及时发出检察建议，促进风险预防，有效维护人民群众的利益。当然，对于项目实施企业损害社会公众利益，政府职能部门不予或无法纠正的情况，检察机关应当果断提起诉讼，以保护社会公共利益。同样，人民法院对于环境公共利益案件的审理也应当注重对项目的监督，对于涉及行政机关或企业的其他违法行为，人民法院应当以司法建议的方式要求相关单位改正，以维护社会公共利益。这种司法监督对于违法行为的督促和对社会公共利益的维护，正是人民群众所需要的，也是提升人们对于环境风险项目信任的有效途径。

（二）环境风险项目的社会监督

除了内部监督、国家监督，环境风险项目还需要社会公众监督和新闻舆论监督。❶ 这是由于环境风险项目的专业性和公众参与性比较强，仅依靠现有的内部环境监督机制，往往会存在"盲区"，不能有效解决社会信任危机。通过建立社会监督机制，与其他监督形成合力，才是建立环境风险项目信任机制的良策。

社会监督不同于国家监督，其更多地体现为一种由下而上的监督。社会公众来自基层，新闻媒体与普通民众紧密连接。虽然社会监督是自下而上的基层表达，却是社会民主的表现，并反映出大多数人的意愿，能够搭建环境风险项目实施单位与社会公众直接的信任桥梁，因此，加强环境风险项目社会监督尤为重要。

1. 完善社会公众对环境风险项目的监督

公众作为生态环境公共利益的享有者和利益受损的承受者，具有监督的权利和意愿。环境风险项目的社会公众监督应当包括对项目监管者的监督和对项目本身的监督两方面。

（1）社会公众对项目监管者的监督。首先，全面梳理并公开环境风险项目监管者的职责内容和范围。社会公众对环境风险项目监管者的监督，其基本前提是对监管者的职责有所了解和认识。一方面，环境风险项目流程较多，如项目要进入建设阶段，就涉及项目的选址意见、环境影响评价、立项批复、用地许可、规划审批、施工许可等一系列监管行为，涉及发展改革、自然资源规划、生态环境、城乡建设等多部门的职责，社会公众对于项目监管者的这些职责范围不可能有全面、清晰的认识。因此，应当全面梳理并公开环境风险项目监管者的职责内容和范围，让社会公众的监督有方向、有内容。另一方面，让社会公众了解监管者的职责内容和范围，也能避免公众的乱监督和无效监督，既浪费社

---

❶ 习媛. 中国人大行政监察专员制度建构研究［D］. 成都：电子科技大学，2011：14.

会公众的时间和精力，也给行政机关带来困扰，浪费行政成本。

其次，促进社会公众对监管者监督的保护和激励。社会公众对于环境监管者的监督不同于对环境项目本身或项目实施企业的监督，环境监管者都是当地的行政机关，特别是重大的环境风险项目，监管者往往都是市一级人民政府或是环保部门，社会公众作为长期生活的当地居民，即使发现监管者存在违法行为，也可能不愿甚至不敢监督。因此，应当设置相应的保护和激励措施，以提升社会公众对监管者监督的积极性和安全感。具体包括将社会公众对环境风险项目监管者的监督纳入政府绩效评价，有关部门主动听取社会公众的意见；严格落实保密制度，对线索提供和举报人员的身份信息进行保密，避免打击报复；设立有奖举报制度，对于举报属实，特别是避免了重大环境风险项目的风险、维护了社会稳定的举报人员，应当予以奖励。

最后，落实对社会公众监督的回应。当前，我国法律上规定的社会公众监督权主要表现为公众的批评、建议、举报等权利。当然，法条上的权利是一种应然权利，其能否转化为现实的监督效果，如是否会带来对监管者和监督内容的调查，甚至是否会对监管人员采取规制行动等，这与被监督者和行政机关对监督的态度紧密相关，而这些对于环境风险项目的信任机制构建也非常重要。由此，落实对社会公众监督的回应非常必要，否则社会公众的监督将流于形式，反而会引发更多公众的不满。落实对社会公众监督的回应，包括对监管内容和监管人员处理结果的回应。如环境风险项目监管人员的违法行为是否得到撤销和纠正，监管人员是否被依法作出处罚，甚至有的监管人员因严重违法而面临刑事责任的，可以邀请社会公众进行案件审理的旁听。

（2）社会公众对环境风险项目的监督。社会公众对环境项目的监督包括加强公众预防性监督、增强公众监督的独立性、提高公众的监督能力和效率。

首先,加强公众对环境风险项目预防性监督的制度保障。风险预防原则也是环境法律制度的基本准则,环境风险的预防相较于环境损害的事后弥补更为重要,风险预防可以避免或减轻损害的发生,特别是对于一些无法弥补的环境损害,只有做好预防工作,才能真正实现环境保护的目的。[1]

当前,社会公众在参与环境风险项目时,预防性监督的成效并不理想。就企业而言,环境风险项目的投资巨大,企业的逐利性决定了预防环境风险并非其在项目实施中主要考虑的问题。就政府而言,环境风险项目的社会公益性往往与政府的绩效挂钩,是展示政府政绩的例证,也与地方经济增长紧密相连。而环境风险项目企业财力雄厚,是政府青睐和引进的对象,在环境风险没有爆发的阶段,政府一般不会主动去监督和干预企业,因此政府在风险预防方面很难有所作为。因此,应当加强社会公众的预防性监督。对于环境风险项目的监督,应赋予社会公众对实施企业直接的监督权,即环境风险项目实施企业应当主动向社会公众,特别是有利害关系的群众随时公开环境风险项目的相关信息,直接面向社会公众听取意见和询问,并将社会公众的代表聘请为企业监督员,以这种公众对企业直接监督的形式,使企业直面公众监督,也使得社会公众能够及时察觉环境风险并及时开展监督。

其次,增强环境风险项目中公众监督的独立性。随着社会发展,"公众"群体结构日益复杂,但在传统行政主导下,现

---

[1] 刘明全. 中国环境法预防原则的实质阐释 [J]. 清华法学, 2022, 16 (5): 163-176.

行环境立法并没有对公众作为参与监督主体进行类型化设计，公众在参与环境安全监督过程中面临监督角色边缘化、监督行为和监督效力附从化的窘境。一直以来，我国环境保护的主体责任由政府承担，政府也成为环境保护的主导者。这样做的好处在于政府的强大行政权和高效的执行力对于环境保护具有独特作用，社会公众的环境利益也能得到较好的保护，但行政垄断的缺点也显而易见，公民的环境监督权依赖于政府实现，政府也可能基于其他的利益考量和权衡放弃环境利益，或忽视公民的环境监督权。因此，公民在环境风险项目的监督独立性不强，容易受到其他因素干扰，应当增强公众监督的独立性，破除行政监管垄断的弊端。

增强公众监督的独立性应当注意以下方面：一方面，通过制度设计，确保公众监督渗透到环境风险项目的各个环节和流程，无论是直接受损的社会公众，还是可能面临环境风险的个体，都具有环境监督权，并确定环境风险项目中各个环节的公众参与要求和方式，对公众意见的听取、采纳、反馈等各方面进行评价。这可以促进公众监督成为环境风险项目的必经环节，提升公众监督的独立性；另一方面，应当为公众的独立监督创造便利条件，包括提供各类公众监督的便捷平台、认同不同的公众监督方式，让公众监督能以更常态化、更简单化的方式实施。有了明确的规则和程序，既可以保障公众监督的独立性，公众也能对自身的监督方式和行为形成预判，既增加社会公众通过独立监督获取项目信息，增强对项目信心的机会，也在一定程度上减少公众因监督意见未被采纳、监督行为未获认可而对政府和项目产生不信任的情况。

当然，在我国当前环境监管权力结构下，公众监督的独立性并非要求与环境行政管理完全脱离,在制度上仍应注重与行政力量的协同,借助行政管理的力量,促进公众监督目的的实现。如监督员与行政执法人员的信息沟通与协助执法等,都体现了公众监督与行政管理的协同和配合。

最后,增强公众对环境风险项目监督的能力和效率。"公众或分散的个体在面对某一环境行政决策时可能存在共同的利益,但这并不意味着他们会提出步调一致的利益主张和诉求,因为个体对相关利益的认知和响应行动,会受到很多个体化因素的影响。"[1]在环境风险项目的监督中同样如此,社会个体都有自身的利益需求,如有的认为环境风险项目会促进当地的经济发展,愿意忍受由此带来的环境风险;有的则认为环境利益的保护高于一切,不允许任何环境风险存在。个体往往会站在自己的角度考虑问题,从而形成不同的观点,存在相互矛盾的利益诉求和非理性的表达方式。从政府和企业的角度看,公众繁多的、非理性的意见,也加重了政府和环保监管部门的工作量,难以对海量的信息进行一一核实、分析和及时有效的处理。以"12369"监督平台为例,每年接收到来自全国各地的环境举报信息几十万件,一个案件办理就需要花费近一个月的时间,而案件的数量每年还在迅速递增,即使借助大数据技术辅助分析,也需要派遣工作人员对案件情况跟进和落实。特别是对于环境风险项目,一般投资较大、项目影响广泛,既需要公众监督,也不能因公众的非理性监督而使项目陷入困扰。综上,增强公众监督的能力和效率实属必要,提升公众监督的能力和效率应当从以下几方面入手:

第一,选定公众监督代表组织。环境风险项目的典型特征是

---

[1] 朱谦. 公众环境行政参与的现实困境及其出路 [J]. 上海交通大学学报 (哲学社会科学版), 2012 (1): 34 – 41.

由小部分人因为社会公共利益而承受负外部性，公众的监督意见可能确实存在损失，也可能是基于心理不平衡，社会个体的意见很难达成一致，而这种个体的、分散的意见往往不具有全面性和影响力，也难以被项目方或是政府重视。环境风险虽然与项目影响范围内的公众息息相关，但也并非要求每一位公众都参与每一个事项。实践证明，利益群体必须通过一定的组织形式作为代表，才能推动利益的实现。因此，应当选定公众监督代表组织。因为监督代表组织可以汇集公民意见，开展讨论，统一听取来自分散的社会个体的意见，对这些监督意见进行汇总、整理和分析，形成整体的监督意见并集中表达，使监督意见更具有针对性和落地性，监督行为更具理性和科学性，从而引发项目主体对监督意见的重视和思考，让监督更有力量。

第二，借助专业力量提升公众履职水平。公民监督的专业力量提升主要来自政府或第三方环保机构。就政府而言，在环境风险项目中，政府应当成为公众的信息提供者和专业咨询者。政府可以就特定的项目确定一个专业团队，为项目中的法律知识、项目常识等方面提供咨询，引导社会公众和企业在法律的范围内开展工作，以促使公众监督合法、合理、高效。就第三方组织而言，公众可以选择具有专业力量的第三方组织直接作为监督代表，这可以增强监督的专业性，而对于选定的非专业组织作为监督代表的，也可以借助专业组织力量弥补监督专业的不足。

当前，我国的社会组织蓬勃发展，如在《中华人民共和国民事诉讼法》和《环境保护法》确立其环保组织可作为环境公益诉讼主体后，其更加积极地投入与社会公众密切相关的环境保护具体工作中，越来越多的志愿者也加入其中，专业能力不断增强，成为普通百姓身边的一支具有专业力量的队伍。借助第三方社会组织的专业能力，也是促进公众监督专业化的有效途径。

2. 推动新闻舆论监督

新闻舆论监督也是一种重要的社会监督机制，当前的新闻报道途径较多，既可以通过传统的电视、广播、报纸等方式进行公开和披露，也可以通过自媒体等方式，正是这样全方位、多方式和便捷的公开途径，使新闻舆论监督成为环境风险项目的重要监督途径之一。

推动新闻舆论监督，应当从以下方面完善环境风险项目新闻媒体监督机制：第一，在不涉及国家秘密、商业秘密的情况下，应当充分发挥新闻媒体的监督作用，让环境风险项目成为新闻媒体报道时常关注的焦点，使社会公众通过媒体的报道获悉更多关于环境风险项目的信息。第二，政府应当支持和鼓励环境风险媒体设立环境风险项目的专栏，通过专门栏目，一方面，让环境风险项目成为新闻舆论长期关注的对象，保持新闻舆论监督的常态化、即时性。另一方面，环境风险项目新闻专栏也可以成为社会民众反映问题、解答困惑的渠道。站在媒体监督的视角，既助力社会公众的监督，也化解社会公众在监督过程中的困惑和难题，还可以促成项目方或政府与社会公众之间的交流和沟通，引导社会公众依法、依规行使权利，这样也有利于环境风险项目的信任机制建设。

当然，新闻媒体应当配备审核人员，对所公布的监督信息进行审查，确保报道合法、真实，而环境风险项目本就容易引发重大冲突，新闻媒体应当引导社会公众依法表达合理诉求。

第五节 完善的环境风险项目纠纷多元化解决机制

随着我国经济的发展和社会的变革，风险意识增强、社会冲突频发，社会公众对于环境风险非常敏感，环境风险日益成为备受关注的重要社会风险类型。在这种背景下，环境风险项目引发的社会群体性冲突事件日益增多，对社会稳定和发展造成了影响，也让环境风险项目的建设举步维艰。因此，对于环境风险项目引发的纠纷，必须有合理的应对机制。

健全的纠纷解决方式能够快速缓解各方矛盾，促进群体事件的预防和解决。同时，健全的纠纷解决方式也为环境风险项目的社会公众提供了预期的权益维护和救济途径，使他们不再担心产生问题或遭受损失后无处问询，这也是构建环境风险项目信任机制的重要方面。当前，对于环境风险项目纠纷的解决方式仍然比较单一，处理机制也不成熟。有些地方要么惯用警力威慑等传统方式简单处置社会冲突，要么采用停止项目等最直接的方式来化解矛盾纠纷。这种方式虽然可以息事宁人，但项目却无法开展。❶环境风险项目一般是具有社会公益性的重大项目，既需要考虑社会公共利益，也需要考虑因项目受到影响的群体的利益。因此，依靠单一的纠纷解决方式很难化解生态环境风险项目产生的矛盾和冲突，应当建立环境风险项目纠纷多元化解机制，推动纠纷及时、高效地化解，促进项目的有序推进。

---

❶ 刘岩，邱家林. 转型社会的环境风险群体性事件及风险冲突［J］. 社会科学战线，2013（9）.

一、构建环境风险项目的磋商机制

如前所述，大量环境风险项目纠纷的产生，并非因为对当事人造成实质损失。一方面，当事人出于对项目带来风险的担忧和恐惧，抗拒环境风险项目的建设；另一方面，是基于不公平的心理特征，认为将具有风险的项目建设在自己的周边，自己可能会获得一时的补偿，却要承受长年的风险，获益的却是与自己无关的其他市民，因此产生排斥心理。对于这类纠纷，磋商具有独特的作用。

磋商是指当事人双方在没有任何强制力的情况下进行协商。它的典型特征是体现了双方当事人的合意，无任何强制力，能够高效快捷地化解纠纷。第一，磋商能有效消减双方的对抗情绪。在磋商阶段，项目方和环境风险项目的利害关系人是平等主体，这种磋商过程也是当事人不断了解对方需求和项目风险的过程，通过磋商沟通，既可以让项目方明白社会公众一方的担忧，在尽力尊重对方意见的基础上，寻找一致的解决方案；也可以让社会公众一方了解项目的真实情况，明白自己的需求方向，能够相对客观地评价环境风险项目。通过这种开诚布公的协商，有效弱化双方的斗争和对抗情绪，对于推进双方矛盾的解决具有重要意义。

第二，磋商能够提出多样的利益补偿方案，推动双方的共赢。磋商的终极目的还是涉及当事人双方的利益平衡问题，特别是部分群体因为不公平的想法而抵抗项目开展的情形。在磋商过程中，双方可以就补偿方案进行协商解决，不再局限于当前主要的经济补偿模式。例如，可以通过修建娱乐设施、提供就业岗位、安排学习培训等方式，改善受到影响的利益群体的生活条件和生活环境。这种多样化的补偿模式，让社会公众感受到环境风险项目并非只是带来风险，也能带来当地经济发展和生活品质的提升。他们对项目的思考不会再局限于环境风险，而是会从多方面来考量环境风险项目。这样相较于规定一个统一的经济补偿标准而言，将补偿的方式和模式交由当事人双方合意来化解，使双方成为具有利益信赖关系的主体。项目方希望积极地推进项目，而与项目具有利害关系的公众也希望项目有效开展来实现自己的多重利益，双方通过合作，实现了共赢。

第三，磋商所达成的协议能够得到更好的遵守。磋商是一种有效的民主模式，在双方平等自愿的基础上达成的协议，相较于政府的行政命令，自然更能得到社会公众的认可，遵守双方的约定也更具有自觉性。因此，磋商机制的构建对于环境风险项目的纠纷化解具有重大意义。当然，如何保障磋商的平等性、公平性和透明性也是磋商过程中应当充分考虑的问题。环境风险项目磋商机制的构建应当从以下方面着手：

（一）确定环境风险项目的磋商制度

在项目选址、实施、运行过程中，争议双方都可以通过磋商的方式来解决争议，营造环境风险项目友好磋商的氛围。应当在环境风险项目相关的行政规定或是规范性文件中，明确环境风险项目的磋商制度，让磋商的实施有据可依，使磋商成为矛盾纠纷化解的常态。

（二）明确环境风险项目磋商的参与主体

环境风险项目涉及政府、项目企业和因项目受到影响的公众，这三方都可能成为磋商的主体。当一方的行为对另一方造成损害或者可能带来风险时，责任主体与利益受损主体都可以采取磋商的方式解决。政府应尽量减少在环境风险项目中的行政命令、行政强制等措施，社会公众不能动辄就游行抗议、集聚阻工进而发生暴力冲突，企业更应当积极参与，而不是回避问题，依赖于政府的解决。当然，三方均可以参与磋商，但并非所有的人员都需要参与磋商程序，同样应当确定代表主体。

第一，就政府部门而言，需要明确分工和职责，确定代表政府的磋商机构。对于重大的环境风险项目，政府可以设立专门的纠纷化解机构，代表政府与项目方进行磋商；对于没有设立专门机构的，政府可以根据实际情况由法制部门、信访部门或项目所在地的基层政府等参与磋商。政府只有明确主体和职责，才能有效推动磋商的进行。第二，就项目实施企业而言，也应当确定负责磋商或纠纷化解的部门。特别是人员流动较大、环境风险项目周期较长、随时可能爆发矛盾纠纷的项目企业，应当设立环境风险项目纠纷化解的专门机构，以确保磋商开展的衔接性和稳定性，不因人员变更而导致磋商流产。第三，就社会公众而言，人员较多，观点较杂，为了确保磋商的效率和成功率，更需要确定利益代表主体。可以参照前述公众监督代表组织选定的方式，选定磋商的代表人员或组织，也可以由公众监督代表组织直接参与环境风险项目的磋商程序。

(三) 完善环境风险项目磋商程序

磋商虽然是当事人双方的合意表达，但也不能无序地随意进行，应当确定磋商开展的流程和程序，否则可能会出现焦点涣散、久磋不决的现象，无法达到磋商的目的。确定磋商的程序实属必要，在确定磋商程序时需要注意以下几个方面。第一，发出磋商邀请。任何可以作为磋商主体的一方，均可以向另一方发出磋商的邀请，以寻求问题的解决。如果没有一方主动，就无法形成磋商的合意，因此磋商的启动必须由一方主动发出邀请。对于涉及社会公众与政府的磋商事项，应当由政府发出邀请；对于企业与社会公众的磋商事项，应当由企业发出邀请。当然，社会公众也可以向政府或企业发出磋商邀请，以确保磋商的顺利启动，提升社会公众对政府或项目企业的信任度。发出磋商邀请时，应当明确磋商的时间、地点和事项，并给予对方一定的准备时间。第二，磋商回应。在规定的时间内，收到邀请的主体应当及时回应，填写愿意磋商的书面意见，并对磋商的议题进行罗列或整理，进一步明确双方的磋商焦点；未及时回应的，应当视为拒绝磋商，以便转入其他程序。第三，磋商流程的开展。双方可以分别对磋商内容发表意见，逐渐形成双方合意的基础，推动磋商协议的达成。第四，双方达成的磋商协议，应当具有合法性、合理性和可操作性。磋商协议达成后，可以对磋商协议进行公示，并交由政府相关部门备案。为了使磋商协议具有强制执行力，对于具有强制执行内容的磋商协议，可以向人民法院申请司法确认。

（四）构建环境风险项目磋商保障机制

推动磋商的配套机制主要体现在以下几个方面：第一，政府为环境风险项目的磋商留有空间。在政府进行项目相关问题的决策时，应当为企业和社会公众的磋商提供空间，涉及与社会公众利益相关的事项时，政府应当将决定权交由社会公众，政府不应代替社会公众做决定。如环境风险项目的补偿，政府不得擅自与项目方以签订协议或单方发布行政决定的方式来确定，而应当交由项目企业与社会公众进行磋商。第二，政府为环境风险项目的磋商提供支持。为确保磋商的公平性、公正性，不因信息不对称、能力不均等问题阻碍磋商的开展，政府应当为磋商提供支持，包括信息共享、专业解答等方面。第三，提升磋商的权威性。对于政府而言，需要磋商的项目，磋商的效果和成果可以纳入绩效考核。对于企业而言，应当将磋商化解纠纷的情况作为其实施项目评价和评估的依据。

二、健全环境风险项目纠纷的调解机制

调解与磋商都是一种沟通协商、尊重双方当事人合意的纠纷化解模式。当然调解与磋商也存在不同，磋商更多的是当事人双方自行开展活动，调解则必须有调解组织或调解人员，在调解组织和调解人员的主持下对双方的争议和矛盾进行协商，达成共识。调解对于促进环境风险项目纠纷化解同样能起到重要的作用。

孔子说："礼之用，和为贵。"长期以来，我国形成了调解适用的社会环境，也出台了很多关于调解的法律规定，如《中华人民共和国人民调解法》《人民法院民事调解工作若干问题的规定》等。在20世纪80年代的美国，对于产业公害等社会冲突问题的化解，调解也曾是重要的手段之一，并形成了相应的制度[1]。这些都说明调解对于社会矛盾的消除和化解具有独到的作用，同样也应当适用于环境风险项目的纠纷中，在环境风险项目中应当构建调解机制。当然，对于调解机制的构建，除了可以参照磋商的相关程序或流程，确定参与主体和利益代表主体、确保平等性和公正性外，还应当注意以下内容：

（一）搭建环境风险项目调解平台

环境风险项目调解平台的搭建是调解工作的基础。如果没有一个机构集中接受项目相关主体的调解申请并开展调解工作，调解的启动都将是个难题。因此，搭建环境风险项目调解平台尤为重要。

---

[1] Henry J. Brown, Arthur L. Marriott. ADR Principle and Practice [M]. London: Sweet and Maxwell. 1999: 311 - 312.

首先，明确环境风险项目调解的专门组织或机构。环境风险项目的调解平台搭建应当由政府主导，政府可以在项目所在地的职能机构中，明确环境风险项目调解机构或组织，也可以与其他调解组织合作，由具体的调解组织承担环境风险项目的调解工作。该调解机构主要负责调解申请的受理、调解流程的安排、调解人员的通知或选聘、调解记录的制作、调解文书的出具等工作。

其次，提升调解组织的信息化程度。环境风险项目的周期较长、专业性很强，调解方案的设定很可能需要依赖专业的设备进行呈现，需要依托信息化程度更高的调解组织来开展工作；另一方面，环境风险项目的主体较多，虽然有利益代表主体，但调解工作的沟通和解释工作难免需要面对大部分的社会公众，因此需要构建信息化程度较高的调解平台，让更多的人通过网络平台等方式参与和知悉调解工作，并接受调解结果。

最后，调解机构还应当注意与其他调解机构、人民法院进行衔接。当前，我国的调解机构较多，包括人民调解委员会、司法行政部门等。一方面，应当注重发挥不同调解机构的优势，形成环境风险项目纠纷化解的合力；另一方面，同一纠纷可能在不同的调解机构中开展调解，通过衔接避免重复调解或虚假调解，推动调解工作的一致性。另外，调解机构还可以与人民法院的司法确认工作进行衔接，对于专门调解机构达成的调解协议，双方当事人可以持调解协议书，根据已有的法律规定，尽量便捷地开展司法确认程序。

（二）促进调解人员选定的科学性

调解人员对于调解程序的推进、调解内容的合法性、专业性把控和调解效果起着关键性作用，调解人员的选聘也是环境风险项目纠纷化解的重要环节。特别是对于环境风险项目，调解人员的选定应当注意以下因素。

首先，调解人员的选定应当注重专业性和经验性的融合。调解是一门兼具专业性和经验的技术活，并非所有的专业人员都具备调解的经验或技巧，也并非所有经验丰富的调解员都能解答调解中遇到的专业性问题并出具专业的调解方案。特别是环境风险项目，专业性强、技术性高、主体众多、利益多元，在这种情况下调解人员的专业性和经验尤为重要。调解组织可以根据环境风险项目的实际需要，制定一个调解人员选定名单，并对调解人员进行分类，注明个人的专业优势，当环境风险项目的纠纷需要进行调解时，就从该名单中进行选定，这样既能保障调解的专业性，也能提升调解人员选定的效力，无须在申请调解时向社会招募或邀请调解员。

其次，调解人员的选定应当兼具民主性和强制性。环境风险项目的典型特征是主体众多，而环境风险项目冲突的最大特点是社会公众无法建立起对项目的信任。因此，贯彻民主原则也是调解应当注意的工作原则，这一原则在调解人员的选聘中也应当有所体现。在美国法院附设调解中，双方可以从法院提供的调解员名单中各选择一名调解员，再由两位被选出的调解员共同选择一名中立的调解员进行调解。[1] 环境风险项目的调解也可以借鉴这一做法，即由双方各自从调解员名册中选择一名调解员。自己选择的调解员能够给当事人带来一种无形的亲切感和信任感，当事人更愿意听从调解员的建议，这有利于提升调解的成功率。当然，在双方各自选择完调解员后，调解组织仍然可以根据双方选定的情况和专业能力再选定一名调解员，这样既可以避免双方在调解

---

[1] 尹力. 中国调解机制研究 [M]. 北京：知识产权出版社，2009：180.

过程中因被选择调解员的立场而针锋相对，也可以弥补双方在选定调解员方面对于专业的忽视，弥补专业能力的不足。如双方都选定了专业型的调解员，调解组织就可以再选定一名经验型的调解员，促进专业的优势互补。强调调解人员选定的强制性，是指在规定的时间内，双方都无法选定调解员的情形下，不能因选择调解员的程序而影响整体的调解进展。此时，专门的调解组织或机构可以自行决定调解员的选定，以提升调解工作的效率。

三、推进环境风险项目纠纷的仲裁机制

仲裁也是纠纷化解的一种重要途径。仲裁相较于诉讼而言，更具有效率性和便捷性；相较于磋商和调解而言，更具有强制力的保障。在仲裁阶段，可以申请财产保全，仲裁裁决可以直接向人民法院申请强制执行。因此，环境风险项目纠纷也可以选择仲裁的方式解决。

对于环境风险项目纠纷的仲裁，一方面要引导和鼓励环境风险项目主体选择仲裁方式。当然，仲裁针对的是具有财产利益特性的纠纷，行政决定无法通过仲裁进行裁决，而相关主体达成仲裁合意的范围也应当限于具有财产利益的范围。如经济补偿、改善生活环境相关设施的建设等。另一方面，要设立专门的环境保护仲裁机构。环境纠纷具有高度的技术性和科学性，普通的仲裁机构很难胜任相关纠纷的仲裁，环境风险项目纠纷亦是如此，因此应当设立专门的环境保护仲裁机构。当前，我国的仲裁模式包括行政仲裁模式（如劳动仲裁）和民间仲裁模式（如民商事仲裁机构）。由于环境风险项目纠纷的主要原因是社会公众对政府和企业的不信任，而政府本身也是环境风险项目的决策主体，也可能成为纠纷的被诉对象，因此环境风险项目的仲裁机构不

宜采用行政仲裁模式，应当设立专门的非政府性仲裁组织，既确保环境风险项目纠纷仲裁的专业性，也确保仲裁的中立性和公正性。[1]

四、完善环境风险项目纠纷的诉讼机制

诉讼是权利救济的最后途径，当纠纷无法通过磋商、调解等非诉讼方式化解时，只能以诉讼判决来对双方的权利义务进行评价和对责任进行划分。当然，环境风险项目利益冲突引发的诉讼仍然要遵循一般的诉讼规则和诉讼规律，但由于项目的特殊性，法院在审理环境风险项目的纠纷中应当根据项目的特点完善相应的诉讼机制。

（一）将环境风险项目相关诉讼纳入环境诉讼的范畴

引发环境风险项目诉讼的纠纷类型可能是合同纠纷、侵权纠纷或其他纠纷。但无论是何种纠纷类型，因环境风险引发的诉讼都不可避免地要对项目本身的风险进行审查，如项目是否存在环境风险、环境风险如何化解、置于环境风险之中的权益如何保障等，这些问题都关系到合同的效力、履行等，也关系到侵权责任认定时的责任确定和分配。而这些问题因其高度的法律专业性和涉及法律关系的复杂性，对法官的审理能力是重大考验。另外，由于环境风险项目的主体众多，关系复杂，因项目引发的诉讼可能包括民事诉讼，也可能包括行政诉讼，甚至这两类诉讼存在关联性。但根据当前的审判机制，这两类不同的诉讼将分别由民事审判庭或行政审判庭审理。这样，将同一事项分别置于不同的审

---

[1] 王建华，王缘. 环境风险感知对民众公领域亲环境行为的影响机制研究［J］. 华中农业大学学报（社会科学版），2022（6）：68-80.

判机构进行审理，一方面不利于审理法官具有对案件的整体性思维，不利于纠纷的整体化解。另一方面也可能会延长审理期限，而这对于投资巨大的环境风险项目而言，审理期限的延长极有可能造成损失的持续扩大。

当前，我国的环境诉讼已经呈现司法专业化和专门化的趋势，突破了传统的诉讼审判机制，形成了专业的环境审理队伍，设立了专门的环境法庭，使得诉讼审理的专业度和效率更高。将环境风险项目纳入环境诉讼的范畴，能够促使环境风险项目纠纷统一放到环境纠纷审判庭进行审理，也确保了环境项目纠纷审理的高效、客观，也更符合环境项目纠纷化解的需求。

(二) 加强环境风险项目诉讼信息的整合与沟通

由于环境风险项目的显著特点是利益主体众多，同一环境风险项目同时面临多起诉讼的可能性也增大。在不同法院起诉、不同审判庭审理的情况下，因受提交证据的情况、法官自由裁量等因素的影响，同样的诉讼可能会出现不同的司法判决，同案不同判的现象将进一步损害社会公众对环境风险项目的信任。因此，不同法院之间应当通过诉讼信息平台加强环境风险项目诉讼信息的沟通与整合，以便审判人员对案件有统一的认识，形成相对一致的判决结果，促进案件的同案同判。

(三) 形成环境风险项目诉讼审理的指引

诉讼审理指引对于各级法院的审理具有参考意义。最高人民法院可以综合全国各地环境风险项目已经发生的纠纷情况，梳理环境风险项目可能存在的纠纷类型，并针对特定的纠纷类型制定相应的审理指引。在制定诉讼指引时，也可以选取部分具有代表性的案例作为典型案例进行发布。一方面，可为具体从事环境项目纠纷审理的法官提供参考，提升法官的专业能力，促进全国范围内环境风险项目纠纷裁决的相对一致性。另一方面，审理指引并非仅为法院内部文件，特别是指引中涉及的典型案例也应当对外公开，使社会公众对于环境风险项目纠纷的诉讼有清晰的认识和预判，不会因为诉讼结果而抱怨司法不公、政府干预，这对于维系社会公众对环境风险项目的信任机制亦具有推动作用。

第六章
环境风险项目社会信任机制的适用场域

随着我国现代化和城市化的不断发展，我国城市规模不断扩大，工业水平持续提高，由此导致公共设施和工业企业建设需求量提高，致使越来越多的环境风险项目在各地不断涌现。这些环境风险项目一方面有利于社会公众的生产生活、推动当地经济发展、促进城市的可持续发展，如垃圾焚烧发电项目可以有效解决城市发展和人口增长所带来的垃圾处理问题，具有垃圾处理"减量化、无害化、资源化"的优势；PX项目可以有效解决我国对PX日益增长的需求问题，并且还可以促进当地经济的发展；核电站项目可以有效解决我国日益增长的能源需求问题。但是另一方面，公众环保意识的日益提高、缺少有效的风险沟通、公众参与力度不足等诸多因素，以及环境风险项目自身所具有的负外部性、风险潜在性、非自愿承担性和规避高成本等基本特征❶，导致公众对于某些环境风险项目缺乏信任，进而引发邻避现象，致使有些环境风险项目最终未能成功进行。因此，有必要构建环境风险项目的社会信任机制，解决环境风险项目所遇到的信任困境。

环境风险项目社会信任机制适用于环境风险项目的全生命周期。本章将选取环境风险项目决策、建设、运行和终止各个阶段的典型案例❷，以社会信任机制的视角分析环境风险项目全生命周期不同阶段所应关注的因素和重心，从而更好地防控环境风险项目中的风险，建立社会信任机制。

第一节 环境风险项目的决策阶段

本节选取两个环境风险项目典型案例进行分析，其中一个案例是一起典型的在决策阶段原选址失败最终迁址的案例，而另一个案例是一起典型的在决策阶段成功化解邻避冲突选址成功的案例。对这两个案例的风险防控和演进情况进行分析，有助于考察环境风险项目决策阶段社会信任机制应关注的因素和重心。

一、决策阶段的案例分析：风险防控不足与信任机制不畅

（一）案例介绍

A 区经济发达、工业产业聚集，导致该地区人口众多，垃圾的日产生量达到 2000 吨。如果按照这个垃圾产生量持续发展下去，

---

❶ 谭爽，胡象明. 公民性视域下我国邻避冲突的生成机理探析——基于 10 起典型案例的考察 [J]. 武汉大学学报（哲学社会科学版），2015（5）：36.
❷ 本部分案例源于现实案例，基于学术分析要求，省去相关地名。

A 区内现有的垃圾处理厂在未来将难以应对。所以，现实情况要求 A 区政府尽快建设新的垃圾处理项目来解决垃圾日益增加的问题。2006 年 8 月，该垃圾焚烧厂项目选址确定。然而，直到 2009 年 9 月，选址地周边公众才通过新闻媒体、网络等渠道得知垃圾焚烧厂建设的消息。10 月，项目选址地周边业主们自发组织前往多个小区人流量较大的区域，宣传建设垃圾焚烧厂的危害。同时，还有许多业主通过政府职能部门网站反映意见。在这期间，媒体也进行了广泛报道。11 月，某省省情中心对项目选址地周边小区业主和村民进行的调查显示，97.1% 的受访居民表示对建设垃圾焚烧发电厂持反对态度，这表明绝大多数当地居民对垃圾焚烧厂项目存在强烈的反对意见，对环境和健康问题的关注和担忧。并有公众质疑项目评审专家与垃圾焚烧项目有利益关系。12 月，由于环境影响评价阶段受到大多数人的反对，A 区垃圾焚烧发电厂项目已经停止。2011 年，A 区政府根据社会公众的意见、专家的论证和环境影响评价分析内容确定了新的厂址。

（二）风险成因分析

1. 政府封闭决策

环境风险项目的决策选址涉及许多利益相关者，其最终决策选址应该是多元主体协商讨论的结果。而我国个别地方政府对于环境风险项目的决策过程往往是传统的、封闭的，即决策的整个过程限定于政府内部，不公开、不透明，在决策过程中奉行科学至上的理念，仅仅以专家的科学结论为主，认为公众就应当接受科学结论，忽视了公众在环境风险项目决策过程中的主体地位以及他们的感受。政府决策过程遵循着"决策—宣布—辩护"的决策模式，其结果往往是一选就闹，一选就停。个别地方政府封闭式的决策过程剥夺了公众的知情权、表达权和参与决策权，从而引发了公众的不信任和质疑，进而引发邻避现象。

在 A 区垃圾焚烧厂案例中，垃圾焚烧厂项目 2006 年选址获批准，至 2009 年 9 月，大多数公众才开始通过各种渠道知道项目存在的消息，中间 6 个月关于项目的消息一直是少数人知晓。正是因为地方政府较为封闭的决策过程，没有高度重视公众在决策过程中的参与权、知情权、表达权，让公众被动地接受，才引发了公众的不信任和质疑。

2. 风险认知差异

由于环境风险存在科学不确定性，[1] 以及不同的人自身经验、认知、知识水平不同，导致专家、公众等利益相关者对于环境风险项目的风险认知差异较大。再加上政府、专家与公众间的沟通和协调的不足，造成了公众对环境风险项目的不信任。

在 A 区垃圾焚烧厂案例中，政府邀请专家对垃圾焚烧技术的科学性和可行性进行正面论证，希望以科学的解释促使公众支持该项目。但是，由于专家更多的是从科学性、技术性角度出发看问题，不能设身处地地理解公众的情绪和感受，以及公众和专家的知识、认知不同，造成了风险认知的差异。同时，因为专家给公众进行解释更多的是单向输入，未实现双向交流，再加上 A 区垃圾焚烧厂事件中专家身份被公众起底受到质疑、部分技术专家加入公众反对阵营、公众考察垃圾焚烧厂的糟糕体验等因素，使得公众和专家的风险认知差异进一步扩大，造成了公众的不信任，从而最终导致公众反对修建 A 区垃圾焚烧厂。

3. 舆论放大风险

在环境风险项目事件中，舆论对风险的放大或降低有着重要

---

[1] 秦天宝．风险社会背景下环境风险项目决策机制研究［J］．中国高校社会科学，2015（5）：133．

作用。而在舆论形成和发展的过程中，媒体往往起着重要作用。在 A 区垃圾焚烧厂案例中，舆论通过媒体这一风险放大站的传播报道不断发展，将风险不断放大，再加上政府应对措施不力，从而导致社会风险的形成，最终影响政府决策。

具体而言，2009 年之前，很少有媒体报道 A 区垃圾焚烧厂选址事件。然而在 2009 年 A 区垃圾焚烧厂选址通告发布之后，媒体便开始报道 A 区垃圾焚烧厂项目，公众才广泛知晓这一事件相关信息。由于大部分公众获知这一事件相关信息首先是从媒体处得知，而不是从政府的公示宣传得知，所以此时公众已对项目产生了不信任感。随后，公众开始反对，这一事件受到全社会关注，各媒体进一步加大对该项目相关信息的报道力度，网络上的舆论也随着公众的交流讨论而相应发展。随着媒体的介入，这一事件的程度上升到了决策公平、公众参与主题的程度，由此导致该项目的舆论迅速向着负面的方向发展，风险被放大。之后，舆论进一步发酵。由于媒体自身存在的目的性、功利性，媒体会倾向于报道大众所感兴趣的事件，所以在 A 区垃圾焚烧厂冲突事件后期，媒体的报道多偏向公众，受公众意见的影响较大，进而将公众的抗争更加广泛地传播，使得舆论通过媒体不断地放大风险，造成公众意见不断加剧、公众对政府信息的信任程度不断降低。

4. 公众参与不足

在 A 区垃圾焚烧厂案例中，政府的选址决策过程较为封闭，未广泛收集公众的意见，并且对相关信息不公开透明，致使许多公众对整个选址决策过程毫不知情。这种将公众排斥在决策过程之外，使公众被动接受的做法必然导致公众对政府选址决策的不信任，造成了 A 区垃圾焚烧厂选址公告后公众的质疑。之后，面对公众的质疑，政府不仅未与公众开展积极有效的风险沟通，及时进行邻避冲突治理，实现充分的公众参与，而且对公众在相关政府职能部门网站上反映的意见采用模板式的相同回复，用消极的态度对待问题，从而致使冲突进一步升级。公众参与不足，公众的意见无法得到有效回应，公众无法与政府进行有效风险沟通，致使公众对政府的选址决策产生不信任。

二、决策阶段的案例分析：风险化解与信任的产生

（一）案例介绍

随着B区生活垃圾总量逐年增加，现有的垃圾处理设施处理能力不足。为此，2014年3月，B区规划新建一个垃圾焚烧发电厂项目。该垃圾焚烧项目相关信息经过公示后，立刻引发了项目周边公众对该项目的担忧，公众担忧的内容主要为项目可能对身体健康、周边自然环境等带来不利影响。4月，项目周边公众向B区政府提交了一份联合签名反对建设该项目，但未得到回复。5月，项目周边公众得知项目准备开工建设的消息后，近千名村民反对在拟选厂址建设垃圾焚烧厂。随后该垃圾焚烧项目被暂时停工。

在之后的一年内，B区政府作出了如下措施破解了邻避困境。

第一，积极进行信息公开和沟通，获取公众的信任和支持。一方面，B区政府坚持对项目相关信息进行公开，还构建了沟通对话平台来听取民意，对公众提出的建议积极采纳并落实；另一方面，开展了积极有效的风险沟通，并多次组织公众参观考察外地垃圾焚烧厂成功建设案例，以及召开垃圾焚烧项目答辩会来获取公众的信任和支持。第二，政府引进了在环保能源领域具有较强专业性、权威性和丰富建设运营经验的专业公司负责该垃圾焚烧厂项目的建设、运营、管理；第三，在项目监管方面，B区政府在

面对市民的项目答辩会上承诺采用"日常四层监管,居民随时监督"的模式;第四,在利益补偿方面,政府通过各种方式对该项目所在的区域进行了相应的利益补偿。

通过以上措施,该项目最终赢得了公众的信任和支持,在原址成功开工建设。

(二) 成功化解风险原因分析

1. 科学决策过程

在 B 区垃圾焚烧厂案例中,政府改正自身不足,重新进行科学的决策过程,最终赢得了公众信任。

第一,政府严格履行法定程序,完成了项目建设所需要的环境影响评价、社会稳定风险评估、报批报建等各项相关工作,做到了项目未履行完法定程序之前绝对不会动工的承诺。政府还积极邀请市民全程参与该垃圾焚烧厂项目的前期工作,充分征求市民意见。

第二,政府更换了之前颇受公众质疑的项目业主单位,引进了更具专业性和更好声誉的业主单位。

第三,政府与公众积极进行交流沟通,并对公众承诺采用"日常四层监管,居民随时监督"模式对项目进行监管。所谓"四层监管"是指第一层是政府层面,由政府相关部门对企业进行监管;第二层是公众层面,聘请周边公众以环保监督员的形式对企业进行监督;第三层是企业自律,即市民可以随时预约参观垃圾焚烧的全过程;第四层是第三方监督,由政府部门聘请专业的第三方机构来监测,实现对企业运营的监管。并且在垃圾焚烧厂建成投运后,项目周边公众还可以以环保志愿者身份进入厂区,随时对垃圾焚烧运营过程展开监督。

2. 合理利益补偿

在环境风险项目中,项目所在地周边居民由于项目本身的负外部性,往往要承担负外部效应。同时,即使对周边利益相关者进行补偿,环境风险项目自身特性,所涉利益相关者众多,影响对象难以具体明确,补偿标准难以具体确定,传统的金钱补偿难以具体实施,致使公众不信任和不支持环境风险项目。

而在 B 区垃圾焚烧厂项目中,通过合理的利益补偿,建立了公众的信任,获得了公众的支持。

第一,政府组建了协调委员会,对选址地周边居民挨家挨户进行走访,充分了解居民利益诉求,对居民普遍关心的拆迁问题给予了及时的回应,告知居民拆迁具体措施和补偿明细。区政府还制定了选址地附近未来几年的政策安排,及时与居民交流,帮助居民理解政策。

第二,政府成立了基金会,将该项目建成后拟收的垃圾焚烧补偿费、税费的绝大部分用于项目所在地的环境改善。

第三,政府为了保障项目选址地产业发展,针对项目所涉及的区域下达了一千亩土地指标。并且区政府还在项目选址地的周边提前实施了多项民生实事工程,对项目选址地周边配套基础设施积极进行完善。此外,政府还给予当地垃圾处置异地补贴等政策支持。

第四,区政府投入相应资金推动项目选址地的发展。区政府对项目所处区域投入相应资金,改善当地自然生态环境、生产生活环境,将当地打造成适合休闲娱乐的区域。于是,伴随着相关设施建设到位,许多乡村旅游休闲娱乐项目先后落户,从而带动了项目所在地周边公众的就业,增加了周边公众的收入,促进了当地经济的良性发展。

3. 充分的公众参与和有效的风险沟通

在环境风险项目中,政府要建立公众信任,有效的风险沟通和充分的公众参与是必不可少的。在 B 区垃圾焚烧厂案例中，政府通过以下措施实现了充分的公众参与和有效的风险沟通，从而建立了公众信任。

第一，政府对项目周边公众进行大范围的一对一走访，充分了解公众的意见，与公众实现双向互动，增进公众对项目建设的理解。同时，在此基础上，政府还通过召开垃圾焚烧项目答辩会，对公众代表提出的与垃圾焚烧项目相关的问题一一进行回应，及时解答公众的疑惑，消除了公众的忧虑，实现了有效的风险沟通。

第二，政府对公众提出的垃圾焚烧项目运营如何避免污染、垃圾运输过程应达到的要求等相关意见进行了相应的采纳并落实，实现了充分的公众参与。同时，政府进行了充分的信息公开，对项目技术、指标、环评报告等相关信息进行公开，并且把项目相关环境监测数据和细节及时公布，充分保障公众的知情权。

第三，政府多次组织项目选址地周边公众去考察外地垃圾焚烧厂成功建设案例。通过多次的考察活动，有效降低了当地公众对于垃圾焚烧项目的风险认知，打消了公众心中的疑虑和担忧，获得了公众的信任和支持。

三、决策阶段社会信任机制的考量因素

环境风险项目在决策阶段要获得公众的信任和支持，需要社会信任机制发挥作用，因此有必要对环境风险项目在决策阶段所牵涉的因素进行分析。基于此，通过对 A 区垃圾焚烧厂案例和 B 区垃圾焚烧厂案例两个环境风险项目典型案例进行分析，将项目决策阶段影响社会信任的主要因素进行对比，并将这些因素匹配至环境风险项目社会信任机制中的相应内容，从而探讨分析环境风险项目社会信任机制在环境风险项目决策阶段所关注的重心。

表 6.1　A 区垃圾焚烧厂与 B 区垃圾焚烧厂案例分析

案例	社会信任的主要因素	案例中该因素社会信任方面的体现	该因素对应环境风险项目社会信任机制内容
A 区垃圾焚烧厂案例	专家系统	专家更多的是从科学性、技术性角度出发看问题，不能充分地理解公众的情绪和感受；专家给公众解释更多的是单向输入，未能实现双向交流；专家与公众风险认知存在一定差异；部分专家身份被公众起底质疑，部分技术专家加入公众反对阵营进行争论	专家系统
	环境影响评价制度	环境影响评价制度中的公众参与未落实充分，存在不足	环境风险项目社会信任的实体保障机制
	决策程序	政府封闭决策，将公众排斥在外，未重视公众在决策过程的参与权、知情权、表达权	环境风险项目社会信任的程序保障机制
	信息公开制度	项目相关信息不公开不透明，许多公众得知项目相关信息是在政府决策选址之后	环境风险项目社会信任的程序保障机制
	风险沟通制度	面对公众质疑和意见，政府回应态度消极，未积极进行风险沟通	环境风险项目社会信任的程序保障机制
	公众参与程序	政府决策过程未广泛收集公众意见，将公众排斥在外；对公众提出的质疑和意见，未积极进行风险沟通	环境风险项目社会信任的程序保障机制

续表

案例	社会信任的主要因素	案例中该因素社会信任方面的体现	该因素对应环境风险项目社会信任机制内容
B区垃圾焚烧厂案例	环境影响评价制度	落实环境影响评价制度，完成相关工作	环境风险项目社会信任的实体保障机制
	社会稳定风险评估制度	落实社会稳定风险评估制度，完成相关工作	环境风险项目社会信任的实体保障机制
	补偿制度	通过相应政策安排、拆迁补偿、设立基金会、投入相应资金等方式进行合理利益补偿	环境风险项目社会信任的实体保障机制
	决策程序	通过严格履行法定程序、引进专业项目业主单位、充分公众参与、与公众积极沟通交流进行科学决策	环境风险项目社会信任的实体保障机制
	监督机制	政府承诺采用"日常四层监管，居民随时监督"模式对项目进行监督	环境风险项目社会信任的程序保障机制
	公众参与程序	政府多次组织项目周边公众考察外地垃圾焚烧厂成功建设案例；政府对项目周边公众进行一对一大范围走访，充分收集了解公众意见，与公众双向互动	环境风险项目社会信任的程序保障机制

续表

案例	社会信任的主要因素	案例中该因素社会信任方面的体现	该因素对应环境风险项目社会信任机制内容
B区垃圾焚烧厂案例	风险沟通制度	政府召开项目答辩会回应公众代表提出的与项目相关的问题，及时解答公众的疑惑和忧虑；政府对项目周边公众进行一对一大范围走访，收集公众意见，与公众双向互动	环境风险项目社会信任的程序保障机制
	信息公开制度	政府对项目技术、指标、环评报告等相关信息进行公开，并且把项目相关环境监测数据和细节及时公布	环境风险项目社会信任的程序保障机制

从表 6.1 可以看出，在 A 区垃圾焚烧厂案例中，专家系统、环境影响评价制度、信息公开制度、风险沟通制度、公众参与程序存在不足，以及封闭决策程序，导致环境风险项目社会信任实体和保障机制存在不足，从而未构建起制度信任，使社会信任因此降低，进而使项目原选址失败。对影响社会信任的主要因素进行考察可以发现，该案例在项目立项和选址方面缺乏科学性、民主性，从而导致项目社会信任降低。

而在 B 区垃圾焚烧厂案例中，环境影响评价制度、社会稳定风险评估制度、补偿制度、监督机制、信息公开制度、风险沟通制度、公众参与程序的构建，以及科学的决策程序，使环境风险项目社会信任实体和保障机制被构建，从而构建起制度信任，使社会信任因此建立，进而使项目成功。对影响社会信任的主要因素考察可以发现,该案例在项目立项和选址方面具有科学性、民主性,从而建立了项目社会信任。

综上所述,在环境风险项目决策阶段,环境风险项目社会信任机制是否建立对项目是否受到公众信任,进而成功与否产生直接影响。同时,对比环境风险项目决策阶段两个典型案例降低或者建立社会信任的主要因素,我们认为环境风险项目决策阶段社会信任机制关注的重心应当是项目立项和选址的科学性、民主性。

第二节 环境风险项目的建设阶段

本节选取 C 区 PX 项目案例和 D 区核电站项目案例两个环境风险项目典型案例进行分析。其中 C 区 PX 项目案例是一起典型的项目建设阶段遭到公众反对和不信任,最终迁址建设的案例。而 D 区核电站项目是一起典型的在项目建设阶段获得公众信任和支持,从而成功建设的案例。对这两个案例进行对照分析,有助于考察环境风险项目建设阶段社会信任机制应关注的因素。

一、建设阶段的案例分析:风险的放大与不信任的产生

(一)案例介绍

2006 年,C 区引进了 PX 项目,该项目总投资额为 108 亿元人民币,项目投产后每年可为当地增加 800 亿元人民币的工业产值。该项目的建设地点距离市区仅有 7 千米。2006 年 11 月,该项目正式开工建设,计划 2008 年正式投产。

2007 年 3 月,有政协委员对 PX 项目建设提出疑问,指出该 PX 项目离居民区仅 1.5 千米,存在泄漏或爆炸隐患,上百万人口

面临危险，必须紧急叫停该项目并建议迁址。之后，多家新闻媒体对这一事件进行了报道。2007年5月，网络社区出现人们讨论该项目的帖子，并且各种关于PX项目的手机短信也在C区市民中被普遍转发。无论是网络社区中的帖子还是手机短信，其中的内容多是认为项目有危害性，而且在这之中存在着部分谣言。随着这些与PX项目相关的信息通过各种渠道迅速扩散，人们对该项目安全性的质疑逐渐增强，对自身居住环境的担忧逐渐加强，风险被放大，对该项目的反对意见越来越多。

面对汹涌的民意，C区政府采取了一定措施应对：关闭当地的网络社区评论，并在报刊登环保部门答记者问的文章，强调项目"按国家法定程序批准在建"。然而遗憾的是，政府所采取的相应行动并没有平息公众对该项目的反对情绪。2007年6月1日和2日，上万名市民都表达了自身对该项目的反对意见。

面对这一事件，C区政府通过多次新闻发布会，表明项目已经停工，并进行区域规划环境影响评价。2007年12月，政府宣布完成了该地区的环境影响评价报告，认为该项目与区域空间布局存在冲突。在随后的公众参与程序中，获得的结论是广大公众和相关专家反对意见较大。同月，政府决定将该PX项目迁建。

（二）风险成因分析

1. 未落实规划要求

在C区PX项目建设阶段，引发公众不信任，进而产生环境事件的重要原因之一在于该项目所涉及的规划未及时进行规划环境影响评价，使规划中原本存在的矛盾所带来的风险因项目建设而进一步凸显，从而导致社会风险的产生。

《环境影响评价法》对规划环境影响评价作出了相应规定。然而在 C 区 PX 项目中，政府并未落实规划的要求，及时地进行规划环境影响评价，致使规划变动后，该项目变为高风险项目，对周边公众存在环境风险隐患，从而使规划中存在的矛盾显现，造成公众对该项目产生质疑和担忧，引起了公众不信任，最终导致环境风险转化为社会风险，发生环境事件。由此可见，规划环境影响评价是十分重要的，及时地进行规划环境影响评价，可以采取相应的预防对策和措施，有效预防相应的环境风险，从而避免环境风险进一步转化为社会风险，对社会的稳定造成不利影响。

2. 政府公信力下降

在 C 区 PX 项目案例中，政府的诸多行为存在不足，造成了政府公信力的下降，使得公众对政府的信任程度降低，从而对环境事件的处理造成了一定的影响。具体表现在以下几点：

第一，在项目开工建设之前，项目信息公开不充分，导致该项目仅在被政协委员提交涉及其相关提案后才被公众广泛知晓。

第二，项目建设过程中，政府在对社会舆论的正确引导方面存在不足，造成公众情绪被项目相关负面消息影响而加剧。同时，政府为对信息的公开进行控制，实行了关闭当地的网络社区评论的行为，从而进一步激化了公众情绪，造成政府公信力下降。

第三，在由项目所引发的环境事件发生之前，政府在风险沟通方面存在不足，未能与公众积极进行双向交流，充分了解公众的诉求，并作出及时的回应，从而造成了公众对政府信任的降低。

总之，政府信息公开、风险沟通、舆论引导存在不足，导致政府公信力下降，使得公众对政府的信任降低，促使环境风险转化为社会风险，从而最终导致 C 区 PX 项目环境事件。

3. 公众参与和信息公开不足

在 C 区 PX 项目中，引发公众不信任，进而产生环境事件的重要原因还有公众参与和信息公开不足。具体表现在以下方面：

第一，该项目虽然进行了建设项目环境影响评价，但是其中的公众参与并未充分落实。因为对该案例的过程进行梳理，我们不难发现公众普遍对该项目建设相关信息的知晓时间是在政协委员提交关于该项目的提案，使该项目受到媒体关注报道后，此时已经是项目正式开工建设后几个月。由此可见，项目环境影响评价的公众参与并未实际落实。

第二，C 区政府在该项目建设过程中的主动信息公开不足。案例中许多公众对于项目信息的了解是在项目建设之后，政府对项目相关信息的公开不积极。并且还存在通过关闭论坛等方式控制信息公开，意图减少社会风险，使社会稳定，然而结果却并未如政府所预计的一样，风险反而因此被放大，最终导致发生了环境事件。

因此，政府应当对环境风险项目进行充分的公众参与，使公众能够充分地表达自身意见，实现充分的沟通、交流。同时，政府还应当及时、积极地进行信息公开，使公众及时地了解到环境风险项目真实、权威、准确的信息，获得公众信任。

二、建设阶段的案例分析：风险化解与信任的产生

（一）案例介绍

D 区核电站是中国在西部地区和少数民族地区开工建设的首个核电项目。该项目一期工程于 2010 年 7 月正式开工建设，2016 年 10 月投入商业运行。二期工程也顺利开工建设。该项目的开工建

设是积极落实国家"一带一路"倡议、西部大开发以及建设北部湾经济区战略的重要举措。该项目自规划、建设和正式投入商业运行以来,并未引起周边公众大规模的质疑和反对,也未发生"邻避事件"。

(二)成功化解风险的原因分析

D区核电站项目获得公众信任和支持、破解邻避困境的原因主要在于以下几方面。

1. 落实规划要求

在D区核电站项目案例建设阶段,其获得公众信任和支持的重要原因之一在于充分落实了规划要求,避免了不符合规划所带来的风险。该项目符合《核电中长期发展规划(2005—2020年)》《能源发展"十二五"规划》等相关规划,充分落实了涉及核电相关规划要求,按照国际先进水平标准进行建设和运营,对工程建设方面引入竞争机制,全面实施招投标制和合同管理制,坚持安全第一、核电自主化等原则。从而确保项目的安全性、可靠性,避免相关风险的产生,有利于获得公众的信任和支持。

2. 落实科学选址要求

该项目选址是从广西沿海地区众多备选厂址中优选出的核电厂址,厂址附近地壳安全稳定,不存在产生强烈地震的地质构造。项目所在的北部湾海域属于边缘海,台风频率和出现海啸的可能性极低,并且D区核电厂核岛地基不存在地基土液化及地基滑动、倾覆、塌陷问题。项目选址过程严密、科学。

3. 落实合同环保要求

D区核电站项目在项目建设阶段充分落实了项目合同中关于环境保护的要求,避免了相关环境风险的产生,从而获得了公众的信任和支持。其主要表现为：

第一，该项目在建设过程中积极贯彻"预防为主、防治结合"的方针，遵守国家有关法律法规，确保环境管理工作的有效开展，建立、完善防治污染的设施，并且严格落实"三同时"制度，即项目中防治污染的设施严格与主体工程同时设计、同时施工、同时投产使用；第二，项目在建设过程中严格执行各项环境监测标准和计划，确保项目建设施工阶段不影响周边环境，并持续对环境进行监测，着重于水土保持、达标排放；第三，项目在开工建设前已充分落实环境影响评价的要求，完成了项目环境影响评价的相关工作。

4. 充分公众参与和科普宣传

第一，举办科普专题讲座，向公众科普宣传核电知识，并召开新闻发布会，介绍项目建设进展情况，回答公众和媒体关注的问题。

第二，积极开展核电科普进校园活动，在项目周边中小学开展核电科普课程。同时，在项目核电基地设置公共宣传展厅，让公众亲身体验，并开展核安全宣传教育活动。

第三，通过在报纸、期刊、电视等传统媒体上发布项目相关信息和核电科普宣传内容，通过网站、微博、微信等新媒体平台发布项目相关信息和核电科普知识，与公众进行双向互动，充分实现公众参与。

第四，开展座谈会，发放调查问卷，分批邀请周边公众、社会团体、政府部门到核电基地参观，亲身感受核电基地。

通过上述种种措施，降低了公众风险认知，打消了公众心中的疑惑，防止了谣言的传播，从而获得了公众信任和支持。

三、建设阶段社会信任机制的考量因素

环境风险项目在建设阶段要获得公众的信任和支持，需要社会信任机制发挥作用，因此有必要对环境风险项目社会信任机制在环境风险项目建设阶段所牵涉的因素进行分析。基于此，通过对 C 区 PX 项目案例和 D 区核电站项目案例两个环境风险项目典型案例进行分析，将项目建设阶段影响社会信任的主要因素进行对比，并将这些因素与环境风险项目社会信任机制中的相应内容进行匹配，可以发现环境风险项目社会信任机制在环境风险项目建设阶段所应关注的重心。

表6.2 C 区 PX 项目与 D 区核电站项目案例分析

案例	社会信任的主要因素	案例中该因素社会信任方面的体现	该因素对应环境风险项目社会信任机制内容
C 区 PX 项目案例	环境影响评价制度	未及时进行规划环境影响评价；环境影响评价制度中的公众参与未落实充分，存在不足	环境风险项目社会信任的实体保障机制
	信息公开制度	项目信息公开不充分，许多公众对项目相关信息的了解是在项目建设之后；政府存在控制信息公开的行为	环境风险项目社会信任的程序保障机制
	风险沟通制度	政府风险沟通存在不足，未能与公众积极进行双向交流，了解公众的诉求并及时回应	环境风险项目社会信任的程序保障机制
	公众参与程序	项目环境影响评价制度中公众参与未充分落实；项目风险沟通存在不足，公众诉求未能被了解	环境风险项目社会信任的程序保障机制

续表

案例	社会信任的主要因素	案例中该因素社会信任方面的体现	该因素对应环境风险项目社会信任机制内容
D区核电站项目案例	符合规划	项目符合涉及核电相关规划要求	环境风险项目社会信任的实体保障机制
	落实合同环保要求	项目遵守国家有关法律法规，确保环境管理工作的有效开展，建立、完善防治污染的设施，严格落实"三同时"制度；项目落实环境影响评价要求，完成环境影响评价相关工作；项目严格执行各项环境监测标准和计划，并持续对环境进行监测	环境风险项目社会信任的实体保障机制
	公众参与程序	项目召开新闻发布会，介绍项目建设进展情况，回答公众和媒体关注的问题；邀请周边公众、社会团体、政府部门到核电基地参观；通过新媒体平台与公众进行双向互动	环境风险项目社会信任的程序保障机制
	信息公开制度	通过传统媒体和新媒体发布项目相关信息和核电科普宣传信息；开展核电科普进校园活动；在项目核电基地设置公关宣传展厅；举办核电科普专题讲座	环境风险项目社会信任的程序保障机制

从表6.2可以看出，在C区PX项目案例中，环境影响评价制度、信息公开制度、风险沟通制度、公众参与程序存在不足，导致环境风险项目社会信任实体和保障机制存在不足，从而未构建

起制度信任，使社会信任降低，进而使项目迁址建设。

而在 D 区核电站项目案例中，信息公开制度、公众参与程序的构建，以及项目符合规划、落实合同环保要求，使得环境风险项目社会信任实体和保障机制被构建，从而构建起制度信任，进而使项目成功。

综上所述，在环境风险项目建设阶段，环境风险项目社会信任机制对于项目是否受到公众信任，进而成功与否有直接影响。同时，对比环境风险项目建设阶段两个典型案例降低或者建立社会信任的主要因素，环境风险项目建设阶段社会信任机制关注的重心应当是项目相应的规划和合同要求是否落实。

第三节　环境风险项目的运行阶段

本节选取 E 区生活垃圾填埋场案例和 F 区垃圾焚烧厂案例两个环境风险项目典型案例进行分析。其中 E 区生活垃圾填埋场案例是一起典型的在项目建设及运行阶段存在问题，对周边公众造成影响，引起周边公众不信任的案例。而 F 区垃圾焚烧厂案例是一起典型的项目在前期建设过程中曾遭公众反对，之后在建设和运行过程中成功化解邻避困境，最终在原址成功建设运行的案例。对这两个案例进行分析，有助于考察环境风险项目运行阶段社会信任机制应关注的因素。

一、运行阶段的案例分析：风险的落地与不信任的产生

（一）案例介绍

为了解决 E 区垃圾处置问题，1998 年，E 区政府批准建设 E

区生活垃圾填埋场。该垃圾填埋场总占地面积约322.08亩，日处理垃圾300吨，设计使用年限30年。2008年，该垃圾填埋场正式投入运行。

该垃圾填埋场自运行以来，由于该垃圾填埋场投入和垃圾管理存在不足，以及该垃圾填埋场未按环评要求建设防治污染设施，未按照设计要求流程处置垃圾，再加上当地垃圾产生量日益增长，使得该垃圾填埋场每日垃圾处理量远超最初设计的垃圾处理量，并出现了以下情况：第一，垃圾崩塌和滑坡的情况，对周边公众安全产生了威胁；第二，垃圾渗滤液随沟底流渗、垃圾填埋气发生自燃的情况，对周边环境和公众造成不利影响；第三，垃圾填埋场存在异味，对环境造成了污染，影响周边公众正常生活。同时，一份由当地大学完成的《E区生活垃圾填埋场综合治理及封场工程环境影响报告书》认为该垃圾填埋场实际建设中有6项未按环评设计要求建设，2项与原环评设计要求不符，并存在恶臭污染、土壤污染、扬尘污染、填埋气爆炸风险、填埋场安全隐患、地下水污染隐患等问题。这进一步体现了该垃圾填埋场长期运行以来对周边公众所存在的风险。

因此，自2013年开始，周边公众就垃圾填埋场的环境风险和违法情况向该区域环保部门进行了反映。然而，由于缺乏有效的整改措施，该垃圾填埋场的违法情况长期存在，对当地环境和周边公众造成了不利影响，引发了周边公众的反感，降低了公众的信任。

（二）风险成因分析

1. 未落实法律要求

在环境风险项目运行阶段中，落实相关法律的要求无疑是获得公众信任的首要前提。然而在E区生活垃圾填埋场项目中，存在着以下未落实相关法律要求的问题：

第一，该垃圾填埋场项目自运行以来，未按环境影响评价要求建设防治污染设施，也未按照设计要求流程处置垃圾，违反了"三同时"制度，从而未落实《环境保护法》第41条、《环境影响评价法》第26条、《固体废物污染环境防治法》第17条和第18条等相关法律规定的相关要求。

第二，该垃圾填埋场在运行阶段存在着异味和环境污染，并且项目管理单位经相关部门告知、督促后迟迟未采取相应的措施处理，从而未充分落实《大气污染防治法》第80条、《固体废物污染环境防治法》第20条等相关法律规定的要求。

第三，E区环保部门作为其行政区域内环境保护工作监督管理部门，存在监管不足的情况，未正确、全面履行法定职责，从而未充分落实《环境保护法》相关规定，对E区生活垃圾填埋场项目长期环境污染负有一定责任。

因此，E区生活垃圾填埋场项目受到公众不信任和反感的重要原因之一在于政府部门、项目单位未落实相关法律要求，使得周边公众长期承受相应的环境风险，并且迟迟未得到解决，从而造成周边公众对该项目普遍不信任的局面。

2. 未落实项目环评要求

环境影响评价关注的是项目对周边生态环境、社会人文环境可能造成的负面影响，估计项目在实际施工建设和投产运行中所蕴含的环境风险，其最终目标是根据预测出的负面环境影响程度，制定相应的环境保护措施。[1] 环境影响评价有利于对项目实施科学有效的环境管理，进行环境保护，预防相应的环境风险。在E区

---

[1] 张乐，童星."邻避"设施决策"环评"与"稳评"的关系辨析及政策衔接[J]. 思想战线，2015（6）：121.

生活垃圾填埋场项目中,项目并未落实好环境影响评价要求,具体表现在:

第一,未按环境影响评价要求建设污染防治设施;

第二,根据《E区生活垃圾填埋场综合治理及封场工程环境影响报告书》内容,该项目实际建设中有6项未按环境影响评价设计要求建设,2项与原环境影响评价设计要求不符,并存在恶臭污染、土壤污染、扬尘污染、填埋气爆炸风险、填埋场安全隐患、地下水污染隐患等问题。

因此,项目未落实环境影响评价要求,产生的直接后果就是造成了环境风险,使项目周边存在恶臭异味、环境污染等问题,对周边公众造成了严重的不利影响,加剧了周边公众的排斥心理,从而实际导致了周边公众普遍对项目存在不信任和反感,并由此可能产生社会风险,即周边公众可能由于普遍不信任和反感而促使事件发生。

3. 未充分考虑周边公众感受

在E区生活垃圾填埋场项目中,未充分考虑周边公众感受也是项目引发周边公众普遍存在意见和不信任的重要原因之一。项目未充分考虑周边公众感受具体表现在:

第一,项目运行过程中存在恶臭异味,一直未得到妥善处理。有记者曾对周边公众进行询问,部分公众直言:"每天清晨和晚上都不敢开窗,一打开窗户,臭味就会飘进家里,有时天黑了甚至会闻到焚烧垃圾的气味。"还有部分公众说道:"每天被垃圾的气味折磨也就罢了,谁知道这气味会不会伤害人的身体呢?"❶ 周边

---

❶ 人民网. 垃圾车为何"走错门"(热点解读)[EB/OL]. [2021-4-01]. http://env.people.com.cn/n/2015/0826/c1010-27516671.html.

公众对于项目存在异味感到非常困扰，并且还存在健康忧虑，因此对这一情况进行过反映。然而对于周边公众的感受，项目管理单位未积极进行处理，迟迟未采取相应措施，相关部门也存在着监管不到位的情况，未积极督促项目管理单位采取相应措施，从而使周边公众的诉求迟迟得不到回应，使恶臭异味情况长期存在，加剧周边公众的风险认知，进而引发公众的不信任。

第二，项目不仅建设及运行未落实相关法律和环评要求，还未按照设计要求处置垃圾，从而引发了环境风险等一系列问题，给周边公众带来了严重的不利影响，未充分考虑到公众感受，进一步加剧公众风险认知，进而引发公众的不信任。

二、运行阶段的案例分析：风险的及时处理与信任的产生

（一）案例介绍

2014 年，由于 F 区的垃圾产生量不断增加，为解决"垃圾围城"的窘境，F 区政府决定启动垃圾焚烧发电项目建设。2014 年 6 月，项目开工建设。建设过程中，官方仅仅对项目在网站上进行相关公示，周边公众对项目更多相关信息无从知晓。2016 年 6 月，关于 F 区建设垃圾焚烧厂的消息在当地论坛、微信朋友圈等平台出现，这随即引发项目周边公众的担忧，即担忧该项目可能对自身健康、周边环境等因素造成不利影响。6 月 24 日开始，舆情不断升温，微信群、微信朋友圈中不断有人发起抵制倡议。6 月 26 日，F 区政府宣布停止垃圾焚烧发电项目建设。

该环境事件发生之后，F 区政府及时总结教训，采取了一系列的行动来获得公众对该项目的信任和支持。2016 年 11 月起，F 区政府先后组织多批公众去外地考察成功的垃圾焚烧发电项目、固废处理环保产业园以及项目的建设单位，从而打消公众心中对垃

圾焚烧发电项目的担忧和疑虑。2017年4月，F区政府组织成立多个工作组，动员多名党员干部，与公众积极进行风险沟通，并且对项目相关信息积极宣传和公开，充分落实公众参与，从而使公众对项目的支持率达到99%。同时，F区政府调整了相关规划，以该项目为中心，建设一座各类垃圾循环利用的循环经济产业园，并且政府还对于项目周边村子进行了相应政策、资金倾斜。通过这些措施，政府对公众进行了合理利益补偿。

最终，F区政府通过种种努力获得了公众的信任和支持。2017年5月，该垃圾焚烧发电厂项目重新开工建设并于次年投产运行。在项目运行后，F区政府组织公众代表对项目进行参观，取得了公众对项目的进一步信任。

第一，厂区干净整洁，环境优美。园区未现任何飞灰，未闻任何异味，烟囱未见明烟，整个厂区十分安静。

第二，生产排放公开透明。项目中央控制室的电子屏幕显示着垃圾进入炉内燃烧的整个过程。同时显示的还有发电机功率、炉膛负压、烟气含量等一系列数值。项目对垃圾焚烧发电最关键的环节烟气处理采用相应组合工艺进行终端烟气净化处理，有效去除各种酸性气体、二噁英及有害金属等，使主要烟气排放指标优于国家标准甚至欧盟标准，并且垃圾焚烧发电厂每天的排放指标等核心数据，都实时在显要位置公布，并与环保部门联网。同时，为充分保障公众的监督权，F区政府还向社会公开选聘了义务监督员，对项目运行进行充分监督。

第三，项目通过有效的工程方案和技术处理，避免了垃圾储仓的臭味外泄，有效去除了垃圾焚烧炉高温焚烧过程中产生的恶臭气体。

因而，F区垃圾焚烧厂项目是一起成功地化"邻避"为"挽臂",破解邻避困境的典型案例。

(二)成功化解风险的原因分析

1. 落实法律要求

不合理的环境风险项目尚且会遭到公众的反对和质疑,如果环境风险项目不合法,未落实相关法律要求,更是会被公众强烈反对和不信任。在环境风险项目运行阶段,落实相关法律的要求无疑对环境风险项目获得公众信任和支持十分重要。在F区垃圾焚烧厂项目中,项目运行阶段采取了如下措施,落实了相关法律要求。具体而言:

第一,项目积极进行信息公开。项目中央控制室电子屏幕显示着垃圾进入炉内燃烧的整个过程以及发电机功率、炉膛负压、烟气含量等一系列数值。项目每天的排放指标等核心数据,都实时在显要位置公布,并与环保部门联网,从而做到积极进行信息公开,方便社会和政府对其进行监督,严格落实了《环境保护法》第55条、《清洁生产促进法》第27条、《大气污染防治法》第24条等相关法律要求。

第二,项目采取了有效的科学技术和工程方案,使项目运行符合标准。在F区垃圾焚烧厂项目运行过程中,项目主要烟气排放指标优于国家标准甚至欧盟标准,项目垃圾储仓的臭味和项目垃圾焚烧炉高温焚烧过程中的恶臭气体被有效处理,项目运行整体符合标准,从而严格落实了《环境保护法》第42条、《固体废物污染环境防治法》第20条、《大气污染防治法》第18条和第79条等相关法律的要求。

第三,项目充分实行社会监督。项目为充分保障公众的监督权,消除公众心中对项目运行过程的担忧,向全社会公开选聘义务监督员,对项目建设及运行过程进行监督。这些监督员不仅可以到项目厂区的任何一个地方，而且对他们提出的问题，厂方也得有问必答。正是通过广泛的社会监督，让公众深度参与项目运行过程中，才成功打消了公众心中的担忧，获得了公众的信任和支持，从而严格落实了《环境保护法》第 53 条等相关法律的要求。

同时，F 区垃圾焚烧厂项目作为基础性环保工程，其运行过程能够有效对生活垃圾进行"减量化、无害化、资源化"处置，充分缓解当前城市垃圾过多的困境，促进生态文明建设和经济发展，从而严格落实了《固体废物污染环境防治法》第 45 条、《循环经济促进法》第 41 条等相关法律的要求。

因此，F 区垃圾焚烧厂项目在运行阶段通过严格落实相关法律的要求，带给公众一个环境优美、没有异味的环境，并且积极进行信息公开，还鼓励公众进行深度参与，对其进行监督，从而充分打消公众的疑虑，获得了公众的理解和信任，成功破解邻避困境。

2. 落实项目环评要求

环境影响评价是指对规划和建设项目实施后可能造成的环境影响进行分析、预测和评估，提出预防或者减轻不良环境影响的对策和措施，进行跟踪监测的方法与制度。❶ 虽然 F 区垃圾焚烧厂项目在建设之前就进行了环境影响评价，但是从案例中公众对项目相关信息知晓程度较少，以及公众对项目具有抵制意见可以体现 F 区垃圾焚烧厂项目对于环境影响评价过程中的公众参与，并未充分落实，从而与种种因素共同导致建设过程中环境事件的出现。由此可见，充分落实环境影响评价要求的重要性。

环境影响评价不能流于形式，要在实践中全面落实。因此，

---

❶ 参见《环境影响评价法》第 2 条。

在项目第二次准备开工建设之前，当地政府深刻意识到落实公众参与、信息公开等工作的重要性，便积极与周边公众开展风险沟通，通过多种方式对公众释疑解惑，积极进行信息公开，充分征求公众意见，努力寻求公众的理解和支持，对之前工作不到位的地方进行改正，从而使公众对F区垃圾焚烧厂项目的支持率达到99%。

从F区垃圾焚烧厂项目可以看出，落实项目环评要求是十分重要的，未充分落实项目环评要求，易引起公众的不信任和反对。虽然F区垃圾焚烧厂项目前期未充分落实项目环评要求，但是在后期运行之前，其积极进行改正，将之前项目环境影响评价要求的工作落到实处，从而获得了公众的信任和支持。

3. 充分公众参与和积极风险沟通

F区垃圾焚烧厂项目由一开始公众的普遍质疑和不支持，到最后公众对项目的支持率达到99%，其中一个重要原因在于充分的公众参与和积极的风险沟通。F区垃圾焚烧厂项目在最初建设过程中，由于公众参与不充分，许多公众对项目相关信息并不知情，对项目具体用途无从知晓，再加上与项目相关的负面消息影响，公众对项目产生担忧。同时，F区政府与公众之间的风险沟通存在不足，导致公众诉求未能被及时了解，政府与公众之间未能实现双向交流，公众疑惑未能被及时解答，从而最终产生环境群体性事件。

在发生环境事件后，F区政府认真总结，积极改正，通过以下措施实现了充分公众参与和积极风险沟通：第一，F区政府先后组织多批公众去外地考察成功的垃圾焚烧发电项目、固废处理环保产业园以及项目的建设单位。公众通过对外地垃圾焚烧厂项目进行考察，以及在考察过程中与外地垃圾焚烧厂项目周边居民进行交流，不仅看到垃圾焚烧发电厂厂区内绿树成林，草坪延绵，没有臭味和黑烟，而且还从外地垃圾焚烧厂项目周边公众中了解到项目对他们没有产生健康风险，从而通过良好的现场感受打消了心中的疑虑，降低了对垃圾焚烧项目的恐惧感。第二，F区政府为获得公众对该项目的支持，组织成立多个工作组，通过多种方式开展对循环经济产业园的宣传教育工作，并当面为公众释疑解惑，与公众积极开展双向互动和真诚沟通。第三，F区为充分保障公众监督权，消除公众心中对项目运行过程的担忧，向社会公开选聘多名义务监督员，对项目建设及运行过程进行充分监督，从而使公众实现深度参与。

4. 合理利益补偿

F区垃圾焚烧项目厂第二次重新建设和运行成功的重要原因还在于F区对项目周边公众进行了合理利益补偿，获得了周边公众的信任和支持。具体而言：

F区政府为了公众的利益，重新调整规划，以垃圾焚烧发电厂为中心，建设一座各类垃圾循环利用的循环经济产业园。该产业园建设内容包括一座生态森林公园、三座不同类型垃圾处理厂、一座生活污水处理厂、一座污泥处理厂，以及一座作为环保教育基地、科普教育基地、市民教育基地的环保科技馆。政府通过该产业园的建设，带动周边6个村路、桥基础设施建设和旅游、生态种养产业发展，从而让公众在项目建设中获益，同时，在项目重启之初，政府还将项目周边6个村全部纳入美丽乡村建设工程，给予了相应资金、政策倾斜。

三、运行阶段社会信任机制的考量因素

环境风险项目在运行阶段获得公众的信任和支持，需要社会信任机制发挥作用，因此有必要对环境风险项目社会信任机制在

环境风险项目运行阶段所牵涉的因素进行分析。基于此，通过对 E 区生活垃圾填埋场案例和 F 区垃圾焚烧厂案例两个环境风险项目典型案例进行分析，将项目运行阶段影响社会信任的主要因素进行对比，并将这些因素匹配环境风险项目社会信任机制中的相应内容，从而探讨分析环境风险项目社会信任机制在环境风险项目运行阶段所关注的重心。

表 6.3　E 区生活垃圾填埋场与 F 区垃圾焚烧厂案例分析

案例	社会信任的主要因素	案例中该因素社会信任方面的体现	该因素对应环境风险项目社会信任机制内容
E 区生活垃圾填埋场案例	环境影响评价制度	未按环境影响评价要求建设防治污染设施；项目实际建设存在未按环境影响评价设计要求建设和与原环境影响评价设计要求不符的情况	环境风险项目社会信任的实体保障机制
	未落实法律要求	未落实环境影响评价要求；违反"三同时"制度；项目运行过程中存在异味和环境污染，相关单位未采取相应措施；监管部门存在监管不足的情况，未充分履行相应法定职责	环境风险项目社会信任的实体保障机制
	监督机制	项目监督机制存在不足，监管部门存在监管不足的情况，未充分履行相应法定职责	环境风险项目社会信任的程序保障机制
	风险沟通制度	项目风险沟通制度存在不足，公众诉求无法得到有效回应	环境风险项目社会信任的程序保障机制

续表

案例	社会信任的主要因素	案例中该因素社会信任方面的体现	该因素对应环境风险项目社会信任机制内容
F区垃圾焚烧厂案例	环境影响评价制度	项目第二次开工建设之前，对之前环境影响评价相关工作重新落实到位	环境风险项目社会信任的实体保障机制
	补偿制度	通过调整规划，形成"一园五厂三基地"的总体布局，带动周边地区发展；对项目周边地区给予资金、政策倾斜	环境风险项目社会信任的实体保障机制
	落实法律要求	项目运行阶段积极进行信息公开；项目采取有效的科学技术和工程方案，使项目运行符合标准；项目充分实行社会监督；项目运行能够促进生态文明建设和经济发展	环境风险项目社会信任的实体保障机制
	公众参与程序	组织公众考察外地成功的垃圾焚烧发电项目、固废处理环保产业园，以及项目的建设单位；积极与公众沟通交流，面对面为公众释疑答惑，充分征求公众意见；向社会公开选聘义务监督员对项目建设及运行过程进行监督	环境风险项目社会信任的程序保障机制
	信息公开制度	积极公开宣传项目相关信息	环境风险项目社会信任的程序保障机制

续表

案例	社会信任的主要因素	案例中该因素社会信任方面的体现	该因素对应环境风险项目社会信任机制内容
F区垃圾焚烧厂案例	风险沟通制度	成立多个工作组，通过多种方式开展项目相关宣传教育工作，与公众进行交流，面对面为公众释疑解惑，及时了解和回应公众诉求	环境风险项目社会信任的程序保障机制
	监管机制	向社会公开选聘义务监督员对项目建设及运行过程进行监督	环境风险项目社会信任的程序保障机制

从表 6.3 中可以看出，在 E 区生活垃圾填埋场案例中，环境影响评价制度、风险沟通制度、监督机制存在不足，以及未落实法律要求，导致环境风险项目社会信任实体和保障机制存在不足，从而未构建起制度信任，使社会信任因此降低，进而使项目未获得公众信任。而在 F 区垃圾焚烧厂案例中，环境影响评价制度、补偿制度、公众参与程序、信息公开制度、风险沟通制度、监督机制的构建，以及项目落实法律要求，使得环境风险项目社会信任实体和保障机制被构建，从而构建起制度信任，使社会信任因此建立，进而使项目成功。

综上所述，在环境风险项目运行阶段，环境风险项目社会信任机制对项目的成功与否有直接影响。同时，对比环境风险项目运行阶段两个典型案例降低或者促进社会信任的主要因素来看，我们认为环境风险项目运行阶段社会信任机制关注的重心应当是相关法律和环境影响评价要求是否严格执行。

第四节　环境风险项目的终止阶段

本节选取 G 区钼铜项目案例和 H 国家级自然保护区水电项目集中拆除案例两个环境风险项目典型案例进行分析。两个典型案例都处于环境风险项目的终止阶段，其中 G 区钼铜项目案例是一起典型因为项目引发公众反对，最终非正常终止的案例；而 H 国家级自然保护区水电项目集中拆除案例是一起典型的在项目终止阶段未引起公众反对，最终正常终止的案例。对这两个案例进行风险防控和社会信任角度的分析，有助于明晰环境风险项目终止阶段社会信任机制应关注的要素和重心。

一、终止阶段的案例分析：风险的落地与不信任的产生

（一）案例介绍

为更好地促进当地经济发展，G 区政府通过不断努力，引进了某钼铜项目。G 区钼铜项目预计总投资高达 104 亿元，该项目建成投产后，预计年销售收入将达到 500 亿元，能给当地政府带来超过 40 亿元的财政税收收入，对当地的经济发展、改善民生、居民就业具有重大的促进作用。

2011 年 5 月，G 区钼铜项目发布项目环境影响评价公众参与公示，征求公众对于该项目的意见。此后，有公众向信访部门提出对项目的质疑，认为项目可能产生"污染"。对此，环保部门回复，政府计划采取专家访谈形式举办座谈会，并邀请部分干部代表与村民代表到国内同类行业具有先进生产工艺与技术的生产基地参观考察。然而该座谈会和参观考察并未开展。

3月，G区钼铜项目获得环保部门关于该项目环境影响报告书的批复。4月，钼铜项目负面信息在网络广为传播，此时已引发了当地部分公众对钼铜项目可能造成环境污染的恐慌和担忧。5月，再次有公众通过G区信箱反映意见，提出对钼铜项目"污染问题"的担忧。对于该问题的回应，G区信箱的回复与2月回复公众关于该问题的内容回复完全一致。6月，G区钼铜项目举办了开工典礼。然而在项目开工典礼前后，许多当地民众仍然对项目具体情况不清楚。同时，在网上和现实生活中，关于该项目的质疑和流言迅速、大范围地传播，并且在网络上还有各种消息。面对这一情况，当地政府并没有积极回应。7月1日至2日，公众情绪越来越激动，引发了环境事件。7月3日，G区政府公开表示将停建钼铜项目。

(二) 风险成因分析

1. 政府信任不足

在G区钼铜项目案例中，政府的一系列行为导致了自身公信力下降，使得公众对政府的信任缺失，进而导致了环境事件的发生。具体表现在：

第一，政府在项目开工之前，面对公众提出的对项目"污染问题"的质疑和意见，不仅没有充分重视，两次对公众的公开回复意见完全一致，态度较为敷衍，而且对于在回复中提出的召开座谈会和参观考察国内同类行业具有先进生产工艺与技术的生产基地均未落实。对合法政治权力的信仰是政治文化结构与政治文化心理的延续，它对公众普遍的政府依赖有着重要影响。公众对政府的依赖程度往往受到他们对政治权力合法性的认可和信仰程度的影响。❶ 同

---

❶ 辛方坤. 邻避风险社会放大过程中的政府信任：从流失到重构 [J]. 中国行政管理，2018（8）：127.

时，米勒认为政府信任就是公众对政府如何基于公众期望运作的基本评价。[1] 因此，基于对合法政治权力的信仰，公众有意见会倾向于找政府解决，然而在 G 区钼铜项目中，政府的行为完全未达到公众的期望，对公众回复的内容也未落实，从而造成了政府公信力下降，使得公众对政府信任度降低。

第二，在 G 区环境事件发生过程中，政府先是发布公开信《冷静，是我们幸福的需要》，认为钼铜项目是经国家多部委从环保各方面论证安全的前提下批准的，是一个科学的、工艺流程一流的项目，表达了对项目的支持。之后，政府发布《关于严禁非法集会、游行、示威活动的通告》，通告主要表示要求公众不要煽动、策划或者组织非法集会、游行、示威，并且对于煽动、策划、组织非法集会游行示威活动或打砸抢的人员一经查实将依法处理。政府通过该通告向公众表达了自身强硬的态度。发布通告后的下午，由于形势失控，政府迫于压力，宣布停止该项目的建设。政府在整个事件过程中，未充分考虑公众的风险认知差异，未积极与公众进行风险沟通，对项目前后态度变化较大，处理问题方式存在不足，从而造成了政府权威性和公信力下降，使公众对政府的信任度下降。

第三，政府对舆论的回应存在不足。在 G 区钼铜项目开展的整个过程中，一方面，政府对于线上、线下的舆论并未积极回应，也未引起足够重视，对舆论发展听之任之，未积极引导舆论；另一方面，政府对于谣言等不实消息的监管控制不足，未积极采取相应措施，导致谣言迅速、广泛地传播，促进了环境事件的发生。因为政府对舆论的回应存在不足，加上缺少对谣言的监管控制，

---

[1] Miller, A. H. . Political issue and trust in government: 1964 – 1970. American Political Science Review, 1974（68）.

导致公众对政府信任度下降。

第四，政府风险沟通存在不足。在项目开工前期，面对公众的质疑和意见，政府未引起足够重视和积极进行风险沟通，仅在网上回应而已，并且也未落实回应中提到的座谈会和参观考察。在项目开工后，政府也未曾积极采取过风险沟通的措施，与公众进行双向交流，了解公众的诉求。

2. 舆论放大风险

在G区钼铜项目案例中，舆论对风险的放大作用不可忽视。舆论将项目的风险放大，导致公众担忧和恐慌情绪加剧，使得公众信任下降，进而引发环境事件。

具体而言，一方面，从代表官方的当地个别传统媒体而言，在项目开展开工典礼初期，对项目报道过分强调项目的经济效益，缺少对项目可能带来污染的报道。在此次环境事件发生前期，传统媒体报道多集中于公众诉求的非理性表达，但对于项目企业和政府存在相应责任的报道却很少。在环境事件发生之后，传统媒体报道多集中于项目企业的不足，而对政府处理环境事件中存在的不足未进行相应报道。由此可见，传统媒体在此次环境事件报道的过程中片面性较强，客观性、公正性不足，无疑会使公众产生怀疑，转而相信其他来源的消息，从而加剧公众对以官方为代表的传统媒体信任的下降，造成以官方为代表的传统媒体无法起到正确引导舆论发展的作用。

另一方面，自媒体、网络、手机短信等其他方式传播的信息对环境事件的产生起到了重要作用。由于这些信息来源未受到有效监管，信息内容也存在真实与否不确定的情况，并且信息传播处于无序状态，所以部分谣言迅速、大范围地传播。因此，部分谣言的传播使得舆论受到一定的负面影响，导致舆论向着负面的方向发展,并在不断传播的过程中放大风险,再加上舆论向着负面方向发展过程中政府缺少积极作为,最终促使公众担忧、恐慌情绪不断加重,公众信任不断下降,从而造成了此次环境事件。

3. 公众参与和信息公开不足

在 G 区钼铜项目案例中,公众参与和信息公开不足是导致项目被公众反对,进而产生环境事件,最终非正常终止的重要原因。具体而言,其表现在以下几点:

第一,该项目信息公开不充分。许多公众直到项目开工前夕才知道项目的存在,并且对项目具体情况并不清楚。整个项目开展过程中未充分保障公众知情权,从而造成了公众信任缺失。

第二,该项目公众参与不足。该项目从项目环境影响评价公众参与公示发布后进入公众视野,至项目开工典礼后,公众才陆续得知项目被引进,但是对项目具体情况并不清楚,公众的诉求也无法得到有效回应,由此可见项目决策及建设过程中公众参与不足。并且在 2011 年 3 月,项目公司就钼铜项目曾向项目所在地村民发放《环境影响评价意见表》,通过问卷调查征集意见,然而问卷设计的内容被限缩在工程科技层面的讨论,借以排除其他争议,问卷内容重点说明钼铜项目可能带来的效益,对其中所隐匿的环境风险全无涉及。这一情况进一步凸显了该项目公众参与的不足。

二、终止阶段的案例分析:风险的避免与信任的产生

(一)案例介绍

H 国家级自然保护区总面积超过 1.4 万公顷,主要保护对象为大鲵及其生态环境,境内有大小河流 212 条,流域总长 3131.8 公里。因为公众用电需求和防洪灌溉的需要,在 H 国家级自然保护

区成立之前，该区域就存在不少水电项目，之后该区域也陆续建设了许多水电项目。然而在 2017 年 7 月 31 日，中央环保督察组反馈督察意见时指出，H 国家级自然保护区管理不到位，违法违规问题突出，保护区内设有多个水电项目。保护区内大量的水电开发，导致保护区内大鲵的天然出苗点已比保护区成立之初大幅减少，危及了大鲵的生存，并且大量的水电开发对生态环境也造成了一定影响。

面对这一问题，H 国家级自然保护区所在市开展了整改工作，首先确定了整改范围，通过对保护区内小水电进行多次审核查对，确定保护区内 88 座小水电整改。然后成立了水电站整治工作领导小组，实行市级领导联系区县督察督办负责制，出台一系列与水电站整改工作相关的方案，制定"一站一策"，积极落实退出发电、拆除大坝、增殖放流、生态恢复、社会稳定等整改措施。最终通过几年的努力，保护区内 88 个水电站到 2020 年底前关停退出 86 个，整改保留 2 个，其中 86 个关停退出水电站于 2019 年 9 月前全部停止发电；具备防洪、灌溉、饮用水源等民生功能的 40 个水电站大坝经评估被保留，只具备纯发电功能且不具备防洪、灌溉、饮用水源等民生功能的 46 个水电站大坝被拆除；对保留的大坝加强管理，确保其安全运行；86 个关停退出水电站生态基流、增殖放流等生态修复措施已落实到位。

H 国家级自然保护区内水电项目作为环境风险项目，其本身存在环境风险，即大量水电项目在保护区内建设、运行可能导致水质恶化、危及大鲵生存环境、影响当地生态环境等。通过 H 国家级自然保护区所在市积极进行整改工作，充分做好项目涉及群众工作，使项目在结束服务期间因落实相关法律法规政策的规定未造成社会风险，有效避免了该项目的环境风险在项目终止阶段转化为社会风险，建立了公众信任，从而最终使 H 国家级自然保护区内水电项目整改工作很好地完成，较大改善了保护区内大鲵的生存环境，充分保护了保护区内的大鲵等动物，打通了该区域内的河流阻断，恢复了河流畅通，改善了河流水生态环境，提升了该区域内水生态环境质量。

（二）成功化解风险的原因分析

1. 落实责任机制

在 H 国家级自然保护区内水电项目终止阶段，一方面，自然保护区所在市积极履行项目整改主体责任，出台一系列与水电站整改工作相关的方案，实施"一站一策"，成立整改工作领导小组，并下设指挥部，建立具有不同工作职能的工作组；另一方面，市委、市政府还明确了相应领导干部联系各区县，督促各区县整改工作，并在各区县建立了相应的水电整改工作责任体系，落实区县领导联系水电站责任制。

通过上述种种措施，H 国家级自然保护区所在市将整改工作具体划分、落实，使整改工作的责任充分落实到相应领导干部、责任人，通过责任机制保障整改工作顺利进行，使保护区内违法违规水电项目成功终止，避免了因整改工作未落实而引发项目环境风险转化为社会风险，赢得了公众信任。

同时，该市积极落实问责机制，在整改工作开展过程中采取了追责措施，不仅针对整改工作开展不力的人员进行追责，还针对水电项目存在关系网、利益链等问题，进行了集中排查和追责公职人员违规参股入股、虚假报账等违纪违法行为。总之，通过责任机制的落实，确保了保护区水电项目拆除工作的顺利进行，建立了政府信任，获得了公众信任，从而使保护区内水电项目成功终止。

2. 积极进行生态修复

在 H 国家级自然保护区内水电项目终止阶段，政府对保护区内积极采取落实了生态基流、增殖放流、复垦复绿等生态修复整改措施，并保留了部分水电站大坝，落实了生态流量泄放设施和监控设施，减轻了之前保护区内大量水电开发对保护区环境的影响。

通过上述生态修复措施，妥善解决了项目终止阶段所遗留的环境问题，保护了区域内的大鲵，改善了区域内大鲵栖息地生态环境和河流流域生态环境，提高了水生态环境质量，从而改善和保护了区域内生态环境。因为区域内生态环境的充分改善，所以提高了保护区内公众生活环境，从而避免了公众由于区域内生态环境问题对自身生活环境造成不利影响而产生对政府的不信任，发生环境事件的可能。同时，由于保护区域内生态环境的改善，当地原生态产品产业、旅游行业得到进一步发展，公众收入获得提高，公众生活质量得到提升，公众信任因此得以建立。

3. 充分公众参与和减少对公众的不利影响

第一，实现充分的公众参与。H 区在水电项目的拆除过程中，对于水电项目的拆除方案，不仅经过专家充分论证，还积极开展市民听证，充分听取公众的意见，切实保障公众的知情权、参与权；

第二，减少项目拆除对公众的不利影响。H 区在水电项目的拆除过程中，不仅对水电站原来的职工进行相应安置，妥善解决了水电站原来职工的安置问题，而且对保留大坝加强管理，在水电项目拆除过程中对保留大坝的泄洪消能设施进行完善，落实水库大坝运行维护机构，确保安全运行，从而避免因大坝管理不善所带来的风险，确保周边公众和生态环境的安全。

通过上述种种措施，建立了公众信任，从而确保保护区内水电项目终止阶段未发生环境事件，使项目正常终止。

三、终止阶段社会信任机制的考量因素

环境风险项目在终止阶段要获得正面效应，获得公众的信任和支持，需要环境风险项目社会信任机制发挥作用，因此有必要对环境风险项目社会信任机制在环境风险项目终止阶段所关联的因素进行分析。基于此，通过对G区钼铜项目案例和H国家级自然保护区内水电项目集中拆除案例两个环境风险项目典型案例进行分析，将项目终止阶段影响社会信任的主要因素进行对比，并将这些因素匹配环境风险项目社会信任机制中的相应内容，从而探讨分析环境风险项目社会信任机制在环境风险项目终止阶段所应关注的重心。

表6.4　G区钼铜项目与H国家级自然保护区内水电项目集中拆除案例分析

案例	社会信任的主要因素	案例中该因素社会信任方面的体现	该因素对应环境风险项目社会信任机制内容
G区钼铜项目案例	环境影响评价制度	环境影响评价制度中的公众参与存在不足	环境风险项目社会信任的实体保障机制
	责任机制	政府未很好履行自身责任，未积极落实引导舆论、对谣言进行监管的责任	环境风险项目社会信任的实体保障机制
	公众参与程序	环境影响评价制度中的公众参与存在不足；政府未积极与公众进行双向交流，了解公众诉求	环境风险项目社会信任的程序保障机制

续表

案例	社会信任的主要因素	案例中该因素社会信任方面的体现	该因素对应环境风险项目社会信任机制内容
G区钼铜项目案例	风险沟通制度	政府对公众所提出的对项目的质疑和意见，回复态度敷衍，回复内容未落实；项目环境群体性事件发展过程中，政府未积极与公众进行风险沟通，对项目前后态度变化较大，处理问题方式存在不足	环境风险项目社会信任的程序保障机制
	信息公开制度	项目信息公开不充分，许多公众直到项目开工前夕才知道项目的存在，对项目具体情况不清楚	环境风险项目社会信任的程序保障机制
案例	建立社会信任主要因素	案例中该因素建立社会信任的体现	该因素对应环境风险项目社会信任机制内容
H国家级自然保护区内水电项目集中拆除案例	责任机制	政府积极履行项目整改主体责任，出台相应整改方案，实施"一站一策"，成立整改工作领导小组，并下设指挥部，建立具有不同工作职能的工作组；市政府通过相关领导干部督促各区县整改工作，落实区县领导联系水电站责任制；落实问责机制，追责相关人员；对保留的大坝加强管理；落实生态基流、增殖放流、复垦复绿等生态修复整改措施，使保护区域内生态环境改善，带动周边地区相关行业、产业发展	环境风险项目社会信任的实体保障机制
	公众参与程序	对于水电项目拆除方案，积极开展市民听证，充分听取公众的意见	环境风险项目社会信任的程序保障机制

从表 6.4 可以看出，在 G 区钼铜项目案例中，环境影响评价制度、责任机制、公众参与程序、风险沟通制度、信息公开制度存在不足，导致环境风险项目社会信任实体和保障机制存在不足，从而未构建起制度信任，使社会信任降低，进而使项目非正常终止。对降低社会信任的主要因素在该案例中体现的内容进行分析，其关键是项目相关主体承担相应责任不到位，致使项目出现风险，最终导致项目社会信任降低。

而在 H 国家级自然保护区内水电项目集中拆除案例中，责任机制、公众参与程序的构建，环境风险项目社会信任实体和保障机制被构建，从而构建起制度信任，使社会信任因此建立，进而使项目成功的正常终止。对在该案例中建立社会信任的主要因素进行分析，可以看出关键因素是相关主体对项目终止遗留的环境问题承担相应责任，从而建立项目的社会信任。

综上所述，在环境风险项目终止阶段，环境风险项目社会信任机制是否构建对项目是否受到公众信任，进而成功的正常终止与否产生直接影响。同时，对比环境风险项目终止阶段典型案例影响社会信任的主要因素，我们认为环境风险项目终止阶段社会信任机制关注的重心应当是对遗留的环境问题是否承担相应责任。

第五节 小结

基于实践案例的分析，我们认为社会信任是否能建立影响着项目是否能获得公众的信任和支持，并最终对项目成功或者失败造成影响。上述种种案例分析均表明，环境风险项目社会信任机制作用在于建立社会信任。正是通过环境风险项目社会信任的实体和程序保障机制的实现，才产生了制度信任，最终建立社会信任，使得项目获得成功。反之，如果环境风险项目社会信任的实体和程序保障机制存在不足，制度信任便无法产生，社会信任也无法形成，项目最终便会受到公众的不信任，由此走向失败。

同时，我们认为环境风险项目社会信任机制在环境风险项目全生命周期的不同阶段所要求关注的重心是不同的。在决策阶段，关注的重心是立项和选址的科学性、民主性；在建设阶段，关注的重心是相应的规划和合同要求是否落实；在运行阶段，关注的重心是相关法律和环评要求是否会严格执行；在终止阶段，关注的重心是对遗留的环境问题是否承担相应责任。

环境风险项目社会信任机制实质上是针对社会风险全过程的风险预防机制，而风险预防机制要想尽可能地发挥作用，最大化地预防主要社会风险，就有必要对前述环境风险项目决策、建设、运行、终止不同阶段相应的重心进行关注，对相关主体的权利、责任、义务定好位，开展相应的风险预防措施，才能实现对主要社会风险的预防，使环境风险项目社会信任机制发挥最大作用，从而更好地获得公众信任。

参考文献

(一) 著作类

1. 英文著作

[1] Cox R. Environmental communication and the public sphere[M]. London: Sage. 2006.

[2] Erickson C. The Counseling Interview[M]. New York: Prentice Hall, 1950.

[3] Georg Simmel. The Philosophy of Money[M]. London: Routledge and Kegan Paul, 1978.

[4] Williamson O E. The Mechanisms of Governance[M]. New York: Oxford University Press, 1996.

[5] Henry J Brown, Arthur L Marriott. ADR Principle and Practice[M]. London: Sweet and Maxwell, 1999.

[6] Seligman Adam B. The Problem of Trust[M]. Princeton: Princeton University Press, 1997.

[7] Joseph LeDoux, Joseph E. The emotional brain: The mysterious underpinnings of emotional life[M]. New York: Simon and Schuster paperbacks, 1996.

2. 中文著作

[1]［德］乌尔里希·贝克,［德］约翰内斯·威尔姆斯. 自由与资本主义——与著名社会学家乌尔里希·贝克对话［M］. 路国林,译. 杭州：浙江人民出版社,2001.

[2]［德］乌尔里希·贝克. 世界风险社会［M］. 吴英姿,孙淑敏,译. 南京：南京大学出版社,2004.

[3]［德］乌克里希·贝克. 风险社会：新的现代性之路［M］. 张文杰,何博闻,译. 南京：译林出版社,2018.

[4]［德］乌尔里希·贝克,等. 自反性现代化：现代社会秩序中的政治、传统与美学［M］. 赵文书,译. 北京：商务印书馆,2001.

[5]［德］尼古拉斯·卢曼. 信任：一个社会复杂性的简化机制［M］. 翟铁鹏,李强,译. 上海：上海人民出版社,2005.

[6]［英］珍妮·斯蒂尔. 风险与法律理论［M］. 韩永强,译. 北京：中国政法大学出版社,2012.

[7]［英］安东尼·吉登斯. 失控的世界［M］. 周红云,译. 南昌：江西人民出版社,2001.

[8]［英］安东尼·吉登斯,［英］克里斯多弗·皮尔森. 现代性——吉登斯访谈录［M］. 尹宏毅,译. 北京：新华出版社,2001.

[9]［英］安东尼·吉登斯. 现代性的后果［M］. 田禾,译. 南京：译林出版社,2011.

[10]［英］丹尼斯·麦奎尔. 麦奎尔大众传播理论［M］. 崔保国,李琨,译. 北京：清华大学出版社,2006.

[11]［英］谢尔顿·克里姆斯基,［英］多米尼克·戈尔丁编著. 风险的社会理论学说［M］. 徐元玲,孟毓焕,徐玲,等

译. 北京：北京出版社，2005.

[12] [英] 尼克·皮金，[美] 罗杰·E. 卡斯帕森，[美] 保罗·斯洛维奇编著. 风险的社会放大 [M]. 谭洪凯，译. 北京：中国劳动社会保障出版社，2010.

[13] [美] 弗朗西斯·福山. 信任：社会美德与创造经济繁荣 [M]. 郭华，译. 桂林：广西师范大学出版社，2016.

[14] [美] 欧文·戈夫曼. 污名：受损身份管理札记 [M]. 宋立宏，译. 北京：商务印书馆，2009.

[15] [美] 塞缪尔·P. 亨廷顿. 变化社会中的政治秩序 [M]. 王冠华，等译. 上海：生活·读书·新知三联书店，1992.

[16] [美] 保罗·斯洛维克主编. 风险的感知 [M]. 赵延东，林垚，冯欣，等译. 北京：北京出版社，2007.

[17] [美] 西里尔·E. 布莱克. 比较现代化 [M]. 杨豫，陈祖洲，译. 上海：上海译文出版社，1996.

[18] [美] 马克·斯劳卡. 大冲突——赛博空间和高科技对现实的威胁 [M]. 黄锫坚，译. 南昌：江西教育出版社，1999.

[19] [美] 马克·E. 沃伦编. 民主与信任 [M]. 吴辉，译. 北京：华夏出版社，2004.

[20] [美] 赫伯特·西蒙. 管理行为 [M]. 杨砾，等译. 北京：北京经济学院出版社，1988.

[21] [波兰] 彼得·什托姆普卡. 信任：一种社会学理论 [M]. 程胜利，译. 北京：中华书局，2005.

[22] [法] 皮埃尔·布迪厄，[美] 华康德. 实践与反思——反思社会学导引 [M]. 李猛，李康，译. 北京：中央编译出版社，1998.

[23] [日] 黑川哲志. 环境行政的法理与方法 [M]. 肖军，

译. 北京：中国法制出版社，2008.

[24] 论语［M］. 李择非，整理. 沈阳：万卷出版公司，2009.

[25] 郑也夫. 信任论［M］. 北京：中信出版社，2015.

[26] 费孝通. 乡土中国［M］. 北京：人民出版社，2008.

[27] 何立华. 信任及其影响因素——基于中国社会的多维度考察［M］. 北京：科学出版社，2017.

[28] 张善根. 法律信任论［M］. 北京：中国法制出版社，2018.

[29] 薛晓源，周战超. 全球化与风险社会［M］. 北京：社会科学文献出版社，2005.

[30] 宋明哲. 现代风险管理［M］. 北京：中国纺织出版社，2002.

[31] 张文显. 法理学［M］. 北京：高等教育出版社，2011.

[32] 付子堂. 法理学初阶［M］. 北京：法律出版社，2015.

[33] 袁正. 经济转型与信任危机治理［M］. 成都：西南财经大学出版社，2017.

[34] 林丹. 乌尔里希·贝克风险社会理论及其对中国的影响［M］. 北京：人民出版社，2013.

[35] 李存建. 风险评估——理论与实践［M］. 北京：中国商务出版社，2012.

[36] 董彦良. 保险学［M］. 沈阳：沈阳出版社，2014.

[37] 邱鸿峰. 环境风险社会放大的传播治理［M］. 北京：中国社会科学出版社，2017.

[38] 张广利，等. 当代西方风险社会理论研究［M］. 上海：华东理工大学出版社有限公司，2019.

[39] 刘燕华，葛全胜，吴文祥，编著. 风险管理——新世纪的挑战［M］. 北京：气象出版社，2005.

[40] 楚才元. 深化社会稳定风险评估工作研究［M］. 兰州：甘肃文化出版社，2015.

[41] 易秀，乔晓英，姜凌. 环境评价学［M］. 北京：地质出版社，2017.

[42] 薛丽洋，梁佳. 环境风险防控与应急管理［M］. 北京：中国环境出版集团，2018.

[43] 何爱国. 当代中国生态文明之路［M］. 北京：科学出版社，2012.

[44] 蔡守秋. 基于生态文明的法理学［M］. 北京：中国法制出版社，2014.

[45] 郭红欣. 环境风险法律规制研究［M］. 北京：北京大学出版社，2016.

[46] 任颖. 环境健康风险治理研究：法理基础、类型分析与制度建设［M］. 北京：人民出版社，2019.

[47] 曾繁旭，戴佳. 风险传播：通往社会信任之路［M］. 北京：清华大学出版社，2015.

[48] ［英］丹尼斯·麦奎尔. 麦奎尔大众传播理论［M］. 崔保国，李琨，译. 北京：清华大学出版社，2006.

[49] 王庆. 环境风险的媒介建构与受众风险感知［M］. 北京：中国传媒大学出版社，2017.

[50] 薛丽洋，梁佳. 环境风险防控与应急管理［M］. 北京：中国环境出版集团，2018.

[51] 马俊峰. 当代中国社会信任问题研究［M］. 北京：北京师范大学出版社，2012.

［52］陈朋. 基于信任的地方治理：现实议题与空间扩展［M］. 江苏：江苏人民出版社，2017.

［53］洪大用，等. 中国民间环保力量的成长［M］. 北京：中国人民大学出版社，2007.

［54］薛澜. 危机管理转型期中国面临的挑战［M］. 北京：清华大学出版社，2003.

［55］卢代富. 企业社会责任的经济学与法学分析［M］. 北京：法律出版社，2002.

［56］杨雪冬. 风险社会与秩序重建［M］. 北京：社会科学文献出版社，2006.

［57］尹力. 中国调解机制研究［M］北京：知识产权出版社，2008.

［58］吴曼芳. 大众传媒的危机公关策略［M］. 北京：中国电影出版社，2013.

［59］王国华，曾润喜，方付建. 解码网络舆情［M］. 武汉：华中科技大学出版社，2011.

［60］高世楫，程会强，等. 城镇化进程中的几个难点问题及案例研究［M］. 北京：中国发展出版社，2016.

［61］何清涟. 现代化的陷阱——当代中国的经济社会问题［M］. 北京：今日中国出版社，1998.

［62］王继恒. 环境法的人文精神论纲［M］. 北京：中国社会科学出版社，2014.

［63］上官酒瑞. 现代社会的政治信任逻辑［M］. 上海：上海世纪出版集团，2012.

［64］徐亚文. 西方法理学新论：解释的视角［M］. 武汉：武汉大学出版社，2010.

[65] [东汉] 许慎. 说文解字 [M]. 北京: 线装书局, 2016.

(二) 期刊类

1. 英文论文

[1] Robert Holzmann, Steen JOrgensen. Social risk management: A new conceptual framework for social protection and beyond [J]. International Tax and Public Finance, 2001(4).

[2] Deutsch M. Trust and Suspicion [J]. Journal of Conflict Resolution, 1958(2).

[3] Arrow K J. The Limits of Organization [J]. Journal of Economic Issues, 1974(3).

[4] Hampton, KeithN. Grieving for a Lost Network Collective Action in a Wired Suburb [J]. Information Society, 2003(5).

[5] Anne Shepherd, Christi Bowler. Beyond the Requirement: Improving Public Participation in EIA [J]. Journal of Environmental Planning and Management, 1997(6).

[6] Arnstein Sherry R. A Ladder of Citizen Participation [J]. Journal of the American Institution of Planners, 1969(4).

[7] Arthur H. Miller. Political Issues and Trust in Government: 1964—1970 [J]. American Political Science Review, 1974(3).

[8] Pidgeon N F. Climate change or nuclear power——Nothanks! A quantitative study of public perceptions and risk framing in Britain [J]. Global Environmental Change, 1995(18).

[9] Salamon L M, Anheier H K. Social Origins of Civil Society: Explaining the Nonprofit Sector Cross—Nationally [J]. Voluntas International Journal of Voluntary & Nonprofit Organizations, 1998(3).

[10] Martinus P. Good project governance for proper risk

allocation in public—private—partnerships in Indonesia[J]. International Journal of Project Management, 2006(24).

2. 中文论文

［1］刘莹. 贝克"风险社会"理论及其对当代中国的启示［J］. 国外理论动态，2008（1）.

［2］张广利. 主客观风险社会理论的分歧与融合［J］. 广东社会科学，2008（4）.

［3］王建华，王缘. 环境风险感知对民众公领域亲环境行为的影响机制研究［J］. 华中农业大学学报（社会科学版），2022（6）.

［4］［英］斯科特·拉什，王武龙. 风险社会与风险文化［J］. 马克思主义与现实，2002（4）.

［5］董正爱. 环境风险的规制进路与范式重构——基于硬法与软法的二元构造［J］. 现代法学，2023（2）.

［6］刘希林，尚志海. 中国自然灾害风险综合分类体系构建［J］. 自然灾害学报，2013（6）.

［7］卢静，孙宁，夏建新，等. 中国环境风险现状及发展趋势分析［J］. 环境科学与管理，2012（1）.

［8］秦天宝. 风险社会背景下环境风险项目决策机制研究［J］. 中国高校社会科学，2015（5）.

［9］黎梦兵，吴勇. 新媒体的社会信任问题研究——基于"深度伪造"短视频视角［J］. 理论月刊，2020（12）.

［10］黎梦兵. 公共卫生事件风险沟通中社会信任问题研究［J］. 行政与法，2021（1）.

［11］吴勇，黎梦兵. 环境健康风险的动态治理：模式、维度与路径［J］. 吉首大学学报（社会科学版），2021（3）.

［12］郑也夫. 信任：溯源与定义［J］. 北京社会科学，

1999（4）.

［13］张康之. 论政府诚信以及政府的社会信用建设功能［J］. 理论与改革，2004（5）.

［14］程倩. 政府信任关系：价值及其建构［J］. 理论与改革，2004（4）.

［15］翟学伟. 信任的本质及其文化［J］. 社会，2014（1）.

［16］谌千慧，吴勇. 社会稳定风险治理"三治"融合路径的实证研究［J］. 行政与法，2021（5）.

［17］谭爽，韩菲，武佳奇. 撬动对话与秩序生产：草根NGO何以提升环境风险沟通效能——以"垃圾焚烧风险沟通"为视窗［J］. 公共管理学报，2023（3）.

［18］赵泉民. 论转型社会中政府信任的重建——基于制度信任建立的视角［J］. 社会科学，2013（1）.

［19］胡象明，张丽颖. 公共信任风险视角下的塔西佗效应及其后果［J］. 社会科学文摘，2020（2）.

［20］刘彩云，易承志. 多元主体如何实现协同？——中国区域环境协同治理内在困境分析［J］. 新视野，2020（5）.

［21］陈海嵩，陶晨. 我国风险环境治理中的府际关系：问题及改进［J］. 南京工业大学学报（社会科学版），2012（3）.

［22］［英］格里·斯托克，华夏风. 作为理论的治理：五个论点［J］. 国际社会科学杂志（中文版），2019（3）.

［23］张国磊，张新文. 垂直管理体制下地方政府与环保部门的权责对称取向［J］. 北京理工大学学报（社会科学版），2018（3）.

［24］周伟. 合作型环境治理：跨域生态环境治理中的地方政府合作［J］. 青海社会科学，2020（2）.

［25］杨志军，张喜东. 邻避冲突引发地方政府非常规政策变

迁的影响因素与改进策略［J］.云南大学学报（社会科学版），2023（5）.

［26］巫志鹏，葛春涛.我国 PX 装置安全设施现状与对策［J］.安全、健康和环境，2014（7）.

［27］潘自强，马忠海，李旭彤，等.我国煤电链和核电链对健康、环境和气候影响的比较［J］.辐射防护，2001（3）.

［28］张振华，朱立，张波.涉核项目的"污名化"现象及对策研究［J］.辐射防护，2019（1）.

［29］赵旭东.论企业环境社会责任的制度设计［J］.中国政法大学学报，2021（1）.

［30］吴家清，刘亚娟.邻避冲突的化解：基于信任的利益平衡［J］.求是学刊，2018（6）.

［31］曾繁旭，戴佳，王宇琦.风险行业的公众沟通与信任建设：以中广核为例［J］.中国地质大学学报（社会科学版），2015（1）.

［32］毛文娟.环境安全与食品安全风险的利益框架和社会机制分析［J］.经济问题探索，2013（2）.

［33］沈一兵.从环境风险到社会危机的演化机理及其治理对策——以我国十起典型环境群体性事件为例［J］.华东理工大学学报（社会科学版），2015（6）.

［34］涂正革.公众参与环境治理的理论逻辑与实践模式［J］.国家治理，2018（48）.

［35］吴家清，刘亚娟.邻避冲突的化解：基于信任的利益平衡［J］.求是学刊，2018（6）.

［36］龚文娟，方秦华.重化工项目环境风险评价与公众风险接纳研究［J］.中国地质大学学报（社会科学版），2017（1）.

[37] 杜明曦, 侯迎忠. 公共传播中自媒体传播的伦理困境 [J]. 青年记者, 2020 (11).

[38] 王晓楠, 周林意. 新媒体影响力对雾霾风险感知的作用机制 [J]. 北京理工大学学报 (社会科学版), 2020 (2).

[39] 伍德志. 论法律认知的信任逻辑 [J]. 中国法学, 2023 (4).

[40] 王晓楠, 周林意. 新媒体影响力对雾霾风险感知的作用机制 [J]. 北京理工大学学报 (社会科学版), 2020 (2).

[41] 任卓冉. 合作解决预防性环境群体性纠纷模式分析. 河南大学学报 (社会科学版), 2015 (6).

[42] 高盼, 邢冬梅. 专家系统信任危机及其重建——基于风险社会语境的分析 [J]. 西南交通大学学报 (社会科学版), 2018 (2).

[43] 郭晓, 张学义. "专家信任"及其重建策略：一项实证研究 [J]. 自然辩证法通讯, 2017 (4).

[44] 戚建刚. 风险规制过程合法性之证成——以公众和专家的风险知识运用为视角 [J]. 法商研究, 2009 (5).

[45] 栗楠. 环保组织发展困境与对策研究——以环境民事公益诉讼为视角 [J]. 河南大学学报 (社会科学版), 2017 (2).

[46] 任丙强. 以环保组织化解环境群体冲突：优势、途径与建议 [J]. 中国行政管理, 2013 (6).

[47] 张勇杰. 邻避冲突中环保 NGO 参与作用的效果及其限度——基于国内十个典型案例的考察 [J]. 中国行政管理, 2018 (1).

[48] 秦小建. 政府信息公开的宪法逻辑 [J]. 中国法学, 2016 (3).

[49] 吴勇, 扶婷. 社区利益协议视角下邻避项目信任危机与

应对［J］. 湘潭大学学报（哲学社会科学版），2021（2）.

［50］张志奇，李英锐. 企业环境信用评价的进展、问题与对策建议［J］. 环境保护，2015（20）.

［51］［荷］沃特·阿赫特贝格，周战超. 民主、正义与风险社会：生态民主政治的形态与意义［J］. 马克思主义与现实，2003（3）.

［52］李爱年，陈颖. 我国环境保护监督管理体制的现状及完善对策［J］. 环境保护，2013（23）.

［53］陈海嵩. 环保督察制度法治化：定位、困境及其出路［J］. 法学评论，2017（3）.

［54］罗俊杰，成凤明. 论我国环境保护公众参与法律机制的完善［J］. 湘潭大学学报（哲学社会科学版），2015（5）.

［55］朱谦. 公众环境行政参与的现实困境及其出路［J］. 上海交通大学学报（哲学社会科学版），2012（1）.

［56］刘岩，邱家林. 转型社会的环境风险群体性事件及风险冲突［J］. 社会科学战线，2013（9）.

［57］夏慧慧. 我国环境信用评价制度的审视与完善［J］. 中国环境管理干部学院学报，2019（4）.

［58］李斌. 环境群体性事件的成因及治理对策——基于"生态—经济"次协调的视角［J］. 黄河科技学院学报，2020（12）.

［59］龚文娟. 环境风险沟通中的公众参与和系统信任［J］. 社会学研究，2016（3）.

［60］徐彪. 公共危机事件后的政府信任修复［J］. 中国行政管理，2013（6）.

［61］熊炎. 邻避型群体性事件的实例分析与对策研究——以北京市为例［J］. 北京行政学院学报，2011（3）.

［62］刘超，陈林. 环境冲突政治风险防范的实现机制——基

于 X 县垃圾焚烧厂项目建设的分析 [J]. 吉首大学学报（社会科学版），2023（5）.

[63] 苏振华. 中国媒体信任的来源与发生机制：基于 CGSS2010 数据的实证研究 [J]. 新闻与传播研究，2017（5）.

[64] 余光辉，陶建军，袁开国，等. 环境群体性事件的解决对策 [J]. 环境保护，2010（19）.

[65] 胡美灵，肖建华. 农村环境群体性事件与治理——对农民抗议环境污染群体性事件的解读 [J]. 求索，2008（12）.

[66] 张乐，童星. "邻避"冲突中的社会学习——基于 7 个 PX 项目的案例比较 [J]. 学术界，2016（8）.

[67] 汝绪华. 邻避冲突中风险沟通的认知偏差及其治理 [J]. 管理学刊，2020（5）.

[68] 王刚，张霞飞. 空间的嵌入与互构：环境邻避冲突生成的新解释框架——基于核电站选址争议的个案分析 [J]. 华东理工大学学报（社会科学版），2022（4）.

[69] 李惠宗. 核能政策与其他能源政策的再反省 [J]. 台湾法学，2012（192）.

[70] 王刚，张霞飞. 风险的社会放大分析框架下沿海核电"去污名化"研究 [J]. 中国行政管理，2017（3）.

[71] 高兆明. 信任危机的现代性解释 [J]. 学术研究，2002（4）.

[72] 郭正怀. 人际关系良性互动的制度构想 [J]. 武汉理工大学学报（社会科学版），2002（1）.

[73] 张康之. 在历史的坐标中看信任——论信任的三种历史类型 [J]. 社会科学研究，2005（1）.

[74] 周怡. 信任模式与市场经济秩序——制度主义的解释路

径［J］．社会科学，2013（6）．

［75］郭慧云，丛杭青，朱葆伟．信任论纲［J］．哲学研究，2012（6）．

［76］华智亚．风险沟通与风险型环境群体性事件的应对［J］．人文杂志，2014（5）．

［77］方芗，张晓超．与核电生活在一起：环境风险治理中的信任逻辑研究［J］．南京工业大学学报（社会科学版），2018（3）．

［78］龚文娟，杜兆雨．环境社会治理中的风险感知与风险接纳研究［J］．中央民族大学学报（哲学社会科学版），2022（1）．

［79］王超群．环境抗争事件中的风险沟通与政府信任重建——以广东清源群体性事件为例［J］．贵州师范大学学报（社会科学版），2018（1）．

［80］吴凯杰．环境健康风险的法典化应对［J］．环球法律评论，2023（5）．

［81］华智亚．风险沟通与风险型环境群体性事件的对［J］．人文杂志，2014（5）．

［82］高晓露．论农村环境污染防治的法律问题［J］．当代法学，2009（2）．

［83］蔺雪春．论生态文明政策和制度的改革与完善［J］．社会主义研究，2017（4）．

［84］巩固．环境法律观检讨［J］．法学研究，2011（6）．

［85］席鹏辉．财政激励、环境偏好与垂直式环境管理——纳税大户议价能力的视角［J］．中国工业经济，2017（11）．

［86］曹凤中．环境保护运动式执法模式剖析［J］．中国环境法治，2007（1）．

［87］吴元元．双重博弈结构中的激励效应与运动式执法：以

法律经济学为解释视角 [J]. 法商研究, 2015 (1).

[88] 张忠民, 袁明. 环境健康风险法律规制的限度及其调适 [J]. 河南社会科学, 2024 (1).

[89] 谭爽, 胡象明. 公民性视域下我国邻避冲突的生成机理探析——基于10起典型案例的考察 [J]. 武汉大学学报 (哲学社会科学版), 2015 (5).

[90] 邓集文, 牛慧铭. 中国城市环境邻避风险的生成逻辑——基于案例嵌入的分析 [J]. 中南林业科技大学学报 (社会科学版), 2018 (5).

[91] 邓君韬. "邻避运动" 视野下PX项目事件审视 [J]. 湖南社会科学, 2013 (5).

[92] 肖生福, 肖扬飞. 当代中国媒体、民意与公共决策互动关系演化过程分析——基于广州番禺垃圾焚烧厂项目选址决策案例的考察 [J]. 行政论坛, 2017 (4).

[93] 陈丽君, 金铭. 风险认知视角下的邻避冲突整体性分析框架 [J]. 甘肃行政学院学报, 2019 (1).

[94] 莫张勤. 反思与重构企业环境信用评价的中国实践——以多元主体参与为视角 [J]. 商业经济研究, 2017 (2).

[95] 侯璐璐, 刘云刚. 公共设施选址的邻避效应及其公众参与模式研究——以广州市番禺区垃圾焚烧厂选址事件为例 [J]. 城市规划学刊, 2014 (5).

[96] 郭红燕, 王璇, 刘卓男, 等. 杭州九峰垃圾焚烧项目环境社会风险化解的经验启示 [J]. 世界环境, 2018 (6).

[97] 张紧跟. 邻避冲突何以协商治理: 以杭州九峰垃圾焚烧发电项目为例 [J]. 行政论坛, 2018 (4).

[98] 邹积超. 邻避问题化解的法治路径——以杭州中泰九峰

垃圾焚烧厂事件为例[J]. 环境保护, 2014 (16).

[99] 黄岩, 杨方. 审议民主的地方性实践——广州垃圾焚烧议题的政策倡议[J]. 公共管理学报, 2013 (1).

[100] 王庆. 协商治理: 地方政府邻避冲突治理创新的策略选择——以广州番禺垃圾焚烧发电项目为例[J]. 福建行政学院学报, 2017 (5).

[101] 卢阳旭, 何光喜, 赵延东. 重大工程项目建设中的"邻避"事件: 形成机制与治理对策[J]. 北京行政学院学报, 2014 (4).

[102] 赵民, 刘婧. 城市规划中"公众参与"的社会诉求与制度保障——厦门市"PX 项目"事件引发的讨论[J]. 城市规划学刊, 2010 (3).

[103] 王凤远. 从厦门海沧 PX 项目事件看规划环评的确立与实施[J]. 地域研究与开发, 2008 (6).

[104] 冯辉. 公共治理中的民粹倾向及其法治出路——以 PX 项目争议为样本[J]. 法学家, 2015 (2).

[105] 赵绘宇. 规划法律中的环境利益增进——以近期的三起环境公众事件为例[J]. 法学, 2008 (3).

[106] 于文轩. 风险预防原则的生态环境法治意蕴及其展开[J]. 吉林大学社会科学学报, 2023 (3).

[107] 邱鸿峰. 环境风险的社会放大与政府传播: 再认识厦门 PX 事件[J]. 新闻与传播研究, 2013 (8).

[108] 朱谦. 抗争中的环境信息应该及时公开——评厦门 PX 项目与城市总体规划环评[J]. 法学, 2008 (1).

[109] 张乐, 童星. "邻避"设施决策"环评"与"稳评"的关系辨析及政策衔接[J]. 思想战线, 2015, 41 (6).

［110］杜健勋. 交流与协商：邻避风险治理的规范性选择[J]. 法学评论, 2016 (1).

［111］朱芒. 公众参与的法律定位——以城市环境制度事例为考察的对象[J]. 行政法学研究, 2019 (1).

［112］汪自书, 杨洋, 谢丹, 等. 新时期完善全链条环评管理制度的建议[J]. 中国环境管理, 2023 (6).

［113］江作苏, 孙志鹏. 环境传播议题中"三元主体"的互动模式蠡探——以"连云港核循环项目"和"湖北仙桃垃圾焚烧项目"为例[J]. 中国地质大学学报（社会科学版）, 2017 (1).

［114］陈丹丹, 马晨晨. 环境公共事件中大众建构话语权的政治机会结构分析——以"湖北仙桃垃圾焚烧发电事件"为例[J]. 新闻知识, 2018 (8).

［115］彭小兵, 王霄鹤, 龙燕. 开放式媒介下邻避运动演化的耦合机制研究——以"仙桃事件"为例[J]. 成都理工大学学报（社会科学版）, 2020 (5).

［116］黄瀞潇. 垃圾焚烧发电项目如何"起死回生"？[J]. 世界环境, 2018 (6).

［117］邵青. 协商治理视角下邻避效应化解的策略分析——以杭州市和仙桃市垃圾焚烧发电项目为例[J]. 中国管理信息化, 2019 (12).

［118］郝亮, 郭红燕, 王璇. 由"破"到"立"：动力学视角下中国环境社会风险化解机制研究——以杭州九峰、湖北仙桃垃圾焚烧发电项目为例[J]. 生态经济, 2020 (4).

［119］邓智勇, 肖调义. 小水电工程对大鲵保护区水生生物资源的影响及对策（上）[J]. 当代水产, 2020 (12).

［120］马玺渊. "区块链+征信"的发展路径研究[J]. 商业

经济，2021（6）.

[121] 郑旭涛. 涟漪效应与官民共鸣：城市大型邻避冲突演变过程中的信息传播与动员［J］. 甘肃行政学院学报，2019（6）.

[122] 鄢德奎. 邻避冲突治理结构的反思与重塑——基于案例的实证分析［J］. 中国科技论坛，2019（8）.

[123] 彭小兵，朱沁怡. 邻避效应向环境群体性事件转化的机理研究——以四川什邡事件为例［J］. 上海行政学院学报，2014（6）.

[124] 胡象明. 敏感性工程社会稳定风险事件——过程模型和参与者行动逻辑［J］. 国家行政学院学报，2016（2）.

[125] 李春雷，刘冰莹. 塔西佗陷阱效应与传媒对社会困难群体的引导策略研究——基于"什邡事件"的实证分析［J］. 现代传播（中国传媒大学学报），2014（3）.

[126] 郑旭涛. 预防式环境群体性事件的成因分析——以什邡、启东、宁波事件为例［J］. 东南学术，2013（3）.

[127] 周亚越，李淑琪，张芝雨. 正义视角下邻避冲突主体的对话研究——基于厦门、什邡、余杭邻避冲突中的网络信息分析［J］. 浙江社会科学，2018（7）.

[128] 辛方坤. 邻避风险社会放大过程中的政府信任：从流失到重构［J］. 中国行政管理，2018（8）.

[129] 刘小峰，丁翔. 建设工程项目的邻避风险演化研究［J］. 公共管理学报，2021（1）.

[130] 黄迪，刘海东，王亚男. 我国环境影响评价与社会稳定风险评估制度关系的思考［J］. 中国环境管理，2018（3）.

[131] 梁锷. 完善我国市场化和多元化生态补偿治理机制研究［J］. 环境生态学，2020（10）.

［132］刘明全. 中国环境法预防原则的实质阐释［J］. 清华法学, 2022（5）.

［133］陈方舟, 王瑞芳. 新安江流域生态补偿机制长效化研究［J］. 人民长江, 2021（2）.

［134］何兴斓, 刘相锋. 垃圾焚烧项目邻避补偿的区域成本分摊机制设计及仿真研究［J］. 财经论丛, 2020（10）.

［135］刘青青. 基于多元主体的邻避治理实践困境研究——以 J 殡仪馆搬迁为例［J］. 四川环境, 2020（5）.

［136］杨兴. 试论环境污染损害赔偿责任的社会化［J］. 法治论坛, 2013（3）.

［137］姚贝, 刘瑞珍. 我国环境污染责任保险立法的困境和出路［J］. 法律适用, 2015（9）.

［138］李胜. 突发环境事件的协同治理：理论逻辑、现实困境与实践路径［J］. 甘肃社会科学, 2022（3）.

［139］李萱, 沈晓悦, 等. 我国环境污染强制责任保险试点改革思考与建议［J］. 环境保护, 2016（2）.

［140］王思雨. 保险资金投资不动产研究［J］. 市场论坛, 2017（11）.

［141］陈玲, 李利利. 政府决策与邻避运动：公共项目决策中的社会稳定风险触发机制及改进方向［J］. 公共行政评论, 2016（1）.

［142］邓泽宏. 国外非政府组织与企业社会责任监管——以美国、欧盟的 NGO 为考察对象［J］. 求索, 2011（11）.

［143］毕军, 王仕, 戴婧, 戚志强. 以信用管理引领企业落实环境保护主体责任——《关于加强企业环境信用体系建设的指导意见》解读［J］. 环境保护, 2016（5）.

［144］刘淑妍，李志博，丁进锋．协同视域下当代中国环境邻避冲突治理模式探讨［J］．南京邮电大学学报（社会科学版），2020（3）．

［145］朱正威．走出邻避现象的治理困境——评《邻避困境：城市治理的挑战与转型》［J］．中国行政管理，2018（4）．

［146］刘海霞．当前媒体社会责任实践的多重考量［J］．中国广播电视学刊，2017（9）．

［147］毛庆铎，马奔．邻避风险认知偏差与沟通：社会判断理论的视角［J］．北京行政学院学报，2017（5）．

［148］颜运秋．企业环境责任与政府环境责任协同机制研究［J］．首都师范大学学报（社会科学版），2019（5）．

［149］谭爽，韩菲，武佳奇．撬动对话与秩序生产：草根NGO何以提升环境风险沟通效能——以"垃圾焚烧风险沟通"为视窗［J］．公共管理学报，2023（3）．

［150］从宝辉．对基层"征信乱象"问题的调查与思考［J］．银行家，2021（5）．

［151］胡登峰．我国社会信用服务市场体系建设研究［J］．中国高校社会科学，2018（2）．

［152］王瑞雪．作为治理工具创新的环境信用评级［J］．兰州学刊，2015（1）．

［153］叶治杉．我国征信体系建设发展障碍与战略对策——基于美国经验的考察与借鉴［J］．西南金融，2021（5）．

(三) 其他

1. 学位论文

［1］魏程. 公众风险感知视角下邻避冲突的演进逻辑及其破解之道［D］. 杭州：浙江师范大学，2017.

［2］刘勤兵. "社会燃烧理论"框架下的环境群体性事件分析［D］. 武汉：华中科技大学，2013.

［3］任菲凡. 重大行政决策专家论证制度研究［D］. 太原：山西大学，2017.

［4］习媛. 中国人大行政监察专员制度建构研究［D］. 成都：电子科技大学，2011.

［5］李彤. 建设项目环境保护社会监督机制研究［D］. 湘潭：湘潭大学，2019.

［6］高敏. 自媒体时代政府信任危机研究［D］. 南京：南京航空航天大学，2018.

［7］陈茜. 多维度视角下我国环境群体性事件演化规律与应对策略研究［D］. 重庆：重庆大学，2016.

［8］黄胜波. 多中心治理视角下的邻避冲突治理研究［D］. 长沙：湖南大学，2015.

［9］沈云帆. 环境群体性事件协同治理对策研究［D］. 南昌：江西财经大学，2018.

［10］高敏. 自媒体时代政府信任危机研究［D］. 南京：南京航空航天大学，2018.

［11］孙凤兰. 基于现代性脱域机制的中国转型期信任问题研究［D］. 苏州：苏州大学，2017.

［12］王裕根. 基层环保执法的运行逻辑［D］. 武汉：中南财经政法大学，2019.

［13］蒋博. 城市发展中的邻避冲突及对策研究［D］. 福州：福建师范大学，2017.

［14］阳芳芳. 城市邻避冲突的形成过程及治理路径探析［D］. 重庆：西南政法大学，2014.

［15］张婧琦. 公共价值视域下我国邻避利益回馈机制研究［D］. 济南：山东大学，2019.

［16］王思思. 邻避冲突的生成机理及治理模式构建［D］. 长沙：中共湖南省委党校，2019.

［17］吴幼丽. 邻避冲突的治理研究［D］. 福州：福州大学，2018.

［18］黄朝雄. 我国垃圾焚烧厂邻避效应实证研究［D］. 北京：清华大学，2014.

［19］顾张玄. 污染型邻避事件的成因及解决对策［D］. 苏州：苏州大学，2018.

［20］唐荣呈. 转型期我国地方政府信任的流失与重塑［D］. 沈阳：东北大学，2017.

［21］张丽. 风险集聚类"邻避型"群体性事件风险治理研究［D］. 南京：南京大学，2014.

［22］邱家林. 环境风险类群体性事件的特点、成因及对策分析［D］. 长春：吉林大学，2012.

［23］谷宁. 环境风险型群体性事件研究［D］. 郑州：郑州大学，2016.

［24］王娜. 邻避冲突及治理的研究［D］. 北京：北京邮电大学，2016.

［25］郑帅. 预防"核邻避冲突"的风险传播策略［D］. 南宁：广西大学，2018.

［26］陈梦圆. 公众补偿政策认同及其影响因素研究［D］. 广州：暨南大学，2018.

［27］李娟. 邻避冲突情境下的公众风险沟通研究［D］. 武汉：湖北工业大学，2020.

［28］徐佳. 四川什邡"7·2"群体性事件政府应对舆情危机案例研究［D］. 成都：电子科技大学，2016.

2. 报纸类

［1］冯洁，汪韬. "开窗"求解环境群体性事件［N］. 南方周末，2012－11－29（D29）.

［2］王云立. 要敢于对污染项目说不［N］. 中国化工报，2015－06－26（7）.

［3］靳薇. 如何减少"PX类冲突"中的"共输"［N］. 学习时报，2012－12－24（4）.

［4］宋茜. 全省环境质量总体良好［N］. 江西日报，2015－06－05（2）.

3. 互联网文献

［1］搜狐网. 腾龙芳烃（漳州）有限公司"46"爆炸着火事故调查报告公布［EB/OL］［2021－06－21］. https：//www. sohu. com/a/27684741_162758.

［2］南方周末. 百亿化工项目引发剧毒传闻 厦门果断叫停应对公共危机［EB/OL］［2021－06－21］. http：//www. infzm. com/content/3459.

［3］镇海新闻网. 关于镇海炼化一体化项目有关情况的说明［EB/OL］（2012－10－24）［2021－06－21］. https：//finance. sina. cn/sa/2012－10－24/detail－ikftpnnx7370618. d. html?from＝wap.

［4］人民网. 杭州拟建设垃圾焚烧厂 技术没问题盼政府监

管到位［EB/OL］．［2014 - 05 - 10］．http：//env. people. com. cn/n/2014/ 0510/c1010 - 25000953. html.

［5］新浪网. 新观察第75期"什邡事件"全解构［EB/OL］［2021 - 04 - 01］. http：//news. sina. com. cn/z/sfsj/.

［6］朱明刚. 江苏启东群体事件舆情分析［EB/OL］［2021 - 04 - 02］. http：//www. sogc. org. cn/html/anlifenxi/201208/08 - 640. html.

［7］第一财经网. 江门突然取消核燃料项目背后［EB/OL］（2013 - 07 - 14）［2021 - 06 - 21］. https：//m. yicai. com/news/2858540. html.

［8］澎湃新闻. 临沂治污急转弯：环保约谈后关停57家企业，引千亿债务危机［EB/OL］（2015 - 07 - 02）［2021 - 04 - 01］. https：//www. thepaper. cn/newsDetail_forward_1347676.

［9］甘肃政协网. 105名政协委员"叫停提案"竟没撼动危险工厂停产［EB/OL］（2007 - 06 - 04）［2024 - 06 - 17］. http：//vote. gszx. gov. cn/htm/20169/17_13279. htm.

［10］新华网. 厦门PX项目有关规划环评完成 征求社会意见［EB/OL］（2007 - 12 - 06）［2021 - 04 - 01］. https：//news. cctv. com/china/20071206/100139. shtml.

［11］广西防城港核电有限公司. 公司简介［EB/OL］.（2021 - 06 - 22）［2021 - 04 - 01］. http：//www. fcgnp. com. cn/fcgnp/c100146/listt. shtml.

［12］谷腾环保网. 兰州垃圾场超期服役 处置措施不足存污染隐患［EB/OL］.（2011 - 10 - 20）［2021 - 04 - 01］. https：//gooo tech. com/news/detail - 10178282. html.

［13］人民网. 垃圾车为何"走错门"（热点解读）［EB/OL］.

(2015 - 08 - 26) [2021 - 04 - 01]. http：//env. people. com. cn/n/2015/0826/c1010 - 27516671. html.

[14] 搜狐网. 荆门市民走进仙桃生活垃圾焚烧发电厂后，意想不到的事情发生了…[EB/OL]. (2018 - 08 - 02) [2021 - 04 - 01]. https：//www. sohu. com/a/244757721_100160013.

[15] 中国环境报. 张家界关停小水电站，进行增殖放流和生态修复，大鲵保护区恢复河畅水清 [EB/OL]. (2018 - 09 - 25) [2021 - 6 - 21]. http：//epaper. cenews. com. cn/html/2018 - 09/25/content_76488. htm.

[16] 国研网. 湖南省张家界市2021年政府工作报告 [EB/OL] (2022 - 12 - 26) [2023 - 10 - 20]. https：//h5. drcnet. com. cn/docview. aspx?version = edu&docid = 6645758&leafid = 3405&chnid = 3649.

[17] 新华网. 啃硬骨头，治生态之患——湖南张家界大鲵保护区生态环境整治见闻 [EB/OL]. (2020 - 04 - 21) [2021 - 06 - 21]. http：//mr. baidu. com/r/1jtLanyikre?f = cp& = 976a37cc91de215d.

[18] 北大法宝. 兰州市七里河区环境保护局其他行政行为案 [EB/OL]. (2017 - 05 - 16) [2021 - 06 - 21]. https：//m. pkulaw. com/s/r/1a3cBN.

[19] 澎湃. 湖北仙桃化解邻避效应：曾引发质疑的垃圾焚烧发电厂已试运行 [EB/OL]. [2018 - 05 - 02]. https：//m. thepaper. cn/newsDetail_forward_2107972.

[20] 搜狐网. 杭州化解"中泰群体性事件"在原址建垃圾焚烧厂 [EB/OL]. (2017 - 03 - 24) [2021 - 06 - 21]. http：//news. sohu. com/20170324/n484510321. shtml.

后　记

　　改革开放以来,为满足社会经济发展的需求,环境风险项目也进入高速发展期。而我国在相当长的一段时间内采取的"危机应对"式治理模式,使环境风险一直与社会发展并存。加之现行的环境风险规制制度设计并未完全契合环境风险项目的生命周期,信任领域的信任关系断裂、风险领域的风险管理复杂、环保领域的环境规制失效,这些都成为环境风险项目产生信任危机的原因。

　　在这种倚重风险评估的静态治理模式下,一方面,部分公众对环境风险项目存在抵触情绪,环境邻避冲突进入多发期,公众的不信任情绪持续蔓延,对政府、企业、媒体、专家、非政府组织等产生信任危机;另一方面,环境风险项目信任危机的发展动向呈现出横向延伸(与环境风险项目的产业转移高度重合)和纵向拓展(影响程度持续加深、信任危机指向对象和表达形式不断多样化)的态势。由此,环境风险项目难以落地、社会隐性成本增加、环境邻避冲突尖锐、企业成本和地方财政损失、环境风险项目污名化等信任危机产生的后果纷至沓来。

面对复杂、多变的环境风险，传统规制措施的局限性逐渐显现。基于对环境风险项目全生命周期的考量，应从实体和程序两个角度调适环境风险项目社会信任的制度体系：既需要衔接环境影响评价与社会稳定风险评估，健全环境风险项目的补偿、保险、责任和征信等实体性保障机制，还需要完善信息公开和风险沟通、公众参与、科学决策、系统监督和多元化纠纷解决等程序性保障机制，从而为环境风险项目的建设和提高公众信任搭建桥梁，提高公众对环境风险项目的接受度和支持度。

基于这些思考，我以"环境风险项目的社会信任机制研究"为题申请了国家社科基金项目，并得到了批准。本书是该项目的最终研究成果。我的研究生黎梦兵、扶婷、曾晓春、谌千慧、龙骏玺、刘洋同学参与了该项目的研究，刘娉、郭兰潇、王欣欣、袁泠宇同学负责文献校对和注释整理工作。项目结题后，根据评审专家的建议又做了一些调整和相应的资料补充。在此，对他们表示真挚的感谢！也感谢知识产权出版社对本书的认可！

感恩父母含辛茹苦的养育与躬亲垂范的教导！感谢夫人王霞教授与我在工作上声气相求、生活上相濡以沫！还有我的女儿怿林，虽然她在别人眼里如此平凡，但在我们眼里却璀璨夺目，足以照亮我们生命的旅程！